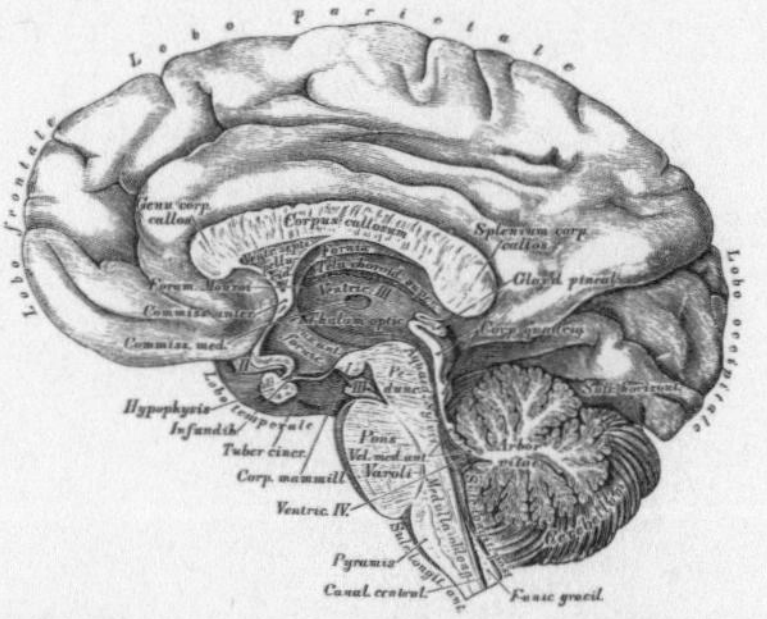

MIND MAGIC

スタンフォードの脳神経科学者が証明!

科学がつきとめた「引き寄せの法則」

James R. Doty, MD
ジェームズ・ドゥティ
桜田直美［訳］

MIND MAGIC

わたしの人生を通してわたしの旅路の助けとなり、
何度も道を示してくれたすべての人々へ

いつも変わらずわたしのインスピレーションになってくれる妻のマーシャ、
そして子どもたちのジェニファー、セバスチャン、アレクサンダーへ

はじめに　願望実現についての本当の秘密

宇宙はあなたのことなどこれっぽっちも気にかけていない。

意外に思うかもしれないが、じつはこれはいいニュースだ。宇宙があなたのことなどこれっぽっちも気にかけないのは、あなたに価値がないからではない。宇宙とあなたがシンクロしていないからでもなく、10世代も前から呪いをかけられているからでもない。宇宙があなたのことなどこれっぽっちも気にかけないのは、宇宙はすべてのことに対してそうだからだ。

わたしたちの多くは、物心ついたときからずっと、何か外側の力に、自分の問題を解決してもらいたいと願っている。それは宝くじに当たることかもしれないし、すべての答えを知っている賢人の存在かもしれない。あるいは、守護天使やランプの精といった神秘の力が、自分の願いをすべてかなえてくれることを夢想している人もいるだろう。

わたし自身も、だいぶ長いことそんな力を信じたいと思っていた。宇宙には厳格な親のような存在がいて、その存在がわたしたちの行動をすべて監視し、その価値があると認めた者だけに理想のマイホームを与えたり、運命の人と出会わせたり、がんを完治させてあげたりしている、と。

いまのわたしは、神経科学者であり、医師でもあるので、そんな力に科学的な根拠はないということはよくわかっている。とはいえ、**人間の精神には不可能に思えるような変化を起こす力があり、それを裏づける科学的な証拠がたくさん存在するのも事実**だ。この現象は**「マニフェステーション（願望実現）」**と呼ばれている。

世間では「マニフェステーション」についてかなり誤解があるようなので、さらに話を進める前に、まずは定義をはっきりさせておこう。

わたしが考える「マニフェステーション」とは、自分の意図（自分の本来の目的、本当の願望）を明確にし、それを潜在意識に埋め込むということだ（潜在意識とは、自分が自覚していることの下に隠れている意識をさしている）（i）。

意図が潜在意識に埋め込まれると、脳が「その意図は重要だ、価値がある」とみなしたり、その意図が自分のなかで大きな存在になったりする。その結果、目標達成を司《つかさど》る脳の部位が活性化するのだ。

具体的には、その意図（どんな意図でもかまわない）**が脳内で意識されると、目標に集中する脳の部位がつねに活性化された状態になる。**

わたしたちのなかにある意図が、わたしたちの人生をつくっている。その内なる力を使って、脳内にある膨大なリソースを活用することができれば、外側の環境にただただ反応する状態から少しずつ脱することができ、自分のなかのもっとも深いところから生まれる意図の通りに生きることができるようになる。

実際、願望を実現する最初のステップは、外側の力が自分の問題を解決してくれるという考えから自分を切り離すことだ。豊かで、意義深く、目的意識のある人生を送りたいなら、自分の外側にある力に媚《こ》びる必要はまったくない。あなたはただ、あなたに幸せと成功をもたらす力は自分の精神のなかにあると信じるだけでいい。

あなたの精神が、理想の人生を手に入れるのを阻《はば》む障害をつくりだしている。と同時に、あなたの精神は、理想の人生を実現する意図を生みだす源でもある。それが「本当の秘密」だ。

悪いことが起こるのは、宇宙のせいではない。それはあなた自身の精神がつくりだした現象だ。

わたしは神経科学者であり、数十年にわたって人間の脳を専門に研究してきた。そして医師としてはスピリチュアルな治療を実践し、ダライ・ラマやほかの精神的なリーダーたちと協力して、共感と思いやりの心を多くの人に教えてきた。それに加えて、そのすべての教えを、手痛い失敗を重ねながら学んできたひとりの人間でもある。

マニフェステーションとは、可能性を信じる姿勢を養うことだ。

わたしは子どものころから、ネガティブな状況がわたしたちの人生を制限してしまうということに気づいていた。わたしは貧しい家庭で育った。父親はアルコール依存症。そして母親は、慢性的にうつ状態で自殺願望をもっていた。このような環境で育つと、人生とは何かの罰か呪いである、あるいは、なんの理由も脈絡もなく不幸が襲ってくるカオスなのだと思い込むようになる。

もしかしたらあなたも、運命の気まぐれに翻弄《ほんろう》され、人生の意義が見いだせずにいるかもしれない。あるいは、なぜ自分や自分の愛する人たちは、何も悪いことをしていないのにこんなにひどい目にあうのかと嘆いているかもしれない。自分には何もできないと無力感を抱えているかもしれない。だが、そうやって苦しんでいると、あなたに見える可能性の範囲がますます狭くなっていく。

わたし自身、何年にもわたってまわりの環境に支配される人生を送っていた。そして、この状況をいい方向に変える力など自分にはないと思い込んでいた。トラウマを体験した人のほとんどは、当時のわたしと同じように感じてしまう。その体験の苦痛とショックに精神を支配され、それに抗《あらが》おうという気力もわいてこなくなるのだ。

この苦痛には巨大な力があり、わたしたち自身の遺伝子だけでなく、エピジェネティクスという分野の研究でも発見されたように、さらに下の世代の遺伝子にまで影響を与えていく(iii)。

わたしたちの精神と肉体は、将来同じようなトラウマを経験するのを阻止するために協力して動いている。その過程で、わたしたちの意識は、自分が起こせる変化を思い描くのではなく、恐ろしくて予測不能な外の世界にただ反応するようになっていったのだ。

わたしたちはそうやって、せっかくのエネルギー、注意力、集中力を失ってしまった。それらを活用すれば人生に本物の変化を起こすことができるというのに、自分が力をもっていることにさえ気づいていない。その結果、自分の内なる力ではなく、なんでも解決してくれる魔法の存在を頼るようになる。これは本当にひどい話であり、誰が悪いわけでもない。

世界はたしかに残酷なほど不公平であり、そのせいでひとりの人間の夢が破壊されることもある。わたしもかつては、自分はこの不公平な世界の犠牲者だと思っていた。しかしいまでは、数え切れないほどの人々が、自分よりもさらに理不尽な境遇にあるということも理解している。

個人の事情で苦しんでいる人もいれば、システムのせいで苦しんでいる人もいるだろう。そういった人たちが暮らす社会では、個人の自己実現を阻むような障害がシステムに埋め込まれている。人種、社会階層、宗教、性的指向、ジェンダー表現など、不当な差別がまかり通っている。肉体や精神に深刻な病を抱え、日々苦しんでいる人もいるだろう。

マニフェステーションは、そういった苦しみをすべて解決できるわけではない。あらゆる人間の行動が、自分にはコントロールできないさまざまな要素によって制限を受けている。わたしたちの意図に関係なく、最終的な決定権をもつのは現実だ。

それはたしかにそうなのだが、ここでわたしが以前に聞いた感動的な話を紹介しよう。ベトナム戦争で捕虜《ほりょ》になったある兵士が、長期にわたる捕虜生活において、なんの根拠もないのに「楽観主義」を貫いてすごした。現実は、自分がいつ解放されるのか、そもそも解放されるかどうかもわからない状況だった。彼は、自分にこの状況をコントロールする力はないということを理解していた。状況に抗っても、殺されるか、あるいは絶望のあまり生きる気力を失うだけだ。

そこでこの兵士は、ただ楽観的でいることを意識するようにした。状況はいつか変わるという希望を捨てなかった。最終的に自由になることを意図したわけではない。彼が行ったのは、可能性を信じ続けることだ。そしてついに解放されると、このときに培《つちか》った楽観的な姿勢によって、新しい人生を力強く歩んでいくことができたのだ。

つまり、わたしが考えるマニフェステーションの本質とは、心身ともに健全で幸福な状態＝「ウェルビーイング」を実践することであり、**いい人生を送ろうという強い意志をもつこと**だ。

マニフェステーションによって、いわゆる「楽観主義的傾向」(iii)**を育てることもできる。**

楽観主義的傾向のある人は、人生のあらゆる重要な状況でいい結果になると信じることができる。さらに**楽観主義的傾向には、心血管機能が向上する、傷が早く治る、病気の進行が遅くなるなど、さまざまな健康上の利点があることも科学的に証明されている。**

意図したものが現実にならなければ、マニフェステーションが成功したとは言えないという人もいるだろう。しかし、わたしはそうは思わない。意図を何度も何度も視覚化することの**本当の価値は、「人生はなんとかなる」という前向きな姿勢で生きられるようになること**だ。何があっても最終的にはうまくいくと信じられる人は、外側の状況がどうなろうと、それを受け入れ、力強く立ち直ることができる。

マニフェステーションには数千年の歴史がある。現代のわたしたちがイメージするマニフェステーションは、主にヒンドゥー教の聖典「ヴェーダ」に書かれている内容が基になっている。

たとえば、「ヴェーダ」に属する「ムンダカ・ウパニシャッド」には、「真実を理解している者であれば、その精神にどんな世界を思い描こうとも、どんな願いを胸に抱こうとも、その者はその世界を手に入れ、その願いをかなえるだろう」（3・1・10）と書かれている。またブッダも、「僧侶がその思考によって何かを追い求めれば、その何かは僧侶の意識の傾向となる」と述べ、思考には現実の世界を形づくる力があることに触れている。

19世紀に入ると、「ニューソート」と呼ばれるスピリチュアルの運動が起こった。ニューソートは、錬金術、超絶主義、キリスト教の福音《ふくいん》、ヒンドゥー教など、さまざまな宗教や哲学の教えを融合した思想であり、ここから「引き寄せの法則」が生まれている。引き寄せの法則の基本的な考えは、「思考が体験する現実を決める」というものだ。ポジティブな思考はポジティブな体験を引き寄せ、ネガティブな思考はネガティブな体験を引き寄せる。

現在、欧米でよく知られているマニフェステーション関連の思想は、ナポレオン・ヒルの『思考は現実化する』（きこ書房）から、ノーマン・ヴィンセント・ピールの『積極的考え方の力』（ダイヤモンド社）まで、たいていこのニューソートが基盤にある。なかでもとくに有名なのは、ロンダ・バーンの『ザ・シークレット』（KADOKAWA）だろう。

しかし、引き寄せの法則という考え方からは、マニフェステーションに対する不幸な誤解がいくつも生まれてきた。第一に、引き寄せの法則は物質主義と強く結びついている。その結果、多くの人が、お金を引き寄せ、立派なマイホームを引き寄せ、高級車を引き寄せれば幸せになれると信じてしまった。

そのほかにも、ただ願うだけでいいという勘違いも生み出してきた。人生を変えるには、ただ理想の人生を夢想するだけでなく、自分の行動や態度も変えなければならない。そしておそらくもっとも有害なものは、つらく苦しい現実もすべて自分の思考から生まれたという誤解を広めてしまったことだろう。

わたしの願いは、この本がマニフェステーションにまつわる誤解を解く助けになることだ。真のマニフェステーションとは、意義深い人生、目的意識のある人生を手に入れるための、そして究極的には、自分にとって本当に大切なものに気づくための手段なのだ。

マニフェステーションは長年にわたって誤解されてきた。占星術や天使のビジョン、霊魂再生といったニューエイジ的な偽科学と同じ扱いを受けている。

最近になるまで、意図が現実になる過程を科学的に証明することはできなかった。脳のどの部位がマニフェステーションを可能にしているのか、誰にもわからなかった。しかし脳イメージング技術が大きく進歩した結果、いまでは細胞レベル、遺伝子レベル、さらには分子レベルにおける脳の活動を詳細に観察することができる。つまり、**認知神経科学、**

脳の大規模ネットワーク（※）**といった学問分野から、マニフェステーションを語れるようになった**のだ。

マニフェステーションは、簡単にお金持ちになれる怪しげなスキームでもなければ、願望をかなえる魔法のようなシステムでもない。**マニフェステーションは厳密な科学**であり、その根底には、脳の構造が物理的に変化する「**神経可塑性**《しんけいかそせい》」という現象がある。

人間の脳は、環境に適応したり、損傷を治したりしながら、その構造や機能を変化させている。神経可塑性とは、こういった一生続く脳の変化を一般的に表現した言葉だ。可塑性は脳のスーパーパワーであり、経験、くり返し、意図によって形づくられる。何か新しい経験をしたり、何かの行動をくり返したりすると、脳の物理的な構造が変化し、新しい回路が形成されたり、古くてもう使わなくなった神経の通り道が削除されたりする。

つまり、**自分の注意を向ける先を変えれば、脳の物理的な構造を変えることができる**のだ。学習と実践を司る脳の部位が強化され、夢の実現が可能になる。脳が環境に合わせて変化すると、パーキンソン病、慢性的な痛み、ＡＤＨＤなど、あらゆる病気や症状の緩和につながることがわかっている。

そして、マニフェステーションのしくみもこの神経可塑性で説明できる。何かを意図することで脳の構造が変わり、その結果、実践を通して意図したことが現実になるからだ。

マニフェステーションとは基本的に、理想の人生に関する思考やイメージを、意図的に自分の潜在意識に埋め込むプロセスのことだ。わたしたちはみな、自分の潜在意識に蓄積された意図を現実にしながら生きている。ただ、きちんと訓練を受けたわけでも、正式な方法を知っているわけでもなく、正しくマニフェステーションを行うことができないので、現実は単なる偶然の結果だと思ってしまっているのだ。

意識的にマニフェステーションを行うには、自分の意図をコントロールする力をとり戻さなければならない。そしてその過程で、マニフェステーションの生理学的なしくみや、わたしたちの足かせになっている間違った思い込みについても理解する必要がある。

自分の意図を意識的にコントロールし、自分が望む目標に意図を向かわせると、そのときに頭に浮かんだイメージが脳にとって重要な存在になる。こうやってイメージを脳にインストールするプロセスは**「価値タギング」**(※)と呼ばれる。「タギング」とは、重要な情報やファイルを探しやすくするために印（タグ）をつけるという意味だ。脳は価値タギングによって、潜在意識のもっとも深い部分に刷り込む価値のある情報を決めているのだ。

視覚化を行うと、わたしたちのなかには、力強く、前向きな感情がわきあがる。それが情報を選別するフィルターのように働き、もっとも価値が高く、脳の報酬系と関連するイメージにタグがつけられる。**視覚化に効果があるのは、人間の脳には現実の体験と鮮明な**

イメージを同じものとして扱うという驚くべき機能があるからだ。

イメージが潜在意識にインストールされると、脳はまるで優秀な警察犬のようになり、そのイメージを現実にするチャンスを探しはじめる。顕在意識の力と潜在意識の力を総動員して捜索するのだ。その状態でチャンスが到来すると、わたしたちは即座に反応し、将来の目標に向けて必要な行動をとる。このプロセスを何度も何度もくり返し、そのあとは結果に執着せず、自然のなりゆきにまかせればいいだけだ。

わたしは最初の著作『スタンフォードの脳外科医が教わった人生の扉を開く最強のマジック』（プレジデント社）のなかで、人生を永遠に変えることになった子ども時代の運命的な出会いについて書いている。

わたしはカリフォルニア州の砂漠で生まれ育った。家は貧しく、家庭環境も悲惨と言うほかなかった。そのためわたしは、自分は何かの呪いをかけられていて、ただ状況に振り回されながら小さな人生を送るしかないと思い込んでいた。

しかし、ある夏の日のことだ。両親がケンカをはじめたので、わたしは外に飛び出した。自転車に乗り、思い切りペダルを漕いだ。ただ家からできるだけ遠くに離れたい一心だった。そして、砂で口のなかがジャリジャリになった状態でたまたま見つけたマジック・ショップに入ると、わたしの人生は一変することになる。

わたしはそこで、ルースという名の親切な女性に会った。彼女は青いムームーを着て、わたしが入ってくると、それまで読んでいた本から目を上げた。鼻の上にのっかった眼鏡には、首にかけるチェーンがついている。ルースは輝くような笑顔をわたしに向けた。その笑顔を見て、わたしはなんだかほっとしたのを覚えている。彼女はわたしを安心させてくれた。

話を聞いたところ、それは彼女の息子の店であり、彼女自身はマジックについて何も知らないという。20分ほどおしゃべりをしたところで、ルースはこう言った――夏の間、6週間はこの町にいるので、あなたが毎日店に来たら、ほかのマジックを教えてあげる、と。

それからの6週間、わたしが店を訪ねると、ルースはチョコチップクッキーを好きなだけ食べさせてくれた。そして、彼女が「本当のマジック」と呼んでいるものを教えてくれた。それは、身体をリラックスさせたり、心を落ち着かせたり、心を開いたり、自分の意図を明確にして視覚化したりするテクニックだ。

店の奥の部屋で、毛足の長い茶色のカーペットの上に置かれた金属の椅子に座り、ルースと2人ですごした時間は、わたしが神経可塑性を実際に体験した最初の瞬間だった。彼女の優しさと気づかいが、わたしの脳の配線を変えたのだ。

最初は怖がり、ためらっていたわたしを、ルースは優しく導いてくれた。自分の思考から十分に距離をとれば、思考の本当の姿が見えるようになると彼女は教えてくれた。思考とは、文字通りただの思考でしかない。頭のなかに現れては消えていくだけだ。

わたしも最初のうちは、頭のなかで怖い声が聞こえたり、大惨事のイメージがわいたりしたら、恐怖を感じるか、あるいは攻撃的に反応していたが、それでもだんだんと、ネガティブな思考はポジティブな思考、自己肯定感が高まる思考へと置き換えられることを学んでいった。「お前のような人間は何者にもなれない」という声を手放し、代わりに理想の人生を送っている自分、なりたい自分の声を手に入れることは可能なのだ。

そのときわたしが発見したのは、自分を癒やすことを意図し、そのイメージを脳内でくり返し思い浮かべれば、脳の構造を物理的に変化させて、新しい神経の通り道をつくりだせるということだ。ルースの力を借りて、わたしは自分の内なる力に目覚めることができた。

当時のわたしは理解していなかったが、ルースの教えは、まさにいまで言うところの「マニフェステーション」だった。ルースにはたしかに魔法使いのような雰囲気があったが、彼女の教えはとても実践的だった。ある意味で彼女は、わたしが脳外科医になるずっと前から、人間の脳と心の働きをわたしに教えてくれていたのだろう。

ルースの優しさと思いやりに励まされ、わたしは自分にとっての理想の未来を熱心に思い描くようになった。そしてそれが、理想の人生を実現するマニフェステーションの第一歩になったのだ。わたしはまず、外側の世界から送られてくるすべてのヒントに気づくようになった。そして、毎日行っていた自分との深い対話のなかから、自分にとって正しい道を選んでいく。

これは大変な作業であり、わたしは何度もあきらめようとした。しかし、イライラするたびに、ルースの言葉を思い出した。

「ジム、イライラしないの。焦ってはダメ。脳を変えるのには時間がかかるのだから」

イライラを抑えるのは難しかった。この先どうなるのか自分にはわからないのだから、どうしても焦ってしまう。しかしわたしは、焦らず、目の前の瞬間に集中し、耳を傾けることを学んでいった。あるいは、当時のわたしは、声を聞いている気になっていた。

ルースは優しく、いつも辛抱強くわたしに寄り添ってくれた。そんな彼女の存在がわたしの人生を変えた。わたしがその後の人生で達成したことは、すべて彼女の教えが基盤になっている。わたしが生まれ育った砂漠の町を脱出し、大学に進んで医学を学び、脳外科医の道に進み、そして医療起業家として成功することができたのは、すべてルースの教えのおかげだ。

しかしその過程のどこかで、わたしは自分の心とのつながりを失ってしまった。その痛手は大きかった。金銭的に困ることになっただけでなく、もっとも親密な人間関係をも失ってしまったのだ。

ルースがいちばん大切にしていたのは、自分の心を開くことだった。わたしがどんな目標を目指しても、どんな大それた夢を追い求めても、彼女はいつも、心と心のつながりの大切さをわたしに思い出させてくれた。それは自分自身とのつながりであり、自分と他者とのつながりだ。

わたしがつねづね残念に思っているのは、人間なら誰もがもっているこの魔法がよく誤解されていることだ。単なる便利な日用品か、あるいは選ばれた特別な人しか手に入れられないもののように思われている。

一般的に、「マニフェステーション」という言葉から人々が連想するのは、莫大な富を手に入れることや、物質的に豊かになることであり、それができるのは少数の好運な人たちだけだと考えられている。しかしわたしが考える「マニフェステーション」は、自分が幸せになれることを日々実践し、その結果として豊かさを手に入れ、心を開いて世界とつながることだ。

いわゆる「繁栄の福音」は、経済的な成功は神の祝福だと説く。マニフェステーションを引き起こすエンジンは、わたしたちの欲望だと主張する。しかし、わたしはこう断言しよう。マニフェステーションの真のエンジンは、わたしたちのなかにある、自分の意図をコントロールする能力なのだ。

『スタンフォードの脳外科医が教わった人生の扉を開く最強のマジック』を書いたとき、この本がどんな影響力をもつことになるのか、わたしはまったくわかっていなかった。世界的な人気を誇るK-POPグループのBTSが、この本からインスピレーションを得て『LOVE YOURSELF 轉 'Tear'』というアルバムをつくったり、「Magic Shop」という曲を録音したりすることになるなどとは、夢にも思っていなかった。

俳優のジョン・ハムと対談し、わたしの物語を題材にした映画について話したり、16歳の少女がわたしの本に登場する「心のアルファベット」を題材にスマホアプリをつくったりすることも、もちろん想像もしていなかった。

当時のわたしにとって、本が何冊売れるかというのは、どうでもいいことだった。たとえたったひとりでも、この本から影響を受けて人生をいい方向に変えることができたという人がいれば、それで十分に満足だと心から思っていた。

本が出版されて以来、読者から数千ものメッセージを受けとった。いまでも毎日、

200から300通のメールが届く。ノートの紙に手書きしたメッセージを送ってくれる人もいれば、美しい手づくりの紙にていねいなカリグラフィーで書いたメッセージを送ってくれる人もいる。日本からのメッセージもあれば、ルーマニア、サブサハラ・アフリカ（サハラ砂漠以南のアフリカ各国）、あるいはカリフォルニア州北部にある自宅の近所からのメッセージもある。

これらの心のこもったメッセージを読むたびに確信するのは、「わたしたちはひとりではない」ということだ。**絶望のどん底にあっても、どんなに大きな恐怖に怯《おび》えていても、わたしたちは誰かとつながっている。**どんな人でも心に傷を抱えている。その傷を正直に誰かに伝えれば、それが人と人を深く結びつける絆になる。

わたしの本を読んでくれた人たちの反応を見て気づくのは、なんらかの理由で苦しんでいても、自分で自分の傷を癒やし、人生をいい方向に変えたいと思っている人が本当にたくさんいるということだ。具体的な状況は人によって大きく異なるが、心が求めていることはみな驚くほどよく似ている。彼らがとくに求めているのは、視覚化によって夢を現実にするしくみを理解することだ。

『スタンフォードの脳外科医が教わった人生の扉を開く最強のマジック』は、わたしの個人的な旅路を描いている。わたしは貧困家庭に生まれ、一度は貧困を脱して豊かさを手に入れることができたが、また豊かさを失い、そしてついに、ルースの教えの真髄《しんずい》である「思いやりの心」に戻ることができた。これはわたしというひとりの人間の物語であり、わたしの個人的な体験が描かれている。いいときもあれば、悪いときもあり、好運にめぐまれるときもあれば、障害にぶつかるときもある。

しかし、この本はあなたの旅の物語だ。わたしはこの本で、自分の脳の力を活用して意図を現実化する方法を伝授し、そのしくみを神経科学の観点から詳しく解説することを目指している。マニフェステーションには6つのステップがあり、わたしを含め多くの人がそのステップを使っている。この本を読めば、それぞれのステップについて詳しく学ぶことができるだろう。

わたしは神経科学者として長年にわたって人間の脳を研究し、さらに日々の生活で瞑想を実践している。この6つのステップは、そういったわたしの専門知識や経験から生まれたものであり、マニフェステーションのすべての側面をカバーしている。

それはすなわち、精神を集中させる力をとり戻すこと、本当に欲しいものを明確にすること、頭のなかにある障害をとり除くこと、潜在意識に意図を埋め込むこと、目標を情熱的に追い求めること、そして結果への執着を手放すことだ。それに加えて、人生を変えた人たちのさまざまな物語も収録した。あなたがこれらを読んで刺激を受け、あなた自身の人生を生き、物語を描きはじめることを願っている。

マニフェステーションのすべてを最新の神経科学に基づいて解明し、そのしくみを説明するのは、ほんの数年前でさえまだ不可能だった。しかしいま、マニフェステーションにまつわる偽科学の言説や神秘主義をすべて排し、完全に科学的な観点から、ルースが教えてくれた「リラックスすること」、「手放すこと」、「思いやり」、「視覚化」を、すべて理解することができるようになったのだ。

マニフェステーションを裏づける科学をわかりやすく説明すれば、読者もマニフェステーションの力を信じるだけでなく、自分の傷を癒やし、自分の世界を変えるためにこの力を活用できるようになるだろう。それが、この本を書いたわたしの願いだ。

あの『ザ・シークレット』を読んだ人は意外に思うかもしれないが、マニフェステーションは選ばれし1パーセントだけに許された秘技ではない。むしろ、そのときの肉体的、精神的、感情的な状態にかかわらず、どんな人でも実践できる技術だ。

そのためこの本にも、ハリウッドの大スターからニューロダイバーシティのティーンエイジャー、ポリネシア航海術の達人、優秀な医大生まで、マニフェステーションの実践者として本当にさまざまな人が登場する。彼らが活用した**マニフェステーションの原理は、最新の神経科学の知見ですべて説明することができる**のだ。

そして最後に、この本でわたし自身の失敗を正直に告白しているのは、読者が同じ失敗をくり返さないようにするためだ。とくに、欲しいと思う価値のあるもの、本当の幸せを届けてくれるものを決めるときに、読者が判断を誤らないことを願っている。

本題に入る前に、最後にもう1つだけ。本書の全編を通じて、自分のいまいる場所を明確にし、目指している場所に向かって前進するためのプラクティス（練習）が登場する。説明の過程で必要だと思われるタイミングで登場させたつもりだ。しかし最後の章では、それぞれのプラクティスを集めて6週間のプログラムに統合している。もっと計画的にとり組みたいという人は、最後のプログラムのほうを活用してもらいたい。

CONTENTS

Chapter 1

わたしの人生は
なぜ崩壊したのか、
なぜ復活できたのか

自分の人生の真の姿を知ることから、生きる力と行動する理由を引き出さなければならない。

――シモーヌ・ド・ボーヴォワール

あなたは気づいていないかもしれないし、信じていないかもしれないが、あなたはすでにマニフェステーションを実践している。いまの人生が、あなたのマニフェステーションの結果だ。ここでの問題は、その人生をあなたが本当に求めているかということだ。

あれは2000年の、インターネットバブルがちょうどはじけたばかりのころだった。ある朝、わたしは資産7800万ドルの大金持ちとして目を覚ました。フィレンツェに屋敷を構え、さらにニューポート湾を見おろす崖の上にも、広さ670平方メートルもあるケープコッド様式の大邸宅を所有している。

ガレージには、フェラーリ、ポルシェ、メルセデス、BMW、レンジローバーが並んでいる。さらに、ニュージーランドにある広さ26平方キロメートルの島を購入するために頭金を支払ったところだ。そう、わたしは島を丸ごと所有している。島にある4軒の家も、ターコイズブルーの海に続くビーチも、完全なプライバシーも、すべてわたしのものだ。

当時のわたしは、子ども時代の貧しい暮らしには永遠に別れを告げたと思っていた。欲しいもの、努力して目指したものはすべて手に入れたと思っていた。しかし、シリコンバレーが提供する無限の可能性を信じた多くの人と同じように、わたしももう1つの厳しい現実を突きつけられることになる。わたしの全資産は、わずか6週間で消えてしまった。あれはまるで悪夢のようだった。しかしわたしは眠っていたわけではない。それは現実だった。悪いニュースは毎日のように届けられた。

わたしはシリコンバレーのある銀行から、ある医療テクノロジー会社の株を担保に1500万ドルを借りていた。銀行の担当者とはもう何か月も話をしていなかったが、ある朝、携帯電話がもう何百万回目かに鳴ったとき、もうこれ以上、現実から目を背《そむ》けることはできないと覚悟を決めた。

「もしもし？」

「やあ、ジム」担当者は、銀行家らしく快活を装っている。

「調子はどうだい？」

彼は答えを知っていた。インターネットバブルは崩壊し、わたしの担保の価値はすでにほぼゼロになっている。彼はわたしに、わたしがすでに知っていることを伝えた。

「ジム、ほかにわたしの知らない資産があるなら話は別だが、もしそうでないなら、きみはすでに破産状態で、それに借金もある」そして口をつぐむと、こうつけ加えた。

「これからどうするつもりだ？」

「資産をすべて売るよ」わたしはぶっきらぼうに答えた。

「それ以外の選択肢はないだろうね」と、彼は言った。

「2、3週間後に話そう。何かいい案が出るかもしれない」

その少しあとで、わたしはやむをえずフィレンツェの屋敷を売り、わ、た、し、の島の購入をキャンセルし、車は1台だけ残してすべて売却し、サンフランシスコ湾を望む自宅を売りに出した。当時、その家には誰も住んでいなかった。妻とは別居し、娘はすでに大学生で、わたしは友人が設立した医療テクノロジー企業のCEOとしてシリコンバレーに住んでいた。

ついに重い腰を上げ、売却の準備をするために空っぽの家に向かったわたしは、消えた夢の数々を目の前に突きつけられることになった。車で近づき、まず目に入ったのは、かつて妻が熱心に世話をしていた庭だ。いまは植物がすっかり枯れ果てている。庭師が定期的に手入れをしてくれるはずだったのだが、アザレアの葉が黄色くなり、椿《つばき》の枝が下を向いているのを見ると、もうずっと放置されていたようだ。わが家はすっかり荒廃していた。

なかでもいちばんつらかったのは、そこにいるはずの人がいないことだ。部屋を回ると、壁には釘やフックが刺さっているが、写真はかけられていない。妻は家を出るときに、家族写真をすべてもっていった。ここに家族が住んでいたことを思い出させるものは何も残っていない。

中央のリビングルームに入ると、マントルピースの上には長方形の日よけと、額に飾られた家族写真がかかっていたフックがある。日よけは布製で、16世紀から17世紀にドイツで活躍した植物学者で植物画家のバシリウス・ベスラーが描いたアヤメのつぼみの模様がついている。夫婦できれいな布地を探していたときに、フィレンツェのアンティークショップで見つけた掘り出しものだ。

幸せだったころの思い出がよみがえる。あのアンティークショップでは、ほかに16世紀から17世紀の古い地図も見つけた。2人とも気に入り、わたしが購入した。当時のわたしはたしかに幸せだった。そして妻のことも幸せにしていたはずだ。2人で飛行機のファーストクラスに乗り、5つ星のホテルに泊まったことを思い出す。彼女はわたしのほうを見て、「ありがとう」と言っていた。

それらも遠い記憶となり、やがてわたしたちの間には沈黙が形づくられていった。恨みがつのり、2人の距離はどんどん離れていった。別居する直前の冷め切った関係を思い出し、わたしは思わず顔をしかめた。わたしはわざと手術の予定を多く入れ、そして仕事の忙しさを言い訳に関係の修復から逃げていた。彼女はそんなわたしに向かって、「もうあなたのことがわからない」と言った。

娘の部屋はベッドも家具もすべてそのまま残っている。わたしはベッドに座ると、娘のことを考えた。娘とわたしは、この家で本当にたくさんの思い出をつくってきた。しかし娘は、家を出るときに、「この家に帰りたくなることはない」と言った。最初は意味がわからなかったが、きっと父親と母親の冷め切った関係が、彼女をそんな気持ちにさせたのだろう。

当時のわたしは、自分自身の人生から疎外されたようになっていた。たとえ家族で一緒にいても、わたしの心はどこか別のところにある。つらかった過去の記憶や、理想化された思い出に浸《ひた》ったかと思えば、今度は輝かしい未来に思いを馳せる。次の手術、次の経済的な達成のことで頭がいっぱいになる。いつかわたしも、「もう自分は大丈夫だ」と思えるくらい、たくさんのものを手に入れることができるはずだ、と。そして、その過程で忘れていたのが、すでにもっているものを楽しむこと、一緒に人生を築いていきたい人たちとつながることだ。

応接間を通り、そして家族のリビングを通ると、すでに終わった人生が走馬灯のようによみがえってきた。わたしの書斎には、真鍮《しんちゅう》の鋲《びょう》が打たれた大きなネイビーブルーのウィングチェアが置いてある。わたしはよくこの椅子に座り、ポートワインを飲みながら、ヒュミドール（葉巻を保管するケース）からとり出した葉巻を吸った。自分が主催したチャリティーオークションで購入したヒュミドールだ。上部にとりつけられたパネルにはわたしの名前が刻まれている。

ウィングチェアに座り、ヒュミドールのパネルに刻まれた自分の名前を見ながら葉巻をとり出すたびに、わたしは誇らしい気持ちになったものだ。いま、再びこの椅子に座り、パネルを指でなぞったが、誇らしい気持ちはまったくわいてこない。自分が小さく感じられるだけだ。

たったひとりで家のなかにいると、すべてが無駄に豪勢で、バカげて見えてくる。広すぎる部屋は、どれも実際は空っぽだ。わたしはまるで、自分がミニチュアの人形になったような気分だった。この家は、不必要な飾りがあふれた巨大なドールハウスだ。家具までもが奇妙に空虚に見えた。身体の奥底から、幼いころの感覚がよみがえる。貧困は逆説的だ。まわりの空気が重苦しくのしかかり、身動きがとれないように感じる一方で、すべてが奇妙に軽く、いまにも風で吹き飛ばされていきそうにも感じる。

わたしは懸命に働き、強固な家庭の基盤を築こうとした。なぜなら、基盤のしっかりした家庭というものを経験したことがなかったからだ。自分の家から追い出されることほど、悲惨で、屈辱的な経験はない。地元の保安官代理が、立ち退き命令を手に家にやってくる。家財道具はすべて外に出される。近所の人たちが出てきて、好奇の目で、あるいは哀れみの目でわたしたちを見ている。そしてわたしは、「お母さんにお金があったら住む家をなくすことなんてないのに」と考える。

歩道に置いたカウチに座っていたときのことをいまでも覚えている。荷物をすべて脇に積み上げ、隣には母が座っていた。そのときまでに姉はすでに家を出て、兄は家にいなかった。兄はこういうときにいつも家からいなくなる。おそらく近所の目があるなかで路上に座るはめになるのが恥ずかしかったのだろう。

母はわたしの肩に腕を回すと、こう言った。

「大丈夫。家はすぐに見つかるよ」

子どものころ、兄が不在のときによく兄の部屋に忍び込み、古い『アーキテクチュラル・ダイジェスト』を見ていた。これは伝統ある建築雑誌で、兄は芸術的なインスピレーションを得るためにたくさんの本や雑誌を集めていた。兄は才能あふれるアーティストだった。自分の創造性を輝かせる宝物をいつも見つけていた。

雑誌のなかに、ある一軒の家の写真があった。とてもドラマチックで、なおかつ住みやすそうな家だ。広々としたバルコニーからは海を見晴らすことができ、家族が集まるリビングには大きな暖炉がある。わたしはこっそりとそのページを破ると、緑色の厚紙のフォルダーに挟み、靴下を入れた引き出しにしまった。わたしのコレクションを保管している場所だ。

雑誌はすべて、1960年代から1970年代の初めにかけて出版されたものだ。あの時代の「完璧なアメリカの家族」のイメージが、子どもだったわたしの想像力を容赦なく占領していた。わたしは何年もかけて、建築写真のコレクションを充実させていった。だからルースと出会い、理想の家を思い描くように言われたときも、頭のなかに蓄積された膨大な記憶から選ぶことができたのだ。

わたしが考える理想の家は、ケープコッド様式の邸宅だ。わたしはその家のバルコニーに立ち、濃紺の海を見おろしている。わたしは毎晩、その家にいる自分を思い描いた。頰に受ける海風を想像し、かすかな塩の味を舌に感じ、波打つ海面をじっと見つめる。

この想像はあまりにも鮮明で、わたしは五感のすべてを使って理想の家を体験していた。そのため、のちに海沿いの崖に建つケープコッド様式の邸宅を実際に購入し、ニューポート湾を見おろしたときも、とくに驚きは感じなかった。もっと正確に言えば、わたしの脳は、すでに慣れ親しんだ体験としてそれを受け入れていたのだ。

早朝や眠れない夜に瞑想と視覚化をくり返したことで、わたしの脳の配線は変化した。脳の構造が物理的に変化し、夢を当たり前のものとして受け入れる状態になっていた。これはマニフェステーションの逆説の1つでもある。実際に海辺の邸宅を手に入れ、海を見晴らすバルコニーに立ち、海風を頬に受けるずっと前から、それらの夢はただの幻想ではなく、確固とした現実になっていたのだ。

そしてついにバルコニーに立ったとき、わたしの脳はそれをすでに予期していた。そうやって脳が予期し、さらに1日24時間、潜在意識で休みなく視覚化した結果、夢の邸宅が現実になったのだ。

家のなかを歩きながら、わたしの心は暗く沈んでいった。そして階段の上に座り、頭を抱えた。家の中心にあるこの場所で、これからどうすればいいのだろうと途方に暮れる。妻への恨みがわきあがってくる。妻が出ていったあとの家は本当に空っぽで、わたしに残されたものは苦痛をともなう面倒な作業だけだ。そして大学にいる娘を思い、寂しさでのどが締めつけられる。しかし、この惨状をつくりだしたのはわたし自身にほかならない。

自分自身に対してどうしようもなく怒りがわきあがってきた。

　頭のなかは混乱していた。やるべき作業から後悔、将来の心配へと、思考がぐるぐる回っている。しかし究極的に、頭のなかで鳴り響いていたのは1つの疑問だ。

「わたしはどこで間違ったのか？」

　あれはまるで、最善の治療を施《ほどこ》したにもかかわらず、自分が担当する患者を死なせてしまったような感覚だった。すべてを正しく行い、欲しいものはすべて手に入れたはずなのに、どういうわけか失敗してしまった。わたしが手に入れた成功は、人生で最高の体験になるはずだった。しかし実際は、むしろどんどん底の気分だ。

　その答えは、ToDoリストを片づけようとしていたときに訪れた。重い足どりで家の片づけを進めていると、クローゼットのなかに古い荷物を入れた箱を見つけた。本を入れた箱の中身を確認すると、もっと価値のあるものが目にとまった。それは葉巻を入れるシガーボックスだ。12歳のわたしは、その箱に自分の宝物を入れていた。最後にその箱のなかを見たのは大学生のときだ。

　わたしはクローゼットの床に座ると、箱を膝《ひざ》の上にのせ、ふたを開けた。かすかに古い時代の香りがする。ランカスター高校の卒業記念にもらった指輪や、ハンカチやタバコを消す手品をするときに使ったプラスチック製の親指の先が出てきた。なかでもいちばん大切なのは、くたびれた表紙の黒と白のノートだ。そのノートには、ルースに教わったことのすべてが書かれている。

ノートをめくると、欲しいもののリストが出てきた。

・大学へ行く
・医者になる
・100万ドル
・ロレックス
・ポルシェ
・島
・成功

ほかにも、子どもの字で何か書いてある。それはルースの教えだった。

「心のコンパス。欲しいと思うものは、必ずしも必要なものではない」

「他人を傷つける人は、たいてい自分がもっとも傷つく」

わたしは宝物が入ったその箱を見た。胸が締めつけられる思いだった。わたしはたしかに富を築いたかもしれないが、本当に手に入れたと言えるのは、この長さ30センチほどの小さな箱に入っているものだけかもしれない。

人は、自分が愛せる以上のものを所有することはできない。そしてわたしの心の容量は、欲しいもののリストを最初に書いたときからずっと変わっていなかった。わたしの邸宅、わたしの島、わたしの車、そしてわたしの家族さえ、わたしの小さな心には入り切らない。それらはいま、もうわたしから離れていってしまった。おそらくそれらをすべて受け入れられる大きな心をもった人に、見つけられることになるのだろう。

最初のうちは、ひたすら誰かのせいか、何かのせいにしようとしていた。しかし記憶をどんなにかき集めても、責任をなすりつけられる犯人はまったく見つからない。わたしはずっと幼いころから、人生の道を示してくれる父親的な存在を求めていた。どんな状況でもとるべき行動を教えてくれる人、わたしを見守り、わたしを愛し、理想の自分になる方法をわたしに教えてくれる人がいるべきだと思っていた。

実の父親にその役割を期待することはできなかった。いつも酔っ払い、まともに働くこともできない。たとえ働いても、そのお金はあっという間に消えてしまった。悲しいことに、父が仕事をはじめて数か月がたち、今度こそ大丈夫だろうと安心しかけたところで、父は有り金すべてをお酒に使い、ベロベロに酔っ払って帰ってくるか、あるいは何日か姿を消してしまうのだった。

父がそうなるのは、いつも決まって失業したときだった。わたしたちと顔を合わせるのを恐れ、恥じていたのだろう。わが家はよく引っ越した。住みたくもない場所にあるなんの変哲もないアパートから、また同じようなアパートに移っていく。そのたびに、今度こそ父が安定した職に就いてくれることを願っていた。しかし、その願いがかなうことは一度もなかった。

さらに悪いことに、母は病気ですっかり身体が弱ってしまい、世の中から隠れるようにずっとベッドで寝たきりだった。そして最悪の状態まで気分が落ち込むと（それはよくあることだった）、自ら命を絶とうとする。わたしはいつも、自分が強風にさらされる1枚の木の葉のように感じていた。まるで1950年代のコメディドラマに出てくる子どものように、何もかもがドタバタ騒ぎになる。

宇宙は自分の敵だと感じていた。宇宙に対して何か悪いことをしてしまったのではないか、何もかもわたしの責任なのではないかと思っていたが、その一方で、自分の何が悪かったのかも、どうすれば状況を正すことができるのかもわからない。

面倒を見てくれる大人がいなかったせいか、子どものわたしは強すぎるほどの責任感を抱えていた。そして自分でも気づかないうちに、頭のなかではネガティブな思考がいつも鳴り響くようになった。自分の精神がアングラ・ラジオ局の残酷なＤＪになり、ネガティブな曲をずっと流しているようなものだ。

　このネガティブ思考が人との関係のすべてに影響を与え、その結果、つらい出来事、不幸な出来事が次から次へと襲ってくる。そのときの苦痛がまた脳と全身に流れまわり、ネガティブな世界観がさらに強化される。

　その後わたしは、成功の証だと信じていた外側の豊かさはすべて手に入れた。だから、ルースの魔法のおかげで、すべての傷は癒やされたと信じたかった。もっと幸せな過去が欲しかったという子どもじみた希望を手放し、自分の力をすべてとり戻して前に進んでいるのだと信じたかった。もしそうでないなら、問題は何かほかにあるはずだ。

　そこでわたしは、自分の脳のせいにしようとした。しかし、脳は何も悪くない。結局のところ、脳も潜在意識もわたしの指示に忠実に従っただけであり、現に夢にも思っていなかったような物質的な豊かさを届けてくれた。

　わたしの手首にはゴールドのロレックスが光っている。ガレージにはフェラーリとＢＭＷとポルシェが並んでいる。『アーキテクチュラル・ダイジェスト』からそのまま抜け出したような邸宅もある。故郷ランカスターの狭いアパートで、幼い自分が飽きずに眺めていた雑誌の邸宅が、ついに自分のものになった。

あのアパートの窓から見えるのは、くすんだベージュ色をしたほかのアパートの壁と、ずらりと並んだゴミ箱か、あるいはたくさんのタンブルウィード（回転草）が転がっている砂漠だけだ。忠実な召使いである脳は、わたしの意図や動機に疑問を挟むことなく、ただわたしの願いをかなえただけだ。

脳は自分の仕事をしただけだ。脳内に新しい神経の通り道をつくるのは簡単ではない。強い意志をもち、粘り強くくり返すことが求められる。そして通り道ができても、手入れをおこたっていたら、放置された山道のようにすぐに雑草だらけになってしまう。わたしがあんなにも成功し、物質的な豊かさを手に入れられたのは、すべてルースから教わったテクニックのおかげだ。

しかし、ついに破産を迎えたころのわたしは、もう何年もルースのテクニックを使っていなかった。欲しいもののリストのアイテムを次から次へと手に入れていく過程で、欲求を現実化する自分の能力に自信をもつようになり、ルースのメッセージでいちばん大切な部分を忘れてしまっていた。そしてその結果、ルースのテクニックを実践することも少なくなっていった。

あなた自身も、すでに何年も前からこのテクニックのことは知っているかもしれない。あるいは、自分は何者かという考えを一変させるような、スピリチュアルな体験をしたことがあるかもしれない。それでも、いまのあなたは、そこから離れてしまっているか、あるいはその状態を維持するために苦労しているかもしれない。

これは依存症のようなものだ。しらふでいる時間が長いほど、依存症の治療に通わなくても大丈夫だという自信が深まっていく。いまからふり返れば、わたしはルースの教えの大切さをすっかり忘れてしまっていたのだ。

ルースの教えを実践していたころのわたしは、心が澄みわたり、穏やかな安心感があった。しかしいまは、家庭が崩壊し、富を失い、資産を売却するという事態と、たったひとりで向き合っている。なかでも深刻なのは、心を開くというパワフルな習慣を忘れてしまったということだ。

以前は、残酷でネガティブな心の声が、ずっと自分を責め続けていた。ルースのおかげで、その声を一時的には黙らせることができた。しかし、つねに思いやりの心をもつことを忘れていたわたしは、また昔の悪い習慣に戻り、自分を激しく批判し、自分を疑うようになってしまった。

「お前はダメだ。お前のような人間は何も成し遂げられない。成功なんてできるわけがない」

しばらくの間は、物質的な成功というトランペットのおかげで、内なる批判者の声をかき消すことができていた。しかしいま、その声が再び聞こえてきた。きらびやかなパーティに出席したり、所有するスポーツカーのどれかに乗って海岸線をドライブしたりするたびに、恐ろしい尋問官が耳元で何かをささやいているような気がする。そしてついに、尋問官はわたしを真っ正面から否定するようになった。子ども時代とまったく同じだ。

この声は、ルースが「心の傷」と呼んでいた部分から生まれてくる。わたしはこの声を恐れ、声が間違っていることをなんとか証明してやろうとした。わたしはダメではない、わたしは成功したということを世界に信じさせることができれば、この声を永遠に黙らせることができる――または、そうわたしは信じていた。

そして何よりも、わたしが物質的な成功を追い求めていたのは、ただ心に巣くう不安や羞恥心から逃げたい一心だったからだ。皮肉なことに、次の戦利品に向かって邁進《まいしん》する過程で、自分自身の痛みと向き合うのを忘れていた。その痛みこそが、光り輝く何かを新しく手に入れる原動力だというのに。

わたしは以前、「意図を決める前に自分の心を開く」とルースに約束したが、それはウソだった。自分でも気づいていなかったが、あれ以来ずっと、わたしはそのウソをつき続けていたようだ。

現在、わたしは医師として、過去の自分を患者のように眺めることができる。わたしは深刻な病気と闘っていた。その「病気」とは恥の気持ちであり、恥の気持ちは自尊心が欠けている人の主な症状だ。

12歳のころは、病気を正確に診断する能力がなかったので、きっと貧乏がいけないのだろうと考えていた。そして、ものをたくさん手に入れ、世間が認める成功の基準をすべて満たせば、病気は治ると思い込んだ。そこからは、次々と投げつけられる内なる批判者の声に突き動かされながら、物質的な豊かさへの道を一心不乱に進んでいった。それが自分の病気を治す薬だと信じていたのだ。

しかし、そもそもの診断が正確ではなかった。問題の本質ではなく、表面的な症状しか見ていなかったために、問題はしつこく残り続けた。長年にわたって適切な治療もなく放置されていたので、問題はさらに悪化した。そしていま、わたしの人生は目の前で崩壊してしまったのだ。

病気が血管の詰まりであれば、一般的な治療は血管形成術だ。まず、詰まった動脈に小さな風船を挿入して血管を拡張し、そこに金属製のメッシュでできたステントを設置して血管を開いたままの状態にする。毎年、何百万もの人がこの手術を受けているが、実際のところ、患者は胸の痛みから解放されるだけで、効果も一時的でしかない。多くの人は、1年以内にステントを交換することになる。

なぜそうなるかというと、結局のところ、病気の原因をとり除いていないからだ。そもそも血管が詰まるようなことになったのは、不摂生な生活習慣やストレスが原因なのだが、その現実からは目を背けている。生活習慣を変えず、同じように行動していたら、新しいステントが必要になるのは当然の結果だ。

そしてついに、あなたは選択を迫られる。根本的な問題を解決するか、あるいは死ぬか、だ。

わたしが追い求めた物質的な成功もステントと同じだった。恥の感情を忘れることはできるが、それも一時的でしかない。その間もずっと、恥という病気は、わたしの自尊心をむしばみ続けていた。わたしはどうにかして本当の痛みから目を背けていた。

実際、わたしのような人は決して少なくない。何百万もの人々が、現実否定とむなしい希望という霧のなかで生きている。具合が悪いという自覚はあるが、本当の原因はわからないか、あるいは知りたくないと思っている。

そうやってよろよろしながら日々の生活を送り、すべてがうまくいくことを願っているが、それでもある日、ずっと同じことをくり返す人生だったということを自覚し、愕然《がくぜん》とするのだ。多くの人は、そうやって自分の不幸を現実化している。

誰もいなくなった家でクローゼットの床に座り、わたしはついに自分の人生と向き合った。自分の現状を自覚した。大学を卒業し、医師になり、結婚し、未来に希望をもっていた。娘が生まれ、脳外科医としてキャリアを築き、起業家として成功した。しかし、妻とは離婚し、娘とは疎遠になり、いまのわたしは孤独だ。失敗した人生だ。

わたしは多くの時間を費やして、未来の成功を鮮明に思い描いてきた。しかし、それに夢中になるあまり、目の前の人生をきちんと見ていなかった。階段の上に座っていたあの瞬間、12歳のジムと44歳のジムが出会い、そしてどちらも困惑していた。

「ぼくはどこで間違ったのだろう?」

目に涙があふれた。わたしは自分の間違いを自覚した。わたしは大きな家が欲しかった。大きな家があれば、家族の苦しみがすべて解決されると信じていた。その点では、わたしは欲しいものを手に入れたと言えるだろう。わたしが思い描いていたのは「大邸宅」であり、「家庭《ホーム》」ではない。

しかし、心の奥底で本当に求めていたのは、自分にはホームがあるという感覚だ。安心、つながり、温かさを感じられる家を求めていたのだ。愛する人と一緒にいて、彼らを守り、彼らから守られる。苦労をともに乗り越え、彼らのためにそこにいる。夢の表面的な飾りの部分は実現したかもしれないが、愛する人たちとの関係という、肝心な中身を忘れていた。心の欲求を満たすのを忘れていたのだ。

バルコニーに出ると、最後にもう一度、眼下に広がる海を見た。最終的に住むことになったこの家を最初に視覚化したとき、もっとも鮮明に思い描いたのは、バルコニーに立って海を見おろすことだった。そしてわたしは、そのビジョンを現実化することに成功した。眼下にはニューポート湾が広がり、リド島も、バルボア半島も見える。そして港には、持ち主たちの豊かな生活を物語る壮麗なヨットの数々が係留《けいりゅう》されている。

バルコニーを見わたすと、椅子が1脚だけ置いてある。わたしは少しの間そこに座り、目を閉じた。考えごとをしていると、突然、背後から音が聞こえた。ふり返ると、消火器の裏にあるコンクリートの裂け目にポッサム（オーストラリア、ニューギニア島、スラウェシ島に生息する樹上性の有袋類）の巣がある。

人間のいない家は、動物たちにとって格好の棲《す》みかになっていたのだろう。赤ちゃんポッサムの鳴き声は人間のクシャミのようだ。その椅子に座っていると、集まった子どもがみんな風邪をひいているお誕生日会の音を聞いているような気分になってきた。

わたしは自宅を処分しようとしているのに、ポッサムの母親は、ああやって黙々と自宅を整えているのだ。木の葉や草の葉、木の枝、苔《こけ》、樹皮をせっせと集め、建築士でもなければインテリアデザイナーでもないのに、子どもが巣立つまですごすのにぴったりの家をつくっている。

真っ逆さまに落下していたわたしの心は、最初に見つけたこの柔らかいものにしがみついた。このポッサムの巣をどうしようか？　動物管理局に連絡しても、ここに来てもらうまでにかなり時間がかかるだろう。それに、もし実際に来たとしても、人道的な扱いをしてもらえるだろうか？

無防備な赤ちゃんたちをこのまま放っておくことはできなかった。飢えや寒さに苦しむかもしれないし、ほかの動物に食べられてしまうかもしれない。この家は、昔の生活とわたしをつなぎ、そして新しい生活（それがどんな生活になろうとも）とわたしを切り離す最後の存在だ。ポッサムの巣があるかぎり、この家は手放せない。それに巣を撤去するなど、かわいそうでとてもできなかった。

「まったくとんでもない連中だ！」と、わたしはポッサムに向かって大声でどなった。声が隣にまで聞こえ、変に思われてもかまわなかった。

「お願いだから、もう出ていかせてくれよ」と、わたしは考えた。しかし、自分が出ていけないこともよくわかっていた。

そろそろ現実と向き合い、もう一度、自分の人生がこうなった責任をとらなければならない。わたしは、自分が欲しいと思っていたものを手に入れた。そしてそれらは、まったく予期していなかった問題も一緒に連れてきた。わたしはそれらを現実化し、そしていま、それらを自分の責任で処理しなければならない。

古い人生の問題を解決しなければ、新しい人生（それがどんな人生であれ）をはじめることはできないのだ。外側から見れば、わたしの人生は崩壊しているかもしれない。しかし内側は、どんなにそうは見えないとしても、まだ崩壊していなかった。

いまの状況によって、心身ともにネガティブな反応が引き起こされているのは事実だが、それを意識と切り離すことは可能だった。それができると信じるために必要なのは、とにかく心を落ち着かせることだけだ。力を抜き、深く息を吸い、息を吐き、緊張を手放せば、すっきりした頭で考えることができる。

ポッサムについて少し調べてから、母親を生け捕りにするために罠をしかけた。新聞を切り裂いてベッドをつくり、スライスしたリンゴを少し置いておく。ポッサムは夜行性なので、母親が罠のなかに入るのを確認するために、わたしも起きていなければならなかった。

母親を捕獲すると、次にガーデニング用の手袋をはめ、赤ちゃんたちを1匹残らずつかまえた。全員をつかまえたと確認すると、母親が入った罠と、赤ちゃんたちが入ったカゴを車にのせ、海岸沿いの道を森に向かって走った。森に着くと、カゴと罠を地面に置き、扉を開けた。母親は用心深く外に出ると、尻尾を立ててさかんに地面のにおいを嗅いだ。赤ちゃんたちはみんな母親の袋に入っている。

生まれたてのころはミツバチほどの大きさで、目も見えなければ耳も聞こえなかった赤ちゃんポッサムたちも、あと数週間もすれば、立派に独り立ちできるようになるだろう。野生動物の本能はとても力強く、頼りになり、彼ら自身も自分の本能を疑っていない。

一方でわれわれ人間は、異常なほど大きくなった脳をもち、そして長年にわたってまわりの環境に反応し、適応してきた結果、かなり努力しなければ自然の知恵を発揮することができなくなってしまった。内なるコンパスの声を聞く力を失ってしまったのだ。

わたしはポッサム一家の新しい人生を思い、幸運を祈った。そして、自分の新しい人生をはじめるために、空っぽになった自宅に戻った。

人間は不完全な生きものだ。そして人間の欲求もまた、不完全なことが多い。フェラーリを所有することを視覚化するとき、フェラーリに乗ってトップスピードでハイウェイを疾走する自分を思い浮かべる。金持ちだけに許される(と信じている)完全な自由を謳歌する自分だ。そのとき、一緒にこの冒険をする人がいないときに感じる心の痛みを想像することはない。

そして大邸宅を所有することを視覚化するときは、温かく、にぎやかな家庭生活を思い浮かべる。家族の心が離れてバラバラになることや、たったひとりで自宅の売却と向き合う場面のことは考えない。自分が欲しいものだけを考え、それに付随する複雑な問題のことは無視するのだ。広いバルコニーだけを夢見て、そこにポッサムが巣をつくるなどとは思いもよらない。

人生の次のステージでは、欲しいものを現実化する前に、まずはすでに何を現実化したのかということを理解しなければならないだろう。そしてそれらの価値を、明晰な頭脳と広い心で分析しなければならない。

何がうまくいき、何がうまくいかなかったのか？　空っぽの邸宅、崩壊した家庭、そして人生の袋小路を現実化するときに、わたしはどんな役割を果たしたのか？　わたしの思考、無意識の思い込み、未解決の心の問題は、この悲惨な状況とどう関係しているのだろうか？

Practice

すでに現実化しているものは何か？

このプラクティスでは、冷静に、かつ思いやりをもって、自分の現状を評価してもらいたい。ここで目指すのは、善悪の判断はせずに、自分の人生で起こっていることをできるかぎり客観的に眺めることだ。人生ですでに現実化している側面が明らかになるにつれて、自分の内なる力が発揮されていないかもしれない部分も発見できるだろう。いまの段階では何かを変える必要はない。必要なのは、現状を正確に把握することだけだ。

1. 準備をする

a. じゃまが入らない場所と時間を見つける。

b. ストレスを感じている、何か気がかりなことがある、過去24時間以内にアルコールやドラッグを摂取した、あるいは疲れている状態でこのプラクティスを行わない。

c. ノートとペンを用意する。

2. リラックスする

a. 楽な姿勢で座り、目を閉じる。思考が落ち着くまでそのまましばらく待つ。

b. 目を閉じたまま背筋を伸ばし、鼻からゆっくり息を吸い、口からゆっくり息を吐く。この呼吸を3回くり返す。この呼吸が自然に感じられ、集中のじゃまにならなくなるまで続ける。

c. つま先から頭のてっぺんまで、全身の筋肉を順番にリラックスさせていく。身体をリラックスさせることに集中するほど、心身が落ち着いていく。自分が穏やかさに包まれ、安心するのを感じる。呼吸を続けていると、自分を批判する人、夢や目標を否定する人のことが、もう気にならなくなってくる。

d. ゆっくりと呼吸し、心身が落ち着いてリラックスしている。

3. 人生を視覚化する

a. 現在の人生を大まかに思い描く。主な人間関係は？　仕事は何をしている？　人生をどんな場所ですごしている？　それらの質問について考えるときにわきあがる感情に注目する。具体的な1つのイメージや思考に限定しないこと。数分の間、現在の人生を構成している主要な要素を大まかに考える。

b.ただ人生をふり返り、感情が自然にわきあがるのにまかせる。喜び、満足、悲しみ、不満、退屈、怒りなど、さまざまな感情に気づくかもしれない。

4.もう少し詳しく視覚化する

a.これまでの人生を視覚化する作業を続ける。次のような質問が出るかもしれない。自分にとって大切な人は誰か？　彼らと真の意味でつながっていると感じるか？　自分の仕事は何か？　その仕事は、生きるために必要なものを提供してくれているか？　自分が養わなければならない人がいるなら、いまの仕事は彼らに必要なものも提供してくれているか？　現状の時間の使い方に満足しているか？　意味のある時間の使い方をしているか？　あなたの人生の舞台になっているのはどんな場所か？　その場所で人生をすごすことをどう感じているか？

b.現状の人生のなかでの自分を思い描き、そのイメージからわきあがってくるものに気づく。心の目でいまの人生を見る。ゆっくり呼吸しながら、すべての細部を思い描く。そのままゆっくり呼吸を続ける。

c.すべての細部を思い描いたら、ゆっくりと目を開ける。呼吸はそのままのペースで続ける。あなたはリラックスし、心は穏やかだ。

5. 視覚化したことを記録する

a. 用意していたノートとペンをとり、頭に浮かんだイメージと、そのときに感じたことを自分の言葉で書く。最低でも5分間かけ、できるだけ詳細に描写する。2つか3つの文でも、あるいは長い文章でもかまわない。ここで大切なのは、自分の人生と、それに対する自分の感情を、自分の言葉で書くことだ。

b. 目を閉じて座り、鼻からゆっくり息を吸い、口からゆっくり息を吐く。これを3回から5回くり返す。それが終わったら目を開ける。

6. 書いたものを見直す

a. まず、自分が書いたものを黙読する。

b. 次に、自分に聞かせるように音読する。

c. 目を閉じ、人生のイメージを思い浮かべたまましばらく座る。

7. 人生をふり返る

a. 自分の選択をふり返り、それがいまの人生とどうかかわっているかについて考える。どんなときに意識的な選択をしたか？　どんな状況で他人に選択をゆだねたか？

あるいはもっとも抵抗が少なそうな道を選んだか？

b．現状の人生がかつて夢見たような人生とは違うなら、人生がこうなる過程で自分はどのような役割を果たしたか？　ここで恐怖を感じたり、自分を責めたりする必要はまったくない。ただ単に事実を集めていくだけだ。そうは感じないかもしれないが、これは内なる力をとり戻して自分の人生を形づくっていく最初のステップだ。

8．プラクティスを評価する

a．人生を正直にふり返ることで、自分の力が大きくなっていくのを感じる。あなたの人生はすでに変わりはじめている。

この本を読む間、いまのプラクティスで書いたことをずっととっておいてもらいたい。人生の問題を突きつけられるのはつらいことでもあるかもしれないが、シモーヌ・ド・ボーヴォワールが言うところの「真の姿」と真摯《しんし》に向き合う姿勢こそが、現実化したい理想の人生に向かって一歩を踏み出す出発点になる。

自分の行動パターンを知り、それが知らないうちに自分の可能性を制限していたことに気づいて、深く反省することもあるかもしれない。ここで書いたことを信頼できる友人やメンターに読んで聞かせ、自分がここから学んだことと、それに対して自分がどう感じたかについて話したくなることもあるだろう。

あなたが目指していることを理解してくれる人と一緒にこの作業を行えば、意図を現実化する旅でとても心強いサポートになる。自分を応援してくれる人がいれば、自分に対してだけでなく、彼らに対しても責任を果たさなければならないからだ。

この本を読み終わるころには、すでに驚くほど多くの変化を達成しているだろう。このプラクティスの記録を残していけば、自分の進歩を知るいい基準になるはずだ。それに加えて、すでに多くのことを現実化していることに気づくかもしれない。それまでの自分の努力を評価し、そして人生がもたらしてくれたものに感謝しよう。

いまのあなたは、自分の出発点を知り、そしてすでに現実化した人生も正確に把握している。そこで次からは、理想の人生を創造するプロセスに移っていこう。

しかし、マニフェステーションの旅に出発する前に、その旅で使うハードウェアについて理解しておかなければならない。それらはどんなふうに設計されているのか？　そして、それらを組み合わせて使うにはどうすればいいのか？

Chapter 2

「引き寄せ」の脳のしくみ

願望実現
（マニフェステーション）の生理学

高校生のころ、同じ学校にジョージ・キャロウェイという人物がいた。あなたの高校にも彼のような人がいたかもしれない。ジョージはルネサンス期の才人のようになんでもできる生徒だった。成績はオールA、生徒会長を務め、しかも3つのスポーツで優秀選手賞を受賞している。

試合終了を告げるブザーと同時にベースライン沿いのコーナーからスリーポイントシュートを決め、満塁ホームランを打ってスタンドを熱狂の渦に巻き込んだかと思ったら、今度はアメリカの選挙人制度は廃止されるべきという主張で非の打ちどころのない議論を展開する。学校のどこを見ても、そこではジョージがいともらくらくとさまざまな活動をこなしているという具合だ。

当然ながら、わたしはジョージがうらやましかった。そして一度でいいから、彼が普通の不完全な人間と同じように無様な失敗をするところを目撃したいと、心のなかで密かに願うこともあった。しかしたいていの場合、彼は憧れの存在だった。スポーツのチームや生徒会、資金集めのイベントなどで活躍する姿を、よく尊敬のまなざしで眺めていたものだ。

人間の脳にはジョージ・キャロウェイのような存在がたくさんいる。つまり、ニューロン（神経細胞）は、複数のスポーツをこなすアスリートであり、そのときに必要な神経の活動に応じてチームを結成したり、別のチームに移籍したりしている。さらに、五感、道徳的な判断、パターン認識、記憶、直感から送られてくるデータを解析する。

複数のニューロンのグループが集まって脳内である領域を形成し、その領域がさらに大きくなると、今度は「脳の大規模ネットワーク」と呼ばれるものになる。これらのネットワークは、たとえるなら自律的に連携を行う複数のジョージ・キャロウェイのようなものだ。並走したり、協力したりしながらハイレベルのタスクを実行し、目もくらむほど複雑な意識の働きを創造している。

神経科学の観点から言えば、この脳の大規模ネットワーク（「内在性ネットワーク」とも呼ばれる）は脳内に広がった領域の集合体であり、fMRI、EEG（脳波）、PET検査、MEGスキャンといった技術でその存在が明らかになった。

それぞれのネットワークは、認知の全体的な生成において担っている役割によって識別される。大規模ネットワークのなかにある領域は、機能的な結びつきをもっている。それはつまり、脳がイメージの処理や記憶を思い出すといった高度な認知活動を行っているときに、それらのネットワークは相関関係にあり、同時に発火するということだ。

ニューロンはそのときの状況に応じて、必要な機能を果たすために集団を組み直す。たとえるなら、NBAの優秀な選手が集まり、オールスターチームやオリンピックチームを結成するようなものだ。脳の大規模ネットワークは、脳が健全に機能するのを支える基盤であり、そこでの活動がなんらかの妨害を受けると、抑うつ、アルツハイマー病、自閉スペクトラム症、統合失調症、ＡＤＨＤ、双極性障害といったさまざまな精神疾患につながるとされている。

マニフェステーションは主に４つの大規模ネットワークを活用している。それは、**デフォルトモード・ネットワーク**（**ＤＭＮ**）、**セントラル・エグゼクティブ・ネットワーク**（**ＣＥＮ**）、**顕著性**《けんちょ》**ネットワーク**（**ＳＮ**）、**注意ネットワーク**（**ＡＮ**）だ。

この４つの主要なネットワークが連携し、さらに２つの神経系と協力することで、意図に強く意識を集中し、その意図を潜在意識に深く刻みつけることができるのだ。その結果、意図を現実化する力が引き出されることになる。

大規模ネットワークの働きについてはすでにかなりの部分が解明されているが、まだわかっていないこともたくさんある。ここでは、それぞれのネットワークについての概略を説明し、さらにそれらを連携させることが意図の現実化に欠かせない理由を解説していく。まずは実際に起こったマニフェステーションを参考に、ネットワークと神経系の連携を理解していこう。

アヌラの物語　マニフェステーションで医者の道へ

アヌラはスリランカで生まれ育った。内戦で政治的にも経済的にも混乱していた時代だ。年月がすぎ、爆撃がさらに激しくなると、彼女の父親は国の将来を不安に思い、アメリカへの移住を真剣に考えるようになった。アヌラの両親はまた、子どもたちの教育のためにもスリランカを出たほうがいいと考えていた。２００４年にこの地域が大津波に襲われ、甚大な被害が出たこともあと押しになり、一家はついにアメリカに移住した。アヌラが15歳のときのことだった。

両親が移住を決意したのは、子どもたちにより安全で、よりチャンスの多い環境を与えたいと考えたからだった。しかし、一家の生活は短期間で大きく変わってしまった。アヌラの父親は微生物学者で、スリランカでは伝染病の研究をしていたのだが、アメリカに移住してからは専門の研究職がなかなか見つからず、結局ガソリンスタンドの店員やＵｂｅｒドライバーとして働くことになった。スリランカでは一度も働いたことがなかった母親も、家計を助けるために介護の仕事をするようになった。

一家は経済的に不安定な状態だった。そして追い打ちをかけるように、母親が乳がんと診断された。しかし、一家には良質な医療を受ける手段がなかったので、母親は十分な治療が受けられず、さらに医療費も家計の大きな痛手となった。

「ある日、母からあらたまって呼ばれたときのことを覚えています」とアヌラは言う。「母はこう言いました。『アメリカへの移住は一家にとって大きな犠牲だったのだから、あなたはこのチャンスを生かさなければならない』と」

経済的な不安定さと、成功しなければならないというプレッシャーが、アヌラの肩に重くのしかかった。彼女の心は、いつも何かに追いつめられているような状態だった。

人間の脳には、右脳と左脳にそれぞれ1つずつ、アーモンドのような形をした扁桃体《へんとうたい》と呼ばれる部位がある。扁桃体の役割は危機を察知することだ。当時のアヌラは、この扁桃体がつねに過活動の状態だった。そのためいつも不安がいっぱいで、コルチゾールなどのストレスホルモンも過剰に分泌されていた。

スリランカは仏教の国であり、アヌラにとって瞑想は身近な存在だったが（実際、学校で瞑想を習ったこともある）、アメリカで暮らすようになると、日々の不安や心配事で頭がいっぱいになり、瞑想どころではなくなっていた。とくに高校から大学への進学が大変だった。生まれてはじめて家族と離れて暮らすことになっただけでなく、複数の慢性疾患が見つかり、不安や抑うつにも苦しめられていたからだ。

「あれはまるで、大きな渦《うず》に飲み込まれ、穴の底へ落ちていくような感覚でした」と、彼女は言う。

アヌラは最初から、大学では医学を学ぶと決めていた。しかし、心身の不調や、家庭の不安定な経済状況から来るストレスのせいで、学業成績は振るわなかった。テストの日が迫るたびに不安の発作に襲われ、大失敗して恥をかく自分の姿ばかり想像してしまう。扁桃体がつねに危機を察知している状態だったので、彼女は注意を意図のほうに向けることができなかった。

学年が上がるたびに、学校の進路アドバイザーからは、「あなたのGPA（成績評価）ではメディカルスクールへの入学は難しい」と言われてしまう。彼女はついに、長年の夢をあきらめなければならないかもしれないという苦痛とともにすごすことになってしまった。

大学を卒業すると、製薬会社でアシスタント・データマネージャーの職に就いた。まだ医師になるという夢を完全にあきらめたわけではなく、メディカルスクールの受験資格が得られるMCATというテストを受けることを目指していたのだが、いざとなると恐怖で身体が動かなくなってしまう。

彼女の場合、極度の不安が身体的な症状となって現れた。

「実際に吐きそうになるんです。部屋のなかをうろうろして、まったく集中することができない。プレッシャーがあまりにも大きくなると、それが足かせになってしまう。それに、少なくとも当時は、自尊心も自信も傷つけられていました。どこか平常心を失っていたんです」

テストを受ける予定を立てても、恐怖のあまり、ぎりぎりになって予定をキャンセルしてしまう。彼女は当時を回想する。

「あるとき、こんなふうに思いました。『どうしよう。もうメディカルスクールには入れない。わたしの人生は台無しだ。両親をがっかりさせてしまう。わたしを応援してくれる人たちもがっかりさせてしまう。わたしにかけた時間とお金はすべて無駄になり、家族みんながひどく苦しむことになる』と」

こうやって悲観的になるほど事態はますます悪化し、その結果アヌラは、自分には人生を変える力などないという思い込みを深めていった。

彼女はこの状況から抜け出すために、スピリチュアルの力を借りてみようと考えた。占星術から死後の世界、霊魂など、あらゆるものに手を出し、そして最終的にマニフェステーションにたどり着く。とくにマジックを使う手法だ。そして、仕事の休み時間に、自分でも気づかないうちにグーグルで「マジックを使ってメディカルスクールに入る方法」

と検索し、そこからわたしの本『スタンフォードの脳外科医が教わった人生の扉を開く最強のマジック』の存在を知った。

わたし自身、その本に書いているように、大学の進路アドバイザーから「メディカルスクールに入るには成績が足りない」と何度も言われていた。そしてアヌラは、わたし宛てのメールのなかで、自分も何度もメディカルスクールに落ちたと書いていた。彼女の境遇に胸を打たれたわたしは、メールの返事を出した。その後、何度か電話でのやりとりがあり、マニフェステーションについて語り合うことになった。

彼女はわたしと話すまで、マニフェステーションにあまりピンときていなかったという。何かもっと高尚でスピリチュアルな目標や、あるいは大金持ちになるためだけに使うものだと思っていたそうだ。目の前のニーズや、個人の目標を達成するため（たとえば、家賃を払う、メディカルスクールに入学する）にマニフェステーションを使うというテーマが、アヌラの心をとらえた。そして、小さな一歩を踏み出し、実用的な側面から人生を向上させるためにマニフェステーションのテクニックを活用するということを理解すると、自分自身に対する彼女の思い込みに変化が起こった。

「あれはわたしにとって、まさに昼と夜ほどの大きな変化でした」

アヌラは幼少期を仏教国ですごしたこともあり、わたしの本に書かれていた瞑想のやり方がすんなりと頭に入ったそうだ。彼女はすぐに、押しつぶされそうな大きな不安と抑うつを解消するために、瞑想とリラクゼーションのテクニックを実行してみた。身体のパーツごとに力を抜き、神経の緊張を解きほぐしていく。精神を落ち着かせ、自分の呼吸に意識を集中する。その結果、彼女は本当に久しぶりに、明晰《めいせき》な頭で物事を考えられるようになった。

「闘う・逃げる・動かない」の交感神経系、「休息・消化」の副交感神経系

人間は本来、つねに大きなストレスを抱えた状態でいるようにはデザインされていない。しかし現代人の多くは、慢性的なストレスに苦しんでいる。これは実際のところ、わたしたちの神経系がもっとも根源的なレベルで現代社会に対応できず、悲鳴を上げている状態だ。

人間の脳幹には「自律神経系」と呼ばれる神経の束が収められている。自律神経とは、本人の意思とは関係なく勝手に活動する神経のことだ。

自律神経は進化の過程の初期から発達し、２つの種類に分かれている。最初に進化した

のは「交感神経系」と呼ばれる種類であり、自分が生き残る、そして遺伝子を次世代に残すという役割がある。

交感神経系の主な活動は、いわゆる「闘うか、逃げるか、動かないか」という、とっさの反応を決めることだ。ここでは扁桃体が大きな役割を果たす。交感神経系の「闘うか、逃げるか、動かないか」の反応をもつのは人間だけではない。多くの種族のなかに何百万年も前から備わってきた。

この反応は生きるか死ぬかの状況で発動するようになっているので、ほんの一瞬の間にとても短いニューロンを通って信号が送り出される。そのため、わたしたちの心身を瞬時に支配し、体中をストレスホルモンで満たし、行動に備えて筋肉を緊張させる力をもっている。

その後、人間の神経系はさらに進化し、今度は「副交感神経系」と呼ばれるものを備えるようになった。副交感神経系は「休息と消化」反応とも呼ばれ、肉体を安定した状態に保つ働きを担っている（この安定した状態を保つ能力は「ホメオスタシス」、または「恒常性」と呼ばれる）。

神経が「休息と消化」のモードに切り替わると、肉体的にもさまざまな変化が起き、体内のバランスが促進される。筋肉の緊張が和らぎ、心拍数が下がり、そして消化のためにより多くの唾液が分泌される。

この「休息と消化」のモードに入ると、精神が落ち着き、まわりの人たちや環境とのつながりに対してオープンになり、さらに「大脳新皮質」と呼ばれる脳の部位で高度な活動が可能になる。大脳新皮質はその名の通り進化の遅い段階でできた新しい部位であり、抽象的な計画、創造性、論理的推論といった高度な認知作業を担っている。

交感神経系と副交感神経系という2つの反応を区別することが、マニフェステーションのプロセスできわめて重要になる。**マニフェステーションを実現する**には、高度な注意力を発揮し、想像の力にアクセスし、潜在意識の力を解き放たなければならず、**それが可能になるのは、脳が「休息と消化」のモードに入ったときだけ**だからだ。

オーストリアの心理学者で、ホロコーストの生存者として知られるヴィクトール・フランクルはこんなことを言っている。

「刺激と反応の間には空間がある。その空間のなかに、反応を自分で選ぶ力がある。そしてその反応のなかに、わたしたちの成長と自由がある」（ただし、これがフランクルの言葉として記録されているのはウェイン・ダイアーの文章のなかだけだ）。

つまりわたしたちには、自分の意識を集中するものを選び、潜在意識の可能性を解き放ち、マニフェステーションを実現する力があるということだ。

つねに大きな不安にさらされていたアヌラの物語からわかるのは、**「闘うか、逃げるか、動かないか」のモードを普通の状態にしてはいけない**ということだ。このモードは、短期の生理的な反応を引き出すために存在する。敵の部族に遭遇する、襲いかかるトラから走って逃げるといったストレスの大きい状況に対応するための反応であり、危機が去ったらすぐにホメオスタシスを回復するのが本来の姿だ。

わたしたちの遠い祖先が進化したアフリカのサバンナでは、食糧調達のためにいくらかのエネルギーは必要だったが、人生の大半をのんびりすごすことができた。危機もたしかに訪れるが、たいていは一瞬の出来事だ。現代社会のように危機が日常的な状態になり、神経がつねに緊張していたわけではない。

危機に遭遇して一時的に緊張が高まっても、それが終われば心身ともに落ち着いた状態に戻る。オキシトシンやセロトニンといったポジティブな感情になるホルモンが分泌され、他者への優しさや、他者との健全なつながりが促進される。心が落ち着いていること、満ち足りていること、思いやりがあることは、本来わたしたち人類にとって普通の状態なのだ。

ここでの問題は、進化によって新しい環境に適応するまでに何百万年もかかるというのに、人類は自分たちをとりまく環境をたった数千年の間に劇的に変化させてしまったということだ。実際、ほんの６０００年から８０００年前までは、50人から１００人の集団で狩猟と採集の生活を送っていたのだ。

残念ながら、この目まぐるしく変化する現代社会には先のわからない不安が蔓延《まんえん》しているために、わたしたちはつねに「闘うか、逃げるか、動かないか」の状態になることを強いられている。本来は生死にかかわるわけではない日常の不安や心配のせいで、つねに交感神経系がオンになってしまっているのだ。

わたしたちは基本的に、同僚から嫌味なメールが送られてきただけでも、サーベルタイガーに襲われたときと同じ反応をするようになっている。この先でも詳しく見ていくが、「闘うか、逃げるか、動かないか」の反応がつねにオンの状態になると、体内では炎症の原因になるプロテインが分泌され、心臓病や免疫機能の低下につながっていくのだ。**わたしたち現代人は、慢性的なストレスのせいで、健康と寿命を大きく犠牲にしてしまっている。**

進化の過程をふり返れば、「闘うか、逃げるか、動かないか」の反応は、たしかに人類という種の生存を助ける働きをしてきた。しかしいまとなっては、むしろ進化のお荷物のような存在になってしまったと言えるだろう。このような反応は、現代社会にはもうそぐわない。現代を生きるわたしたちに必要なのは「休息と消化」のほうなのだが、こちらは

生理学から見た「闘うか、逃げるか、動かないか」反応と「休息と消化」反応

自律神経系の種類	交感神経系	副交感神経系
主な活動	「闘う・逃げる・動かない」の反応を発動させる	肉体のホメオスタシスと「休息と消化」の反応を管理する
機能	危機に対応するために身体の反応をコントロールする	休息中の肉体の反応をコントロールする
ニューロン（神経）の通り道	ニューロンの通り道が短い＝すぐに反応する	ニューロンの通り道が長い＝ゆっくり反応する
肉体の反応	身体が緊張し、動きが速くなる。神経が鋭敏になる。生存にとって重要でない機能がシャットダウンされる	均衡のために逆の反応：肉体が落ち着いた状態に戻る
心血管系（心拍数）	収縮し、心拍数が上がる	心拍数が下がる
呼吸器系（肺）	気管支が拡張する	気管支が収縮する
筋骨格系	筋肉が収縮する	筋肉がリラックスする
瞳孔	瞳孔が開く	瞳孔が縮む
唾液と消化	唾液の分泌が止まる	唾液の分泌が増え、消化が活発になる
副腎	アドレナリンを分泌する	かかわらない
神経伝達物質	エピネフリン、ノルエピネフリン（心拍数を上げる）	アセチルコリン（心拍数を下げる）
プロテイン	炎症誘発性	抗炎症性

いつも抑えつけられ、なかなか活躍できないようになっている。

神経系の働きをより深く理解するには、刺激が神経にどうやって広がるかということを理解する必要がある。つまり、「神経伝達物質」について学ばなければならないということだ。

「神経伝達物質」という言葉は「ホルモン」と同じ意味で使われることも多いが、両者の違いは分泌される場所だ。神経伝達物質は、神経の末端にあるシナプス間隙《かんげき》と呼ばれる場所から分泌されるが、ホルモンは血液中に直接分泌される。

脳内には100種類以上の神経伝達物質があり、それぞれがさまざまな機能をもつように進化してきた。その働きのほとんどは潜在意識のレベルで起こっている。たとえば、心拍数、血圧、消化、空腹感、のどの渇き、ストレスへの反応などを制御する働きだ。

これらの神経伝達物質のうち、わたしたちの幸福感、ウェルビーイング、ポジティブ感情にかかわるものは4つある。そしてこの4つは、じつは生存にとっても欠かせない存在だ。具体的には、ドーパミン、セロトニン、オキシトシン、エンドルフィンの4つで、まとめて「幸せホルモン」と呼ばれたりもする。

ドーパミンは、ポジティブな経験に対する満足や快感などを司っているために、しばしば「報酬系物質」とも呼ばれる。そのほかにも、モチベーションを高めたり、「フロー」

の状態を保ったりする働きがあり、さらに学習と記憶にもかかわっている。

セロトニンは「気分安定剤」と呼ばれることが多く、幸福感、学習と記憶の向上、睡眠の安定化、性的行動、食欲と関連している。セロトニンの減少は、抑うつ、不安、躁状態、そのほかの精神疾患につながることが多い。

オキシトシンの別名は「愛のホルモン」だ。恋愛感情、絆を深める行動、親密さ、相手を認めること、つながり、信頼、性的興奮などと関連があるとされている。

エンドルフィンは「鎮痛ホルモン」とも呼ばれ、肉体が痛みやストレスを感じると分泌され、痛みやストレスの信号をブロックして不快感を抑えてくれる。多くの人は、ずっと走っていると気分がハイになる「ランナーズハイ」という言葉を聞いたことがあるだろう。エンドルフィンはこのランナーズハイとも関係している。それだけでなく、セックス、瞑想、チョコレート、笑いなどでもエンドルフィンが分泌される。

のちの章でも詳しく見ていくが、これらの化学物質はポジティブな感情を経験するうえで重要な役割を担っている。そして、自分にとって重要で、追い求める価値のある目標を明確にし、それを実現するという意図を脳に教え込むときに必要になるのが、このポジティブな感情だ。

アヌラが見つけた新しい力

だんだんと心の落ち着きをとり戻していったアヌラは、自分にとって本当に大切なもの、自分が本当に欲しいものについてゆっくりと考えられるようになった。彼女は自分に手紙を書きはじめた。自分がすでに目標を達成したつもりになり、お祝いの言葉を贈る。これはいわば、本当に目標を達成したときの予行練習だ。

最初は小さな目標だった。当時はまだ経済的な不安があったので、まずは「仕事で昇進する」という目標で実験をしてみることにした。「昇進おめでとう、アヌラ！」と、彼女は書いた。そしてその手紙を折りたたむと、いつも財布に入れてもち歩くようにした。バスを待つ列に並んだり、バスに乗ったりするたびに、いつも手紙を広げて読む。さらに読みながら、目を閉じ、深呼吸して、昇進したときの喜びやポジティブな感情をありありと想像する。

手紙を読んでいると、以前よりも自信をもって仕事にとり組めるようになった。アヌラはだんだんと、こんなふうに感じるようになった――「これが起こることは知っている。むしろこれはすでに起こっている。なぜなら、わたしがそう決めたからだ」

以前の彼女は仕事に自信がもてず、よく自分の決断が本当に正しかったのか悩むことがあったのだが、それが劇的に減少していることに気がついた。決断力が上がり、その結果、態度や仕事ぶりにも自信が感じられるようになった。するとまわりの同僚や上司も、そんな新しい彼女を尊敬するようになった。

チームミーティングに参加するときは、恐怖を感じることが減り、以前より堂々と発言できるようになった。こうやって彼女が身につけたリーダーシップこそ、まさに彼女が望んでいる昇進に必要なものだった。通常なら、このような昇進には1年か2年は必要なのだが、アヌラはわずか数か月で念願のデータマネージャーになることができた。年収は2万ドルほどの増加だ。

アヌラは順調に前進していたが、それでも恐怖から完全に自由になったわけではない。ときには恐怖に集中を妨《さまた》げられることもあった。目標に一歩近づいても、そこで不安に襲われ、大失敗の予感しかなくなってしまう。

「自分の欲しいものはわかっていました」と彼女は言う。

「でも、魂と肉体と精神がバランスのとれた状態になっていなかった。マニフェステーションのモードで生きるのではなく、人生が恐怖に支配されていた」

転機が訪れたのは、自分の能力と目標のバランスがとれたときだった。

「メディカルスクールを目指していたときは、いつも自分のことしか考えていませんでした。それは恐怖が根底にあったからです。恐怖のモードを打破し、心を開いて、むしろ将来の患者さんたちに自分はどんな貢献ができるだろうと考える必要があった。それができるようになると、恐怖心が消えて、代わりに思いやりの心がもてるようになったんです」

思考がクリアになり、肉体の緊張がなくなると、アヌラは再び「メッタ」の精神とつながることができるようになった。メッタは「慈悲の瞑想」とも呼ばれ、自分やまわりの人に対して愛のこもった優しさがあふれてくるような瞑想だ。彼女は6歳のころ、スリランカの学校でメッタ瞑想を習っていた。

アヌラはまず、自分自身に対して思いやりの心をもち、そしてその思いやりを届ける範囲をだんだんと広げていった。最初は愛する人たちに届け、そして最終的に、将来医師になったときに出会うであろう患者たちにも届ける。

子どものころは、メッタ瞑想にあまりピンときていなかった。よくわからないし、意味がないと感じていた。しかしいまは、将来の患者たちを生きた人間として具体的に思い浮かべ、その人が健康をとり戻す手助けをする自分を想像すると、メッタ瞑想がとてもリアルに感じられる。

患者たちに対して心を開く自分を想像し、そして患者たちに施す治療を具体的に考える。正しい診断をした自分、手術に成功した自分、家族の不安を和らげる自分を想像するたびに、彼女の胸は温かさで満たされた。神経の緊張が解け、その結果、自分のことしか考えられない状態を離れ、自然とより大きな目標に向かえるようになった。

アヌラはこのリラクゼーションのテクニックを地道に続けた。呼吸の瞑想で神経を落ち着かせる。息を吸いながら4まで数え、そして息を吐きながら8まで数える。また、まず全身を緊張させ、そこからパーツごとに緊張を解いていくというテクニックも使う。

こうやって心身がリラックスすると、頭のなかにあった恐怖と羞恥心の声も元気がなくなり、だんだんと小さくなっていった。集中力が増し、エネルギーのレベルも向上し、MCAT（メディカルスクール受験資格が得られる試験）も受けられるようになった。試験の成績が上がるにつれて、頭のなかを占領していた恐怖も消えていった。MCATは、もはや恐るべきモンスターではない。これはただの、目標達成までの通過点の1つなのだ。

アヌラは試験を受ける前はいつも自分に手紙を書いた。いい点数がとれたこと、そしてメディカルスクールへの入学を許可されたことを祝う手紙だ。とはいえ彼女にとって、これらの手紙は何よりもまず思いやりの心を思い出させてくれる存在だ。

手紙を財布からとり出して読むたびに、視覚化とリラクゼーションのテクニックを組み合わせ、将来の患者たちの苦しみに思いを寄せ、そして患者たちとのつながりを感じ、彼らを治療できる喜びを感じる。手紙を読み返し、身体をリラックスさせ、視覚化を行い、心を開く。

新しく手に入れた自信を胸に勉学に励むようになると、医学との間に以前は気づいていなかったつながりを感じるようになった。人体のしくみや、各部位のつながりを、より全体として理解できるようになった。さらに、教師や家族など、まわりのサポートが得られるチャンスにも敏感になった。

「もう海で溺れているような気分ではなくなりました」と彼女は言う。

「波は相変わらず押し寄せてくるけれど、いまのわたしはうまく波を乗りこなす方法を知っています。それにポジティブなエネルギーもどんどん押し寄せてくるんです」

次に受けたMCATではいい点数がとれた。アヌラはメディカルスクールの願書を準備し、志望校に提出すると、その後はいままで通り瞑想のテクニックを続けた。そして数か月後、想像のなかでは何度も受けとっていた入学許可の知らせが、ついに現実のものとなったのだ。

通知を実際に手にもつのは、なんだか不思議な気分だった。以前はあんなに遠くの目標に見えたのに、むしろほぼ絶望的だとも思っていたのに、いまではこの通知が届くことを知っていたような気分だ。アヌラにとって、その通知はすでに受けとっていたものだった。

現在、アヌラはメディカルスクールを卒業し、医師としての仕事と、将来出会うことになる患者たちのケアのために、精神を落ち着かせ、心を開く瞑想を続けている。

脳内のデフォルトモード・ネットワーク（DMN）の役割

脳内のネットワークのなかで、もっとも詳しく研究されているのがデフォルトモード・ネットワーク（DMN）だ。解剖学的には内側前頭頭頂ネットワーク（M-FPN）とも呼ばれていて、内側前頭前皮質と、それに隣接する前帯状皮質、後帯状皮質、楔前部《けつぜんぶ》、角回《かくかい》で構成されている。

基本的に**DMNとは、人が内側に向かって集中しているときの脳の活動のこと**だ。目覚めた状態で休息している、ぼんやりと考えごとをする、思い出にふけるときの脳が、このDMNの状態になっている。

DMNで可能になるのが、「自己参照のプロセス」、つまり自分自身をふり返ることだ。ある意味で、これは「自分についての物語」を紡《つむ》ぐことだとも言えるだろう。長期記憶のなかに保存されている過去の記憶を掘り起こし、自伝のなかに統合していく。そうすることで、それぞれの記憶について一人称の語りが可能になる。

ＤＭＮの脳は、精神のタイムトラベルを経験している。過去の出来事を思い出し、そして将来に起こるかもしれない出来事を予想する。それに加えて、他者についてどう考えるかということもＤＭＮの役割だ。他者が何を考えているのかを考え、他者の感情を理解して共感し、ある態度や行動が正しいかどうかを判断し、さらには社会的な交流がないときに孤独を感じることにもＤＭＮがかかわっている。日常生活でＤＭＮの活動が意識できるのは、たいてい何か具体的なタスクに従事せず、心のなかで絶え間ないおしゃべりが続いているときだ。

ＤＭＮに関する初期の研究でわかったのは、何か目標があるタスクを行っているときは活動しないということだ。そこでＤＭＮは、「タスクネガティブ・ネットワーク」というあだ名で呼ばれることになる。しかし現在、そのあだ名は誤解を招くということで使われなくなった(vi)。実際はＤＭＮの状態にある脳も、内向きの目標があるタスクだけでなく、概念にかかわる認知タスクにも従事しているからだ。そして外向きのタスクに従事するときになると、ＤＭＮはコメンテーターのような役割を果たし、自分のパフォーマンスについて何を思ったかということを詳細に伝えていく。

人間にとってもっとも危ない精神の状態の1つは、自分に向かって習慣的にネガティブな言葉を投げかけることだ。これは「内なる批判者」とも呼ばれている。神経科学の観点から説明すると、この内なる批判者は、DMNと交感神経系の不幸なコラボレーションということになる。

DMNが交感神経系のストレス反応と結びつくと、自己意識が機能不全のような状態になってしまう。恐怖のために動けなくなっていたアヌラは、まさにこの状態だった。ここでとくに重要なのは、DMNと脳内の注意ネットワークが負の相関関係にあるということだ。つまり、DMNが活発になるほど、注意力は低下する。この本で紹介しているプラクティスには、DMNの活動によって自己意識が高まりすぎるのを防ぐという目的もある。

DMNは、マニフェステーションにおいて2つの力強い教えをわたしたちに与えてくれる。1つは、とりとめもなく考えごとをするという状態があることからもわかるように、脳の認知は「いま、ここ」で起こっている出来事だけにつなぎ止められているわけではないということ。この本でも、五感で知覚していることから意識を意図的に切り離し、想像のなかの未来で経験することと意識を結びつけるというプラクティスを紹介している。

もう1つは、ぼんやりと考えごとをしているときの脳は、想像をより具体化しているということだ。そしてこれが、自分の内部で感じる「自己」の基盤になっている。自己意識はたしかに日々の社会生活で欠かせないものだが、いわゆるフローの状態を大きく阻害するという問題もある。**ビジョンがまるで現実であるかのように体験するには、フローの状態になることが不可欠だ。そのため、自己意識のボリュームを下げる方法を学ばなければならない。**

脳内の顕著性ネットワーク（SN）の役割

顕著性ネットワーク（SN）とは、脳が「何が大切か」ということを決めるために使う認知システムだ。

あとでさらに詳しく見ていくが、脳はつねに膨大な量の情報を受けとっている。具体的には、1秒間に600万ビットから1000万ビットだ。そのうち意識的に処理できるのは、1秒間にわずか50ビットにすぎない。これはつまり、**脳が受けた刺激の99・9995パーセントは、無意識のうちに処理される**ということだ（vii）。

脳は内部からも外部からも刺激の集中砲火を浴びている。そんな状況で、いまの自分にとってもっとも大切な情報を見分け、それに沿った行動を選ぶのが顕著性ネットワークの仕事だ。顕著性ネットワークは、脳に入ってくるすべての情報をフィルターにかけ、重要度に沿って優先順位を決めている。また、情報の矛盾や食い違いに気づくのも顕著性ネットワークの役割だ。

わたしたちの潜在意識には、自分にとって価値のあるもの、自分が注意を向けるものを識別するシステムが備わっている。このシステムが、顕著性ネットワークによる情報の選別にも影響を与えているのだ。いくつかのエビデンスによると、不安、抑うつ、痛み、アルコールや薬物の濫用などが、顕著性ネットワークに不具合が起こる大きな要因になっていると考えられている。衝動的な思考によって、注意が自分で意識した方向からむりやり別の方向に引っぱられるからだ。

顕著性ネットワークは、脳に入力されるすべての情報のなかから顕著な情報を抽出する。何が顕著であるかはたいてい文脈で決まり、目新しさや意外性がカギになるのだが、自分が意識して「これが重要だ」と判断したものに注意を向けることもある。

顕著な情報とは、ぼんやりした背景のなかでパッと目立つ特徴をもつ情報のことだ。人間が情報を処理する能力は限られている。ある状況で入力されるすべての情報に注意を向けることは不可能だ。あとでまた詳しく見ていくが、どの思考やアイデア、意図が顕著な存在になっているかということが、どの情報がもっとも意識されやすいかということを決め、ひいてはそれがその人の世界観にもっとも大きな影響を与えていくのだ。

アヌラのケースで考えると、自分の成功を祝い、将来の患者を助ける自分を視覚化した手紙を読みながら、顕著性ネットワークを活用して自分の脳に「これらの経験は重要だ」と教えていたことになる。

その重要性がしっかりと確立されると、彼女の潜在意識は同じようなポジティブな感情を探すようになり、手紙に書かれた経験を現実化するように条件づけられる。これをくり返すことによって、自分にとって重要な意図を顕著な存在にし、他のインプットを排除することができる。そしてその結果、「顕著性バイアス」、あるいは「認知容易性」と呼ばれる状態になり、自分の意図を無視できない存在にすることができるのだ。

顕著性ネットワークを構成する脳の部位は、前島《ぜんとう》とそれに隣接する下前頭回《かぜんとうかい》、前帯状回背側部、そして扁桃体だ。

まず前島がボトムアップで情報の矛盾や食い違いをスキャンし、そして矛盾を検知すると、脳のさまざまな部位から必要なリソースを動員して対応する。前帯状回背側部の役割は、感情の状態と葛藤を評価すること、そして感情面での食い違いを検知したときにトップダウンの処理を行うことだ。

腹外側前頭前皮質の一部である左側の下前頭回は、新しく入力された情報を吟味し、すでに脳内に存在するネットワークとの関連から意味を再評価することによって、その情報を既存の内部モデルに同化させる手助けをする。

扁桃体は交感神経系の一部であり、危機を検知する働きをする。危機への反応として扁桃体が活性化すると、セントラル・エグゼクティブ・ネットワークとデフォルトモード・ネットワークにネガティブな影響を与える。

すべてが順調に動いている状態なら、これらの構造が協力して、何か顕著な存在を見つけようとする。しかし、現在の状況に何らかの問題がある、あるいは過去のトラウマを思い出しているなどの理由でストレス反応の影響下にあると、顕著性ネットワークは、ある特定の内部や外部の出来事に対して誤った判断を下してしまうかもしれない。そしてその結果、不適切な自律神経の反応や行動につながるのだ。

人間の脳と神経系は、身体の内部からも外部からも、手に負えないほど膨大な情報を受けとっている。そのすべてに意識的な注意を向けるのは不可能だ。そこで**人間は、貴重な顕在意識を温存するために、潜在意識の力を使って急を要さない情報をすべて自動的に処理できる**ようになった。その結果として起こるのが、**あまりにも大量の情報を見逃してしまう**という事態だ。たとえすぐ目の前で起こっていても、まったく気づいていないということさえある。

心理学の世界には、「見えないゴリラ」、あるいは「選択的注意テスト」と呼ばれる有名な実験がある。実験の参加者は、2つのグループに分かれた学生がバスケットボールを投げ合う動画を見せられる。1つのグループは黒のTシャツを着て、もう1つのグループは白のTシャツを着ている。

参加者は2つの指示のうち、どちらか1つの指示を与えられる。黒Tシャツ（あるいは白Tシャツ）のチームが実施したパスの回数をかぞえるという指示か、すべてのパスのなかからバウンドしたパスの数だけをかぞえるという指示だ。そして動画の途中で、ゴリラの着ぐるみを着た人が学生たちの間を歩くシーンが流れる。

動画が終わると、研究者は参加者に、動画のなかで何か変わったことはなかったかと尋ねる。すると驚いたことに、ゴリラの登場を指摘しなかった人は、じつに参加者の50パーセントにもなるのだ。

この実験からわかるのは、「方向性注意」、あるいは「非注意性盲目」と呼ばれる現象の本質だ。パスの回数をかぞえること（意識的に自分の注意を向けている顕著な存在）に集中していると、それ以外の出来事に気づかなくなる。どんなに異常なこと、普通ではないことが起こってもそうなのだ。この実験はまた、**知覚のインプットが多すぎる状態になると、何が見えていないのかということにも気づかない**、ということも教えてくれる。

脳内の注意ネットワーク（AN）の役割

顕著性ネットワークのなかに、注意の集中という役割を担っているもっとも重要な部分がある。それは「注意ネットワーク」（AN）と呼ばれ、「腹側注意ネットワーク（VAN）」と「背側注意ネットワーク（DAN）」という2つの部分を含む。基本的に、これらのネットワークの仕事は、どのように注意を払うかを決めること、そして目の前のタスクから注意をそらすのを許可するかどうかを決めることだ。

背側注意ネットワークは別名「タスク・ポジティブ・ネットワーク」とも呼ばれ、これは「認知タスクを遂行中に活動するネットワーク」という意味だ。このネットワークで何かに注意を向けるときは、自発的、かつトップダウンで行われる。

もう一方の腹側注意ネットワークのなかでは、頭頂間溝《とうちょうかんこう》と前頭眼野と呼ばれる部位が、視覚を司る脳の部位に影響を与えている。これらの影響を与える要素によって注意の方向性が決められているのだ。腹側注意ネットワークに含まれる主な部位は、側頭頭頂接合部と、右脳の腹側前頭皮質だ。これらの部位は、行動するうえで重要な刺激が予想外に発生すると反応する。

腹側注意ネットワークは、何かに意識を集中させ、トップダウンの処理が行われている間は発動しないようになっている。たとえば、視覚を使って何かを探しているようなときだ。このおかげで、目標に向かって注意力を発揮しているときに、関係ない刺激によって注意が阻害されるのを避けることができる。探しているものが見つかるか、あるいは探しているものと関連のある情報が見つかれば、腹側注意ネットワークは再び活動の状態になる。

アヌラの場合、リラクゼーションのテクニックで神経を落ち着かせたことで、集中して何かに注意を向けられるようになった。望みの意図を潜在意識に埋め込むことが可能になったのだ。そして意図がしっかりと埋め込まれるほど、その意図を達成するために必要なタスクに、さらに効果的に集中できるようになる。その結果、勉強の内容がより深く理解できるようになった。

脳内のセントラル・エグゼクティブ・ネットワーク(CEN)の役割

脳の作業記憶とは、必要な情報を一時的に保存しておくスペースのことだ。セントラル・エグゼクティブ・ネットワーク（CEN）は、この作業記憶に保存されている情報を維持・操作する役割を担い、それに加えて、目標に向かう行動を遂行するときの意思決定や問題解決にも責任がある。

これはたとえるなら会社のCEOのような存在だ。会社ではCEOが命令を出し、組織全体が向かう方向を決めている。デフォルトモード・ネットワークは覚醒した休息のときに活性化するが、一方でセントラル・エグゼクティブ・ネットワークは認知的にも感情的にも難しい活動を行っているときに活性化する。

CENの主な部位は、背外側前頭前野と、後外側頭頂野だ。背外側前頭前野は作業記憶のなかにある情報を操作し、その反応としてどんな行動が可能かを吟味する。後外側頭頂野は五感からの情報と体内の知覚を統合し、注意に持続性をもたせている。CENの機能低下は、抑うつや、そのほかさまざまな認知障害と関連があるとされている。

CENは、わたしたちが賢明で適切な決断を下すのを助けてくれる。それだけでなく、感情を制御するために必要なトップダウンの処理にも、CENの助けが必要だ。ストレスや自信のなさに押しつぶされそうになっていたアヌラもまた、自分の感情を客観視し、感情の枠組みを変え、注意が目標に向かうように軌道修正する能力を失っていた。交感神経系が慢性的に活性化している状態を脱するために、自分に向かって冷静に語りかけることができなかった。

正常に機能しているCENは、冷静で、地に足の着いた大人に似ている。癇癪《かんしゃく》を起こしている子どもに冷静に語りかけ、神経を落ち着かせることができる。意図を潜在意識に埋め込みたいなら、心理的・感情的に安定した状態になることが不可欠だ。

4つの脳内ネットワークはどのように協力して働くのか

最大出力のパワーでマニフェステーションを実現するには、4つのネットワークが効果的に連携し、優雅なチームプレーを発揮する必要がある。

理想的な協力関係にあるとき、顕著性ネットワークと注意ネットワークが力を合わせ、いま受けている刺激（この場合はわたしたちの欲求を表現した意図）にはより高度な認知処理が必要だと判断する。この連携がセントラル・エグゼクティブ・ネットワークを活性化し、同時に脳内でずっとおしゃべりをしていたデフォルトモード・ネットワークのスイッチを切る。

その結果、自己意識にじゃまされることなく、自分の意思で思考を操作できるようになる。**ネットワークの連携プレーによって、意図を潜在意識に埋め込むための通り道が開か**

れ、そしてその結果、脳内にある膨大なリソースを意図の実現のために使えるようになるのだ。

問題は、潜在意識の門番である交感神経系だ。ストレス下では交感神経系が過活動の状態になり、デフォルトモード・ネットワークが乗っとられるというエビデンスがある。通常であれば、自己をふり返るという作業はデフォルトモード・ネットワークが調停し、安全な環境で行われるのだが、刺激に対して敏感になってしまうのだ。

その結果、「自己」の感覚が脅威にさらされ、不安で傷つきやすくなり、脳内のおしゃべりが異常に増え、セントラル・エグゼクティブ・ネットワークのスイッチを入れることができなくなる。すると、効果的な認知の働きと、意図の潜在意識への埋め込みが阻害され、感情を制御する能力も低下する。

つまり、意図を潜在意識に埋め込み、マニフェステーションを実現するには、安全で、脅威のない環境が不可欠だということだ。そのような環境であれば、脳の力を最大限に発揮することができる。身体がリラックスし、そして内部の脅威も外部の脅威も少なくなるほど、交感神経系のじゃまが少なくなり、デフォルトモード・ネットワークによる過剰な脳内のおしゃべりも少なくなる。

グリーンゾーン
交感神経と副交感神経のバランスが最適な状態

魚類や爬虫類の子どもは、生まれた瞬間から自分の力で生きていけるようになっているが、わたしたち哺乳類のほとんどは、かなり長期間にわたって養育してもらわなければならない。哺乳類の子どもには、自分を守り、食べものを与え、安全な環境を整えてくれる存在が必要だ。そのため哺乳類は、人に近づき、人とつながることが可能になる生理学的な特徴を備えるように進化してきた(viii)。

とくに大きな進化の1つは、背側迷走神経の発達だ。背側迷走神経は有髄副交感神経系のなかにあり、臓器と中枢神経系をつないでいる。この進化が重要なのは、親子の結びつきや養育本能の基盤になるからだ。それがひいては、他者への思いやりを感じる神経の通り道が開かれることにつながっている。

有髄副交感神経系のこの部分は、いわゆる「グリーンゾーン（交感神経と副交感神経のバランスが最適な状態）」の基盤になる。わたしたちはこのグリーンゾーンに入ると、心を落ち着かせ、集中し、フローの状態を経験し、さらに他者に寄り添ってケアすることができる。**グリーンゾーンはまた、顕在意識を活用して目標を視覚化し、目標の達成を目指すのにもっとも適した状態でもある。**

副交感神経系のスイッチが入り、迷走神経が活性化すると、グリーンゾーンに入ることができる。これは以前にも出てきた「休息と消化」の反応と同じだ。このようなウェルビーイングの状態になると、全般的な健康状態が向上し、オキシトシンのような有益なホルモン（身体の免疫力を高める働きがあるホルモン）が分泌され、フローの状態になることによって学習効果、批判的思考（クリティカルシンキング）、創造性が向上する。つまり、**全般的に人生が最適化される**ということだ。さらにこの状態になると、脳の高次機能を司る皮質がハンドルをにぎるので、マニフェステーションも可能になる。

副交感神経系によってもたらされるのは、自分の感情、記憶、計画を処理する能力だ。その結果、わたしたちはより思慮深くなり、自分が経験していることに対してより適切に反応できるようになる。こうやって物事を広い視野から眺める能力は、自分が世界をどのように見るかということを自分の意思でコントロールするうえで欠かせないカギになる。

自分の反応を自分で選ぶことができれば、その選択がわたしたちの肉体に影響を与え、それがさらに周囲の環境に影響を与える。それによって、まわりの環境がわたしたちにどう反応するかということが、決まるのだ。

そこで**大きな問題になるのは、「闘うか、逃げるか、動かないか」のモードから「休息と消化」のモードに切り替わるにはどうすればいいのか**ということだ。もう何年も前にわたしがマジック・ショップで学んだことのなかに、何かヒントがあるかもしれない。

Practice

身体をリラックスさせる

1. 準備をする

a. じゃまが入らずにこのプラクティスを行うことができる時間と場所を確保する。

2. 姿勢を選ぶ

a. 座る、立つ、横になるから1つの姿勢を選ぶ。自分にとって十分にリラックスでき、なおかつはっきりした意識を保つことができる姿勢を選んだら、はじめる前にその姿勢になる。

b. 背筋を伸ばし、肩の力を抜く。穏やかな自信と優しい強さに満たされるような姿勢が理想だ。

3. 落ち着く

a. 優しく目を閉じるか、あるいは自分の前の数十センチほど離れたところにある場所を穏やかに見つめる。注意を自分の内側に向ける。

b. 自分の肉体と、それを支える表面が接する点を意識する。重力に身をまかせ、表面が自分を上に向かって押す力を感じる。身体のどこかに力が入っていたら、それを穏やかに意識する。

c. 鼻からゆっくり息を吸い、口からゆっくり息を吐く。これを3回くり返す。息を吐くときに、大きくため息をつくように声を出してもいい。この呼吸が自然に感じられ、集中のじゃまにならなくなるまで続ける。

d. 呼吸に慣れたら、自分の姿勢を意識する。自分はどのように座っているか、立っているか、または横になっているか。自分の姿を外から眺めていると想像する。

4. 身体をスキャンする

a．自分のつま先を意識し、リラックスさせる。つま先から完全に力を抜く。次に足を意識し、足のすべての筋肉をリラックスさせる。呼吸をしながら、足の筋肉が溶けていくようすを想像する。この段階ではつま先と足だけを意識する。

b．最初のうちは、集中が途切れ、何か違うことを考えてしまうかもしれないが、心配はいらない。それはごく自然なことだ。考えごとをしていることに気づいたら、ただつま先と足に意識を戻し、つま先と足の筋肉をリラックスさせる。

5．身体のスキャンを続ける

a．つま先と足がリラックスし、力が抜けて軽くなり、楽になったら、意識を上に移動していく。ふくらはぎを意識し、そして太ももを意識する。呼吸をしながら、脚の大きな筋肉がリラックスし、力が抜けていくのを感じる。

b．腹部と胸部でも同じように行う。

c．次に背骨に意識を集中し、そして背骨に沿って腰から肩、首まで、すべての筋肉をリラックスさせる。ここで目指しているのは、リラックスしながら意識は明晰な状態になることだ。どこか明らかに力が入っているところがあったら、その場所に呼吸を送ることを意識し、力が抜けていくのを感じる。

d．そして最後に、顔と頭に意識を集中し、力が抜けて軽くなるのを感じる。すべてのパーツから完全に力を抜く。

6．リラクゼーションを感じる

a．身体のすべての筋肉をリラックスさせながら、全身が穏やかな静寂に包まれるのを感じる。そして肉体の静寂が精神の静寂にもつながるのを感じる。心身ともに穏やかな状態の心地よさを感じる。

b．この時点で、眠気を感じているかもしれないし、本当に眠ってしまっているかもしれない。それでもかまわない。あるいは、この時点でもまだ身体の力が抜けず、精神の静寂が感じられないかもしれない。それでも大丈夫だ。

全身を完全にリラックスさせ、同時に明晰な意識を保つという状態になれるまでに、何回か挑戦する必要があるかもしれない。あまり焦らず、自分に厳しくならないように。挑戦するたびに脳内の神経系の配線が変わり、穏やかな静けさの状態を覚えていっているということを思い出そう。

c．自分にできる範囲で全身を完全にリラックスさせたら、今度は心臓に意識を集中する。呼吸をしながら、筋肉の力を抜くのと同じように、心臓の力を抜く。身体がリラックスし、呼吸がゆっくりになるにつれ、鼓動もゆっくりになることに気づくかもしれない。

7. リラクゼーションを深める

a. 自分の身体が完全にリラックスした状態にあると想像する。ゆっくり呼吸しながら、ただ自分が「ある」という感覚になることを目指す。何もせず、どこへも行かず、何者にもならない状態だ。温かさ、静けさ、あるいは満足を感じるだろうか？　まるで自分の身体が浮かんでいるように、穏やかな静けさに全身が包まれているように感じる人もいるかもしれない。

b. 喜びと平穏の感覚を手に入れ、その感覚を神経系にインストールすることを意図する。インストールしておけば、あとからこの感覚を思い出すことができる。このようなリラクゼーションの状態は可能であり、望ましいものであり、必要になったらとり出せるものだということを神経系に教え込む。

c. 息を吐きながら、ゆっくりと目を開ける。リラックスした状態を保ち、さらに数分間、そのままの姿勢でいる。完全に平穏な心という状態のなかで休息するイメージだ。

このプラクティスは難しい、安心とリラクゼーションを感じることができないという人は、グループで行ってみるといいかもしれない。地元の瞑想クラスやヨガクラスに参加してもいいし、同じ目標をもつ友人たちで集まってもいい。本書のプラクティスを続けていけばわかるように、周囲のサポートを得ることは目標達成に欠かせないスキルだ。

「振動エネルギー」とは何か？

マニフェステーションの話題でよく言及される人間の生理機能のうち、最後に登場するのが「振動エネルギー」だ。振動エネルギーは広く誤解されているが、宇宙に存在するすべてのものをつなげる巨大なエネルギーが存在するという説については、数多くの科学的な文章がある。ミクロコスモスのレベルでも、マクロコスモスのレベルでも、巡回する巨大なエネルギーによってすべてのものがつながっているのだ。

しかし、そもそも「振動」とはどういう意味なのだろう？

宇宙に存在するすべてのものはつねに動いている。じっとしているように見える無生物でもそうだ。物理学の分野でもっとも驚くべき発見の1つは、**「量子コヒーレンス」**と呼ばれる現象だろう。量子コヒーレンスとは、あるものが同時に2つの状態になる可能性のことであり、遠く離れた亜原子粒子（原子よりも小さい粒子）がお互いに影響し合うという現象（この現象は「非局所性」と呼ばれる）の根拠になっている。

物質世界に存在するすべてのものはこれらの粒子からできていて、そしてそれぞれの粒子はどんなに離れていてもつねに共鳴し合っている。共鳴とは2つの状態の間で起こる一種の運動であり、「vibration」と呼ばれたり、「oscillation」と呼ばれたりする（どちらも「振動」という意味）。

そして振動の周波数の帯域はとても広い。つまり、**すべての部分は全体とつながっていて、さらに全体の一部でもある**ということだ。そしてその全体も、さらに大きな全体の一部になっている。この現象は、知覚のある存在はもちろん、原子、有機体、社会グループ、惑星、銀河系などのシステムにもあてはまる。

この文脈で考えると、すべてのものはつながっているということだ。切り離されているもの、孤立しているもの、関係をもたないものは存在しない。それぞれの部分は必然的に、お互いに影響を与え合っている。

すべての生命体は複雑であり、人間も例外ではない。生物学的な構造とプロセスが協調して働き、動的で、互いにつながり合うネットワークが無数に重なったものが人体だ。たいていの人は、この調和した状態を体験として知っている。心、精神、肉体が統合され、ひとつの全体としてよどみなく機能している状態だ。

この状態は「フロー」と呼ばれることが多い。この「フロー」という概念は、ハンガリー人心理学者のミハイ・チクセントミハイが1975年にはじめて提唱し、それ以来、心理学の分野を超えてさまざまな場面で使われるようになった。「ゾーン」や「ワンネス」(すべてがひとつであるという感覚)という言葉も基本的には同じ意味だ。

とはいえ、この概念自体は、さまざまな名前で呼ばれながら数千年も前からすでに存在していた。一般的に、この状態になった人は、自分自身ともっとも深いレベルでつながるだけでなく、他者との深いつながりも感じている。そして他者のなかには、地球それ自体までも含まれる。

内部とつながり、外部とつながるこの感覚は、存在がコヒーレンスである状態とされている。コヒーレンスとは、量子コヒーレンスという言葉にも使われているが、相関関係、つながり、首尾一貫性、エネルギーの効率的な活用といった意味をもつ。それ以外にも、異なる振動システム同士の間にある連結や、同調の度合いを描写するときにもコヒーレンスという言葉が使われる。あるシステムが自律的に機能しながら、それと同時に全体とも完全に連動している状態だ。

コヒーレンスの出現は身のまわりのいたるところで見ることができる。たとえば、数学者のスティーヴン・ストロガッツが証明したように、レーザーは同じ力と周波数をもつ光子《こうし》が一緒に放出されたときに発生する。あるいは、ある種のホタルは、数多くの個体が集まると同調して発光するようになる（ix）。

意図が潜在意識に埋め込まれる脳のしくみ

すべての生命体は、自分のなかにミクロレベルのシステムをもっている。具体的には、分子マシン、陽子と電子、臓器、腺などだ。そのすべては自律的に機能し、お互いにまったく違う仕事をまったく違うペースでしているが、それと同時にひとつの全体として完全に協調し、同調している（x）。

局所レベルで見てみると、たとえば脳の働きそれ自体を振動の観点から考えることができる。脳はどんな活動をしているかによって、さまざまな周波数で振動している。脳の振動は脳波と呼ばれ、もっとも一般的な脳波は、ガンマ波、ベータ波、アルファ波、シータ波、デルタ波だ。

ガンマ波の周波数は25から100ヘルツだ。脳波のなかでもっとも周波数が大きく、集中、注意、学習、問題解決、情報処理といった脳の大規模な協調活動と関連がある。ベータ波の周波数は12から30ヘルツで、もっとも意識がはっきりしているときに発生し、よく考える、刺激に敏感になるといった、脳が最大限に覚醒していることが要求される状態と関連がある。

アルファ波は8から12ヘルツで、休止状態にあり、とくに何かに集中しているわけではない状態の脳と関連がある。4から8ヘルツのシータ波は、浅い眠り、深いリラクゼーション、瞑想のときに発する脳波だ。一方で0・5から4ヘルツのデルタ波は、夢を見ずに熟睡しているときに発生する。

神経生理学者のパスカル・フライズをはじめとする複数の研究者が、それぞれの脳波が同調するパターンによって、人間の意識が異なる状態になるしくみを研究してきた(xi)。それ以外にも、「意識の共鳴理論」と呼ばれる考え方も存在する。これは、意識の核になるのは同調した振動であるという考え方であり、さらには意識だけでなく物質的な現実世界でも振動が核になるとも主張している。

電気的な脳波と意識の関係については、まだまだわからないことがたくさんあるが、本書の内容にとってもっとも重要な振動現象は**「神経同期」**と呼ばれるものだ。異なる周波数が電子振動を共有するという形で同調し、ニューロン、ニューロンのグループ、大規模な脳のネットワーク間の円滑なコミュニケーションが促進されるとこの現象が起こる。

脳内がこのように同期し、連携した状態（コヒーレンス）にないと、ニューロンがランダムに興奮しているときに脳内へのインプットが到達し、コミュニケーションは無効になるか、あるいは少なくとも有効性がかなり下がることになる。コミュニケーションが断片的になる、あるいは内容が矛盾すると、同期したコヒーレンスが脳内で生成されず、顕著性のある情報を潜在意識のなかに埋め込むことができなくなる。

アントニオ・ダマシオをはじめとする神経科学者たちも明言しているように、感情や情動の質と安定性は、基礎的な生理プロセスの状態によって決まる。「ポジティブ」というラベルを貼った感情は、「生命プロセスの制御が効果的になる、あるいはさらに最適化にまで到達し、ごく自然に、自由に流れる状態」(xii)の肉体を反映している。

脳と神経系が機能するには、情報を信号化する神経活動が安定・調和していなければならず、そして脳内にあるさまざまなセンターが動的に同期し、情報が円滑に処理・知覚されなければならない。

究極的に、わたしたちが目指しているのは、脳と神経系がまわりの世界と同調して振動することだ。アヌラはこの状態を、「黒い雲の外に出てエネルギーのレベルを上げると、自分の運命とひとつになり、物事が自然に実現するようになる」と表現した。

もっとも重要な振動エネルギーは心臓から生まれる

驚くべきことに、人間の肉体が発するもっとも重要な振動は心臓から生まれている。ほとんどの人が知らない事実は、**人体で最大の電磁場は心臓のなかにある**ということだ。心臓の電磁場の大きさは心電図で測ることができる。その計測によると、心臓の電磁場は、脳波計で測った脳波のおよそ60倍にもなるのだ。

心臓から発生する磁性体は、脳の磁性体の5000倍の強さがあり、人体組織によって妨げられず、身体から数十センチ離れても計測することができる。それだけでなく、心臓の電磁場は感情によっても変動する。つまり、**感情が変わると、心臓から発せられる振動の質も変わる**ということだ。

ほとんどの人は、運動や感情の状態によって心拍数が変化すると考えている。しかし、心身の健康状態を知るうえでより重要なのは、心拍の変動そのもののほうだ。

たとえば、心拍数が1分間に60回だという2人の人間がいるとしよう。この2人は1分間の鼓動の回数は同じだが、振動のエネルギーはまったく違い、そのエネルギーが他人に与える影響も大きく異なる。その理由は、1人の心拍は1秒間に1回のペースだが、もう

1人は0・8から1・2秒に1回と、心拍のペースが一定していないからだ。

この現象は「心拍変動（HRV）」と呼ばれ、エフゲニー・ヴァシロ、ポール・レーラー、ロリン・マクラティをはじめとする数多くの科学者によって熱心に研究されてきた(xiii)。意外に思うかもしれないが、**人はストレスや不安を感じると心拍変動が下がる、つまり鼓動のリズムが一定になる。**それは、ストレス反応によって交感神経系が刺激され、その結果として迷走神経の活動が低下するからだ。

そうやって心拍のリズムが硬直すると、心身にはさまざまなネガティブな影響が現れる。実際、「ブロークンハート症候群」と呼ばれる症状まで存在するほどだ。これは日本で最初に報告された症状で、愛する人との別離や死別などで強いストレスを経験した結果、突然、心臓突然死の状態になる。

逆に、**心が落ち着き、思慮深く、リラックスし、思いやりの心にあふれているとき、心拍変動は増加する。**迷走神経が活発になることで副交感神経系が刺激されるからだ。人間の肉体は、副交感神経系が刺激されたときにもっとも効果的に機能する。実際、この現象の結果、オキシトシンやセロトニンをはじめとする多くの「幸せホルモン」が分泌され、それに加えて心拍数の低下、血圧の低下、ストレスホルモン分泌の減少、炎症性タンパク質分泌の減少も見られる。

これらはすべて、心拍数がコヒーレンスの状態になった結果であり、そしてこのコヒーレンスが計測可能な磁場を生成することで、自身の心身のウェルビーイングだけでなく、他者のウェルビーイングも向上させている（xiv）。情動が安定したバランスにあると、心臓はコヒーレンスの高い磁場を生成し、それが自分の心身だけでなく、自分が出会う人の心身のウェルビーイングにもいい影響を与える。この種のコヒーレンスを生成している人たちが集まると、その効果はさらに大きく、強力になる。

もう1つわかっているのは、**心臓から脳に送られる情報のほうが、その逆の情報よりもたくさんある**ということだ。心拍のリズムがコヒーレンスの状態にあると、脳の大規模ネットワークが影響を受け、さらに心臓と脳の同期レベルも高まる。そして心拍変動が高まると、脳波の活動と振幅も大きくなる。

未来の患者たちに向かって心を開いたアヌラは、心臓で生成された周波数を文字通り再測定し、それが彼女の肉体の生理機能と、他者との交流の両方に調和的な影響を与えたのだ。またあとで詳しく見ていくが、内なる力を最大限に発揮して意図のマニフェステーションを実現するには、自分の脳だけでなく、自分の心臓も活用する必要がある。

ここまで読んで、マニフェステーションに必要な肉体の機能はだいたい理解できただろう。そこで次からは、それらの機能を実際に活用する方法について見ていく。最初のステップは、自分に本来備わっている力にアクセスする方法を理解し、状況に応じて正しい反応を選べるようになることだ。

なかでもとくに重要なのは、自分が選んだ対象に注意を向け続ける力をとり戻すこと。注意散漫になる、習慣、恐怖の対象に集中してしまうなど、わたしたちが進化の過程で獲得してきた傾向から自由になる必要がある。この力が働くしくみと、予想される障害を学ぶことが、マニフェステーションで夢の人生を実現する全プロセスのカギになる――それに加えて、せっかくの夢が悪夢になってしまわないようにすることも大切だ。

わたし自身、苦労して手に入れた夢の人生が崩壊してしまうという悪夢を経験したときに、まずこの最初のステップを実行した。そして最終的に、心の底から求めていた理想の家庭を手に入れることができた。

Chapter 3

Step1：
精神を集中させる力をとり戻す

現状の自分はすべて、過去の自分の思考の結果だ。

――ブッダ

その二輪ホバーボードは、オフロード走行が可能で、時速13キロ弱まで出すことができ、重さは11キロだ。アマリはそれを頭上にもち上げ、いままさにショーンの顔めがけて振り下ろそうとしていた。

あれは8月のよく晴れた暑い日だった。カリフォルニア州サンノゼのカラバサス公園に設置されたパンプトラック（波状のコブが連続した起伏のあるコース）には、自転車などでさまざまなアクロバット技を繰り出す人たちが集まっている。

アマリは13歳で、相手のショーンは15歳。小柄なアマリが精いっぱい背伸びをして、身長180センチ以上あるショーンの目をにらみつけている。2人の若者がにらみ合い、完全な膠着《こうちゃく》状態になった。そのまわりを、ほかのライダーたちが回転したり飛び跳ねたりしながら颯爽《さっそう》と駆け抜けていく。

アマリとショーンは、「F＋」と呼ばれるニューロダイバーシティの生徒を対象にしたサマープログラムに参加していた。ニューロダイバーシティとは、ASDやADHD、LDなど、発達障害や脳・神経の特性を多様な個性ととらえた表現だ。このプログラムに参加した子どもたちは、オフロードバイクやドッジボール、即興ゲーム、瞑想トレーニングなどのアクティビティを行う。

このプログラムを率いていたのは、心理学者でADHDに詳しいロイス・プリスロフスキー博士と、元自転車メカニックで、救急救命士、教師、そしてさらにソーシャルワーカーになる訓練も受けているコリン・マスランだ。

ドクター・ロイスとコリンが出会ったきっかけは、わたしがスタンフォード大学で設立した「コンパッションと利他主義のための研究と教育センター（CCARE）」で行われたコンパッション育成トレーニング（CCT）に参加したことだった。2人ともBMXとスノーボードが大好きで、現行の学校システムになじめない子どもたちを救いたいという情熱をもっていたために、すぐに意気投合したという。

一般的に、行動や学習能力になんらかの問題があると診断された子どもは、殺風景な教室で机に向かってドリルのようなものをしたり、無味乾燥なパワーポイントのプレゼンテーションを見たりするようなサマープログラムに参加させられる。そういった子どもたちの多くは自閉スペクトラム症で、ニューロダイバーシティの若者が直面する困難をたくさん経験している。

ほとんどの子どもは対人関係が苦手で、本物の人間の友だちがいる子は例外的な存在だ。ロイスは、こういった子どもたちは過度に病理化されている、彼らの成長とウェルビーイングのためにはもっと彼ら自身の声を聞くべきだと考えていた。「彼らがもっとも必要としていないのは、また別のくだらないレッテルを貼られることだ」と、ロイスは耳に心地いいテネシー訛《なま》りで言った。

そこで、ロイスとコリンは「F＋プロダクション」を設立した。ニューロダイバーシティの子どもたちに、自己制御、自分と他者へのコンパッション（共感・思いやり）、そしてある手法の短時間の瞑想を教えるためだ。そしてもちろん、オフロードバイクも教える。

ADHDの人は、ティーンエイジャーでも、兵士でも、アスリートでも、冒険家でも、Xゲームの参加者でも、脳内のドーパミン分泌量が通常に比べて少ないために、注意力が低下するという特徴がある。その結果、彼らの脳は新しさを強く求める。長時間じっと座っているという一般的な瞑想法では役に立たないのはそのためだ。

ロイスはそれに代わる、生徒それぞれの特性に合わせた瞑想法を行った。長さは2分から3分で、コンパッション瞑想と、彼女が上級資格をもっている催眠療法を組み合わせたものだ。

生徒たちは、パンプトラックで思い切り身体を動かし、水風船を投げ合って遊んだあとで、ハンモックに寝転がったり、木に登ったり、ブランコに乗ったりしながら、この超短時間の瞑想を行う。瞑想の間、全身をリラックスさせること、人と集まること、精神を集中させること、そしてなりたい自分を意図することを実践する。パンプトラックで動き回り、身体は疲れているので、ドーパミンが分泌され、瞑想中はじっとしながら自分の内面を見つめることができる。

こういったエクササイズの結果、子どもたちもいい方向に変化していった。

ロイスは生徒たちに、人間の神経系には、交感神経系と副交感神経系という2つの主要なモードがあると説明した。扁桃体が活性化すると、肉体が「闘うか、逃げるか、動かないか、気絶するか」の態勢に入り、制御が利かなくなる。ここで必要なのは、精神を落ち着かせ、心を開き、自分の意図に意識を戻すことだ。

生徒たちは、バイオフィードバック用の特別なヘッドセットを装着し、自分の脳波を観察した。このヘッドセットは、リラクゼーション、創造性、視覚化と関連があるアルファ波が出たら、鳥のさえずりの音が聞こえるようになっている。

アマリは武闘派だった。フットボールのポジションで言えば、攻撃の前線に陣どるオフェンシブラインだ。襲ってくる敵から全力でクオーターバックを守る。さらにアマリは、自分の名前を気にしていた。まだ幼いころからまわりの子どもたちに名前のことでからかわれ、「アマリ」と似た響きのさまざまなあだ名をつけられた。

そして、あの日のパンプトラックで、ショーンは相手の気持ちを考えることができず、アマリが心底嫌っているあだ名で彼を呼んでしまったのだ——しかも何度も何度も。

アマリも最初のうちは無視していた。ホバーボードの練習に熱中していたからだ。しかしついに、ショーンがあまりにもしつこいので、それは言ってはいけないことだとクラスメイトに教えてやらなければならないと考え、ホバーボードを頭上にもち上げたのだ。

2人の少年はにらみ合ったまま静止した。テストステロンが体中を駆けめぐり、お互いがいますぐにでも相手に襲いかかりたいと待ちかまえている。ほかの子どもたちも、ケンカを見物しようとまわりに集まってきた。

ロイスは2人に近づくと、静かに尋ねた。

「何をしようとしているの?」

ロイスは、子どもたちがのびのびできる自由な環境づくりを心がけてきた。そのため子どもたちも、彼女が多少のことでは動じないと知っている。生徒の1人が、故意ではないが彼女の手の骨を折ってしまったこともあった。あるいは、ほかの生徒が彼女の帽子をとろうとしたところ、帽子と一緒にメガネも外れてポニーテールに引っかかり、左目のすぐ脇に小さな傷ができたこともある。

それでもロイスは、20秒ほどは腹を立てるが、すぐに精神の制御をとり戻す。生徒たちはそんなロイスの姿を見て、腹を立てても落ち着きをとり戻す方法を学んでいった。

「これであいつの顔を殴るんだよ」と、アマリは言った。

その日、F＋の生徒たちは、パンプトラックに出る前に自分の本当の気持ちを話す練習をしていた。1人ずつ屋外のベンチの上に立って、本当に思っていることを話す。

最初にこのプログラムに参加したとき、アマリはうまく話すことができなかった。他者と直接コミュニケーションをとることが苦手で、黙っているほうが好きだった。自身の問題行動が原因で、ほかの子どもとケンカになることがよくあった。

「アマリは2年前からF＋に参加しています」とロイスは言う。

「最初のうちは、他者へのコンパッションを実践することができませんでした。そこで、まずペットからはじめることにしたんです。ペットで慣れたら、次は人間です。いままでは、キャンプではじめて会った子たちと友だちになり、コンパッションを実践できるようになりました」

ホバーボードを頭上に掲げ、こめかみに汗を流しながら、アマリは考えた。彼はいまの自分の状況を理解していた。これは神経系のモードが変わり、「闘うか、逃げるか、動かないか」の態勢に入っているだけだ。それまでにも同じようになったことは何度もあった。そして、その結末もわかっている。アマリはロイスのほうを見た。ロイスはそこに立ち、ニコニコしながら彼の次の行動を待っている。

そのときアマリは、ホバーボードをにぎった手を下ろした。それでショーンを殴るのではなく、代わりに笑いだした。するとロイスも笑った。ショーンも笑い、見物していたほかの子どもたちも笑った。それまでのトレーニングには効果があったのだ。

そしてついに、アマリは本当の自分の気持ちを話すことができた。

「そのあだ名で呼ばないでほしい」と、アマリはショーンに言った。「そのあだ名は好きじゃないんだ」

夏のはじめ、ロイスとコリンはアマリの情動の状態を測定していた。そして夏の終わりに再び測定した。夏の6週間で、抑うつと不安のレベルが低下し、自身と他者に対するコンパッションは増加した。両親はこの変化を心から喜んだ。何か魔法のようなことが起こっていると理解できたからだ。

アマリやほかの生徒たちは、自分の反応を制御する方法を身につけていくにつれ、本来備わっていた特別な力を発揮するようになった。それは、何に注意を向けるかを自分で選ぶ能力であり、ストレスや条件づけに影響されて、ただ新しい刺激に反応するのをやめる能力だ。こうやって彼らは、理想の自分にどんどん近づいていった。

彼らは注意の力をとり戻した。注意を向ける先を自分で選べるようになった。それはつまり、意図を現実にするために欠かせない力が、彼らのなかにも備わっているということだ。**神経科学の世界では、この内なる力は「セルフエージェンシー」と呼ばれている。**これは、「自分の行為は、自分の意思で主体的に行ったものだ」という感覚のことだ。

神経科学における「内なる力」とは何か？

人は誰でも、自分のなかに偉大な力を備えている。ただ自分の思い込みのせいで力が制限されてしまっているだけだ。この力があれば、不快や不便を耐え、衝動を抑制できる。まわりの環境のなかから自分の精神に何をとり込み、何をとり込まないかを決め、あらゆる状況で（目の前の現実の状況でも、過去の記憶のなかにある状況でも）自分の反応をコントロールすることができる。

これがわたしたちに備わった**選択の力**だ。自分が選んだ対象に注意を集中する力であり、この力があるおかげで、外側の刺激がわたしたちの注意をそらすためにどんなに大声ができる。

を出しても、どんなに怖がらせても、どんなに誘惑してきても、その声を無視することができる。

アマリが「闘うか、逃げるか、動かないか」モードのスイッチを切り、ホバーボードを下に降ろし、本当の気持ちを話すことができたのも、この選択の力のおかげだ。選択の力を使えば、内なる意図に注意を集中し、力強く、ポジティブな感情を呼び起こし、小さな人生に甘んじていたころの感情の習慣を打破することができる。

わたしたちの多くは、人生のなかで、自分は犠牲者だと感じる瞬間を経験する。何か外側の力が原因であり、自分にはどうしようもできないと感じてしまう。あるいは、自分のなかにある力であっても、コントロールや制御が不可能ということもあるだろう。

それらの力に対する反応は、ただ自然に発生しているように感じる。そしてわたしたちは、自分の内なる力が失われるのをただ呆然と眺めているのだ。その瞬間、わたしたちは完全に無力になる。自分にできることは何もないという思考が深く刻み込まれてしまう。

しかし本当は、選択の力はまだ失われていない。自分の意識ではコントロールできず、ただ自動的に起こっているだけだとしか思えない反応が何度も続いたとしても、訓練によって選択の力をとり戻すことができる。

なぜなら、この力の源泉は、可能性を信じる心のなかにあるからだ。精神の力で現実を変えられると、心の底から信じていることが源なのである。

「お前にそんなことができるわけがない」という、他人の思い込みによって制限されることはない。その他人が、疑り深い知人であっても、家族の誰かであっても、あるいは社会の偏見であっても同じことだ。

これが資産運用であれば、まずは投資に回すお金が必要だ。しかしマニフェステーションなら、時間、エネルギー、注意、心を投資するだけでいい。つまりこれは、自分自身への投資だ。たしかに粘り強く続ける努力は必要だが、お金はかからないし、高度な技術も必要ない。

自分のなかに深く根づいた「自分の能力には限界がある」という思い込みを打ち破るのは、たしかにとても難しいかもしれない。とくにそれが、家族、国家、宗教から刷り込まれた思い込みであるならなおさらだ。しかしありがたいことに、自分に対する思い込みは、自分がコントロールできる数少ない領域の1つでもある。そのため、自分はこれを乗り越えると決意さえすれば、あなたに限界を設けられる人は誰もいないのだ。

究極的に、問題は宇宙ではなく、あなた自身だ。外側の状況、あるいは過去の経験によって、**自分の内なる力は制限されていると思い込んでいるかもしれないが、実際のところ、それは自分の頭のなかからはじまっている。**

わたしたちの注意を奪うもの

わたしたちは人生の大半で、出来事はただ単に起こると感じながらすごしている。それは自分が起こしたものではなく、当然ながら自分のために起こったものでもない。

このような受け身的な態度は、ほかの誰か、あるいはほかの何かが運転する車に乗る感覚に似ている。自分はただの同乗者であり、とくに行きたい場所もないか、あるいは間違いなく苦痛を受けることになる場所に向かっているような状況だ。これはなんとも気の滅《め》入《い》る状況であり、自分には自分にとってプラスになる決断をする能力があると信じる気持ちが奪われてしまう。

わたしたちはしばしば、何か別の力が自分を車のトランクに放り込み、その力が「わたしの人生」という車を好き勝手に乗り回しているように感じる。そして長い時間がすぎてから、トランクのなかでやっと意識をとり戻し、自分が行きたかった場所とはまったく違う場所に来てしまったことに気づくのだ。

心のなかにトラウマを抱え、無意識のうちに間違った選択ばかりしてしまう人の多くは、まさにこのような人生を送っている。

注意をハイジャックする力は、自分のなかだけにあるわけではない。精神の集中力を妨げるもっとも大きな力の多くは、わたしたちをとりまく世界からやって来る。たとえば広告がそうだ。わたしたちには何か特別なものが欠けていて、その欠落を埋めるにはこの製品を買うしかないと思い込ませるような広告に、何十億ドルものお金が費やされている。

またSNSは、**アルコールやドラッグの依存症と同じメカニズムで、わたしたちの集中や注意を奪おうとしてくる。**そして奪った注意を、いちばんたくさんお金を払ってくれる人に売りさばくのだ。ニュース番組も例外ではない。できるだけショッキングなニュースを流すことでわたしたちの扁桃体に刺激を与え、目をそらすことができなくなるようにしている。

一般的なアメリカ人がスマートフォンを見ることに費やす時間は、年間で約1460時間になる。つまり、起きている時間の91日分の長さということだ。わたしたちがスマホにそれほどまでの注意を与えてしまうのは、自己コントロールの力が足りないからだけではない。スマホはそもそも、心理学の世界で「変動比率強化スケジュール」と呼ばれる現象を最大限に利用するようにデザインされているからだ。

檻《おり》に入れられたラットを想像してもらいたい。そのラットは、ある決められたレバーを3回押せばエサをもらえると学習している。そこで今度は、エサをランダムに与えることにした。1回押しただけでもらえることもあれば、5回、さらには15回押さないともらえないこともある。するとラットは、とにかくレバーを高速で押しまくれば、それだけ早くエサがもらえるということを学習するだろう。スロットマシーンの原理も基本的にこれと同じだ。

人間の脳はラットの脳よりもはるかに複雑であり、変動する報酬のパターンを見抜くことを目指している。衝動的なギャンブラーは、報酬系のホルモンであるドーパミンが脳内で分泌されることによって、レバーを引くこととジャックポットを当てることの間になんらかの規則性を見つけようという意欲が高まる。

サクランボが3つ並ぶのではなく2つだったというような「ニアミス」が起こると、プレーを続けたいという欲求がさらに強化される。こうやって、報酬が欲しいという動機と、注意を向けるという行為の間に、つながりが形成される。この現象は心理学の世界で「誘因顕著性」と呼ばれ、そのとき**脳内では、ドラッグ依存症や過食症などの人が強迫的行動をしているときと同じ反応が起きている。**

研究によると、スマートフォンの画面をスクロールするときもそれと同じだ。通知が来ていると期待が高まり、脳内の報酬系が活性化して注意がスマホに向けられるという流れが、無限ループでくり返される(xv)。ひっきりなしにメッセージをチェックしたり、安心できる情報が見つかるまで延々と検索をくり返したり、世界の悲惨なニュースを読みすぎて恐怖や共感疲れでぐったりしたりするたびに、注意がスマホに奪われていく。わたしたちはそれを、なすすべもなくただ眺めていることしかできない。

自分の注意を向ける先をコントロールする力を失うと、絶望的な気分になり、自分の人生をコントロールすることができないという無力感に支配される。心の奥底では、選択的な注意が人生の質に影響を与えるということはよくわかっている。「注意を払う」という表現が存在するのもそのためだ。わたしたちの内なる力は、注意を投資する対象を自分で選べる能力のなかにある。自分で選んだ対象に注意を向けることができないのは、せっかくの資産を自分の状況を変えるために使わず、ただ誰かにあげてしまっているようなものだ。セルフエージェンシーを放棄してしまっている。

本当のところ、「自分は無力だ」という感覚はたいていただの幻想だ。自分の意思とは関係なく自分の力を放棄してしまっていると感じたら、その瞬間に起こっていることをよく検証してみよう。実際、それはただ単に昔の習慣がくり返されているだけだ。

ある特定の刺激に対して、ある特定のネガティブな反応が出るような条件づけは、肉体、精神、感情のシグナルのパターンでしかない。**無意識のうちに何度もくり返してきたために、特定の反応が出るようにパターン化しただけ**だ。

この状態を放置していると、やがてある反応が完全に自動化され、自分で選ぶチャンスさえ与えられなくなってしまう。これはある意味で、ネガティブなフロー状態と呼ぶことができるだろう。わたしたちの脳が、自分の態度やまわりの環境をいい方向に変えるチャンスを探すのは大切だと信じるのをやめると、わたしたちは行きづまり、不満を抱え、無力感にさいなまれる。自分の内なる力が見えなくなってしまうのだ。

　しかし、たとえ内なる力が奪われたように感じても、力が完全に失われたわけではない。エージェンシー感（「自分にはコントロールする力がある」という感覚）は、脳が経験について語る言葉から生まれているのであり、実際に起こっている現実の通りではなく、主観的な解釈であることが多い(xvi)。セルフエージェンシーを失ったと感じていても、実際はただ抑圧されているだけだったり、隠れているだけだったりする。わたしたちのなかから消えることは絶対にない。それが人間という存在の基本的な事実だ。

　きちんと機能している脳があるのなら、わたしたちはセルフエージェンシーをもっている。つまり、こうも言えるかもしれない。現代社会に生きるわたしたちは、セルフエージェンシーをもてないから苦しんでいるのではなく、もてないという感覚に苦しんでいるのだ。セルフエージェンシーとは、わたしたちが所有していることを忘れてしまったスーパーパワーだ。

エージェンシー感
自分の人生の運転手は自分であるという感覚

エージェンシー感とは、自分の意図した行動を起こし、そして実際に行動する過程において、自分が運転席に座っていると感じられる感覚のことだ。この感覚があれば、どんな状況においても、自分の意思で行動を選ぶことができ、その結果を自分でコントロールできるという安心感がある。

研究によると、このエージェンシー感は、わたしたちが思っているよりもずっと柔軟で、適応性が高く、高次の認知機能（思考、学習、記憶、推論、注意）から低次の知覚・運動系まで、さまざまな要素によって構成されている（xvii）。エージェンシー感とは、まさに文字通りの意味だ。経験のなかにある合図や指示の組み合わせを材料に、脳がつくりだした「感覚」のことを指している。

わたしたちの脳は、自分の行動が意図した結果につながったか、まわりの環境に自分が意図したような影響を与えたかということを検証する。次にそのデータを使って、この状況では自分にエージェンシーがあるかどうかということを判断する。

残念なことに、行動を起こすプロセスのほとんどは潜在意識のなかで行われていて、わたしたちの顕在意識はそのプロセスにアクセスすることができない。つまり**顕在意識にできるのは、意図をもち、その結果を観察し、それを合理的に解釈することだけ**だ。言い換えると、エージェンシー感とは、ある経験について脳が語る「物語」ということになる。

その脳が語る物語が、「自分はまわりの状況をいい方向に変えるのに必要な行動を実施する力をもっていない」という内容であれば、わたしたちは落ち込み、やる気を失う。逆に、「自分には欲求を実現する力がある」という内容なら、わたしたちは自信が高まり、自分には力がある、自分は完全だと感じることができる。

エージェンシー感は解釈の問題だということを理解するために、ある驚くべき事実を紹介しよう。肉体的なエージェンシーが存在しなくても、エージェンシー感はもてるということは、科学的にも証明されている。わたしは脳外科医として、「病態失認」と呼ばれる症状をたくさん目撃してきた。病態失認（Anosognosia）という言葉は、ギリシャ語の「nosos（病気）」と「gnosis（知識）」という言葉から来ていて、これは文字通り、身体になんらかの障害があるのに、それを認識できないという状態だ。

たとえば、左半身か右半身のどちらかで麻痺が発生する「片麻痺《へんまひ》」という症状がある。片麻痺の原因の多くは脳卒中で、発作によって身体が麻痺するだけでなく、自己認識を司る脳の部分も損傷すると、患者は自分の麻痺に対して病態失認の状態になる。つまり、身体は麻痺しているが、自分では自分の身体が動かないことに気づかないということだ。

トリノ大学の研究者が病態失認の患者を対象に調査したところ、驚くべき発見があった(xviii)。ある女性は左半身が麻痺していたのだが、病態失認のために長期間にわたってその麻痺をまったく認識できなかった。身体の動きに問題があると自分から訴えることは絶対にない。左腕の動きについて尋ねられると、彼女はいつも問題なく動くと主張する。そこで実際に動かすように言われると、言われた通りの動きをしようとして、そして数秒後に「できた」というような満足げな表情をする。この女性は、自分にはできない動きに対してもエージェンシー感をもっていたということだ。左半身が動かないという証拠がどんなに積み上がっていても、彼女自身の感覚では完全に動くことになっている。

研究者たちはこう結論づけた——この女性のような人たちの感覚は、実際の動きの前に脳内で発せられる合図によって強く支配されている。動かすという意図や、動くという期待のような合図のほうが、実際の動きそのものよりも大きな力をもっている。彼女の脳が語る物語は、実際に彼女をとりまく現実とは大きく違っているのだ。

ここで大切なのは、エージェンシー感は主観的な体験であり、自分自身の思考プロセスから影響を受けるということだ。つまり、エージェンシー感の深さと有効性は、自分が自分に語る物語によって決まるということになる。

またのちの章でも詳しく見ていくが、自分のなかに力があると感じることは、究極的に、自分で選んだ意図に向かって脳の力をすべて注げると感じるということだ。なかでもとくに、潜在意識の力を活用することが重要になる。そしておもしろいことに、潜在意識はわたしたちの信念によって決まる。潜在意識で「これは可能だ」としていることも、しばしばある状況において可能性が制限されている。

自分の内なる力に対して感じていることと、実際にその力を使うことの間には大きなギャップがあるかもしれない。ある意味で、わたしたちの多くは、病態失認とは反対の症状を経験しているとも言えるだろう。つまり、実際は動けるのに、麻痺して動けないと信じているということだ！

心理学の世界には「自己効力感」という言葉がある。これは、どんな状況においても、目標を達成するのに必要な行動をとる能力が自分にはあると信じる感覚のことだ。自己効力感は、その人がある活動に参加したり、ある活動を続けたりするときに、どのようにそれを行うか、なぜそれを行うかということに影響を与える。たとえば誰かの行動を予測したいなら、その人の実際の能力よりも、その人の自己効力感を基準にしたほうが正確な予測ができるということだ。

自己効力感と自由意思を混同している人もいるかもしれない。自由意思の本質についてはもっと深い議論が必要であり、脳科学、心理学、哲学、宗教などの知見を総動員しなければならない。人間の行動のうち、あまりにも多くの行動が顕在意識では気づいていない力や影響に支配されているために、そもそも自由意思などというものは存在しないと主張する人もいる。あるいは、人間のすべての行動は、分子、原子、粒子の相互作用のうえに成り立っているために、すべての出来事はすでに決まっているという主張も存在する――つまりこれは、人間は愚かにも、自分で自分の行動を決めていると考えているだけだという主張だ。

わたしはここで、長い歴史をもつこの議論に答えを出すつもりはない。それにありがたいことに、マニフェステーションという観点から考えれば、答えを出す必要もない。わたしがここで言いたいのは、わたしたちには意図を実現する力があるということだけだ。

脳のセントラル・エグゼクティブ・ネットワークには認知制御という機能が埋め込まれている。そしてこの**認知制御があるおかげで、意図を潜在意識に埋め込み、さらに意図を実現する能力を最適化することができる。**目標を達成するタスクのために、認知リソースを適切に利用することが可能になるのだ。

マニフェステーションの最初の一歩

マニフェステーションの最初の一歩は、実現したい希望を1つ選び、それに注意を集中させて目立つ存在にすることだ。そしてその希望を潜在意識に埋め込むには、まずは作業記憶に埋め込む必要がある。

注意を向ける対象を自分で選び、その注意を持続させることは、心理学の世界で**「エフォートフル・コントロール」**と呼ばれる（「エフォートフル」とは「大きな努力が必要な」というような意味）。わたしたちはそのエフォートフル・コントロールを通して、潜在意識に意図を埋め込んでいるのだ。

ここまで読んで、セルフエージェンシー（内なる力）は、何か固定したものだという印象をもった人もいるかもしれない。しかし実際、これはある種の位置エネルギーのようなものだ。位置エネルギーとは、物体がある位置に存在することで、その物体に蓄えられるエネルギーのことだ。その物体が動きだすと、蓄えられたエネルギーが放出される。悲しいことに、多くの人は、自分にそのようなエネルギーがあることに気づいていない。そしてその結果、自分の人生に限界をつくり、変化は不可能だと信じてしまっている。

これは山道で車を運転するとき、深い霧のために眼下に存在する谷が見えないのと同じようなものだ。谷を実際に見たことはなく、ただ「そこに谷がある」という話だけは聞いている。その谷には、荘厳な滝があり、草花が生い茂り、美しいセコイアの森が広がっているらしいのだが、あなたはそのどれも目にしたことがない——あなたに見えるのはいつも霧だけだ。そしてあなたは、とうとう谷の存在そのものを疑うようになる。

しかしある日、ついに霧が晴れた日に山道を運転することになった。頂上に到達すると、遠くまで見わたすことができる。そして眼下には、言われた通り谷が本当にあった。しかも、想像していたよりもずっと美しい谷だ。

そこであなたは、あることに気がついた。その谷はたしかにずっとそこにあった。ただ霧のせいで見えなかっただけだ。あなたが谷の存在を疑ったのは霧のせいであり、谷そのものにはなんの問題もない。

ほとんどの人は、霧のなかを運転するように人生を送っている。可能性の話を聞いたことはあるかもしれないし、谷の片鱗《へんりん》を目にしたこともあるかもしれない。しかし、ここでもし霧が完全に晴れたら、どんな景色が目の前に広がるか想像してみよう。その瞬間、あなたは自分の本当の可能性に気づき、自分のなかに蓄えられているエネルギーの大きさを自覚するのだ。自由になったあなたは、自分のなかに存在する「人生を変える力」を、ついに使うことができる。

この話が、マニフェステーションといったいどんな関係があるのだろう？　**自分が望むものを実現・経験する能力とは、つまるところ、「自分にはできない」と思い込む思考のクセを捨てるということだ。**知覚が霧に包まれたようになり、自分には状況に影響を与える力はない、変化のない毎日が続くだけだという頭のなかの声がくり返される。そのような状況を脱し、自分には内なる力があるという感覚をとり戻さなければならない。望んだ結果を出すには、まず自分にはできると信じなければならない。

あなたには、自分の行動と意思によって、状況に影響を与える力がある。そして、このプロセスは意図からはじまる。しかし、恐怖とネガティブ思考を前にすると、わたしたちの意図はあまりにも無力だ。なぜそうなってしまうのかを理解するには、車のボンネットを開けてなかを調べる必要がある。つまり、人間の思考プロセスを生理学的に解明するということだ。

するともしかしたら、わたしたちの探し求める心の平安は、わずか2、3回の深呼吸だけで見つかるかもしれない。

不快なものは避けるのではなく、向き合うこと

マニフェステーションの前に立ちはだかるもっとも大きな障害は、不快な情報がインプットされたとき、それをあまりにも大きくとらえてしまうこと。そして、そのようなインプットにどう反応するかは自分で決められるということに気づいていないことだ。

その結果、わたしたちの多くは、そもそも不快なインプットを避けようとする。しかし、自分の内なる力にアクセスするには、不快なインプットを反射的に退けるのではなく、逆にきちんと向き合わなければならない。不快さにどう反応するかを選ぶ力が身につけば、マニフェステーションに必要な力にアクセスできる、ということも理解できる。

チベット仏教には「ツンモ瞑想」という瞑想法がある。チベット仏教の僧は、たいていは寒い環境のなかで、努力呼吸（自然な呼吸では使わない筋肉まで使って呼吸すること）を実施しながら、身体のある部分が燃えているようすを視覚化する。すると心拍数が上昇し、たとえ全身が氷水に浸かっているような状況でも、通常の体温を保つことができるだけでなく、意識的にコントロールするのは不可能だと思われているような生理現象も意のままに動かすことができる。

そして事実、それはあなたも同じだ。意識的にアクセスできない、あるいは自分の意思とは関係なく自動で起こるとしか思えないプロセスでも、あなたにはコントロールする力がある。ここで必要なのは、正しい訓練だけだ。不快なインプットを避けたくなる衝動をぐっとこらえ、その不快な何かと十分な時間をかけて向き合い、自分の意思で無効化できるようになる必要がある。それが自由になるカギだ。

オランダ人アスリートで、「アイスマン」の異名をもつヴィム・ホフは、どんなに極寒の環境でも耐えられることで知られている。氷の下での水泳で世界記録をもち、全身が氷づけの状態で長時間耐えることができ（ほぼ2時間）、雪と氷の上を裸足で走るハーフマラソンの世界記録をもっている。

彼が寒さや冷たさに耐えられるのは、本人がヴィム・ホフ・メソッド（WHM）と呼んでいるテクニックを使っているからだという。WHMは基本的に、努力呼吸と、寒い環境、そして瞑想の組み合わせだ。意図的に過呼吸の状態になることで、体内の生理的な反応を一時的に抑制し、心拍数を上げ、アドレナリンの分泌量も上げる。

興味深いことに、ホフを研究した科学者たちは、WHMには脳内で高次の機能を司る皮質（左前部と右中部の島）が関連していることを発見した。ここは内省を司る部位でもあり、敵対的な外部の刺激（寒さなど）を受けたときに、内部意識（自分の体内の活動に意識を向けること）と注意の維持の両方を促進する（xix）。

言い換えると、ホフには寒さに対する自信と恐怖心のなさという心的態度があり、そのおかげで脳内の集中力が高まり、それが時間と空間の感覚が減少することにつながり、肉体が受けている不快な感覚から意識をそらし、危機に直面したときの通常の肉体的な反応を抑制することに成功しているのだ。その結果、彼は一種のフロー状態に入り、そしてその状態にとどまることができる。

たしかにわたしたちは、不快な刺激に対してネガティブに反応するように条件づけられているが、訓練によって誰でも自分の条件づけに気づき、少しずつそこから抜け出せるようになる。ネガティブな条件づけと内なる気づきの違いを知り、自分の感情がこのように反応するのはただの条件づけであり、遺伝子に組み込まれているわけではないと理解すれば、あなたのなかには内なる力がわいてくる。**ネガティブな刺激に対してネガティブに反応するという習慣から抜け出すにつれ、心身の不快感も減っていく**だろう。

わたしたちのほとんどは、不快な経験を避けようとする。不快さを避けるのは大切な生存本能の一部であるのはたしかだが、その不快な感情の多くは、子ども時代のつらい経験によって引き起こされたものだ。不快に感じるのは精神の習慣でしかなく、しばしば子ども時代の自分を守るために発動する。そして、子どものころに確立されたこの習慣によって、大人になってからの反応も決まる。

つまりわたしたちは、あまりにも多くの経験に対して、子どもの自分として反応しているのだ。子ども時代のつらい経験がきちんと検証されないままわたしたちのなかに残り、大人になってからの行動を決める原動力になってしまっている。もしきちんと検証していたら、大人の自分にとって、その反応は有効な解決策にならないと理解できるだろう。

暴走する列車から飛び降りる：メタ認知

この不快さとの関係を変換するための最初のカギは、不快さに対する自分の思考を自覚し、自分にはこの問題を解決する力があると認識することだ。この力は**「メタ認知」**と呼ばれている。メタ認知とは、自分の思考のプロセスを客観的に観察する能力のことだ。このプロセスによって、頭のなかで実際に自分を状況の外側に置き、自分の思考がどう流れているかを正確に知ることができる。

そして2つ目のカギは、自分の思考との間に適切な距離を保つこと。思考のドラマに溺れることなく、思考のプロセスを客観的に認識しなければならない。そうなってはじめて、わたしたちは「思考の列車から飛び降りる」ことができる。肉体的・精神的な不快感という刺激の呪縛を離れ、注意がハイジャックされなくなると、マニフェステーションで実現したい目標のほうに注意を向けることができるようになる。

意識のレベルでは、マニフェステーションは明確で集中した思考のプロセスだ。しかし現実は、生き残りモードに入ったり、不安やストレスのある状態になったりすると、明晰な思考ができなくなり、無意識のうちに習慣になっている態度が出てしまう。ストレスホルモンのコルチゾールが大量に分泌され、警戒心が異常に高まり、高次の認知機能がきちんと働かなくなる。

かつてのアヌラもそうだったように、生理的な反応に自分を支配され、もって生まれた頭脳や能力を生かすことができず、意図が奪われてしまう。高度な認知作業を行う大脳新皮質とのつながりが断たれ、計画、内省、洞察といったことができなくなり、さらには他者や自分への思いやりの心も失ってしまうのだ。

ストレスホルモンが分泌されると、細胞は「自分を守れ」という信号を受けとる。細胞が自己中心的になると、わたしたちのエゴも自己中心的になり、その結果、広い視野で現実を眺めることができず、直接的な五感の知覚にばかり注意が向くようになる。恐怖のモードに入るほど、思考から明晰さが失われ、曇ったガラスを通してまわりの世界を見ているような状態になる。

自分の内なるリソースに気づかなくなると、決断の前にさまざまな選択肢を吟味することが難しくなる。高次の認知機能が、本能を司る「爬虫類の脳」の衝動にハイジャックされているからだ。この状態にあまりにも慣れてしまうと、日々の生活で、衝動的な反応と自分が完全に一体化してしまう。ネガティブな感情の状態が自分自身になるのだ。

これはたとえるなら、いまにも崖から落ちそうになっている列車に閉じ込められているような状態だ。大惨事に向かって突き進んでいるとわかっていても、自分に列車から飛び降りる力があると信じることができない。

力をとり戻したいなら、**いちばん大切な最初のステップは、一歩下がって列車を観察することだ**。直感に反する、あるいはバカげているとさえ感じるかもしれないが、列車が崖から落ちそうになるまさにその瞬間は、思考に意識を向けることの利益をもっとも大きくできる瞬間でもある。

練習を重ねれば、感情の影響を受けず、自分の思考を客観的に眺めるのは可能だと納得できるようになる。**暴走する列車から飛び降り、プラットホームに立てば、思考の流れを冷静に観察することができる。**思考のありのままの姿を観察することが、自分は無力だという幻想を打ち破る最初のヒビになる。

冷静さをとり戻して思考を眺めれば、驚くべき発見をするだろう――そう、**わたしたち**

の思考の間にはギャップがあるのだ。このギャップは、ヴィクトール・フランクルが言っていた**「刺激と反応の間にある空間」**だ。このギャップのなかに、自分の反応を選ぶ力があり、わたしたちの自由がある。

「闘うか、逃げるか、動かないか」の反応は、意識のなかをものすごいスピードで駆けめぐり、強烈なネガティブな感覚をもたらす。そのため、**内なる力をもっとも力強く、さらにもっとも手っとり早く育てる方法は、思考から感情を切り離すこと**だ。

人間の進化の過程と、生理現象のしくみを知り、わたしたちがある物事についてどう考え、どう反応するか、そのときにどんな行動をとり、どんな近道を選ぶかを理解すれば、暴走列車にただ振り回されるのではなく、むしろ自分で操縦する力をとり戻すことができる。自分は進化的な本能で反応しているだけだと自覚できれば、その反応を変えることもできる。

人間はある種の刺激に対して決まった反応をするようになっている。しかし、いまのわたしたちは、新しい反応を手に入れた。それは、列車から飛び降りることだ。列車から飛び降りるのは、未知の世界への招待状だ。それは、まだ行ったことのない、なじみのない場所だ。しかしそこには、わたしたちが自分でつくり出した牢獄から解放される自由もある。

あなたが「闘うか、逃げるか、動かないか」のモードに入っているなら、おそらくこんなふうに考えるだろう。

「でも、これは自分の意思とは関係なく起こってしまうことだ。むしろわたしは犠牲者だ。わたしに状況を変えるような力はない」

しかし、わたしはこう言いたい。

「たしかにあなたの思考は、あなたの現実に影響を与える。それは紛れもない事実だ。しかしあなたは、自分の思考に対して、あなたが考えるよりも大きな力をもっている」

ここで大切なのは、自分の人生をふり返り、前に進む方法を考えようとするのなら、外側のネガティブな状況のところで考えを止めてはいけないということだ。内面の態度も考慮しなければならない。外側の状況は絶対的な証拠でもなければ、未来に対する予言でもない。世界の見方を変えるチャンス、そして世界への反応を変えるチャンスは、いつでもそこにある。

誤解しないでもらいたいのだが、わたしはなにも、習慣的なネガティブ思考がもたらす肉体的な不快感などはとるに足らないと言っているわけではない。たしかにこの不快感はあなどれない。あまりにも苦しいので、どこか安全な場所や、昔からやっている自分を守る習慣に逃げ込みたくなるだろう。

この不快感を無視するには、本人によるかなりの努力だけでなく、まわりのサポートも必要だ。社会生活のなかで制度的な抑圧に苦しめられている人であれば、習慣的な恐怖から精神を自由にするなんて、まるで流れに逆らって泳ぐようなものだと感じるに違いない。偏見の力はとても強く、しばしば暴力的であるために、日常的にそれにさらされている人は、自分自身が自立した自由な個人であるという感覚を奪われてしまうからだ。

とはいえ、自分の思考プロセスを自覚し、明晰な頭脳で客観的に分析できるようになれば、いい結果を生み出す思考の実験をはじめることができる。もし昔のままの行動や思考を続けていたら、それに即したバージョンの現実につながる。しかし思考のしくみについて学び、ここで別の選択をすれば、違うバージョンの現実、自分にとってプラスになる現実が手に入るのだ。

ここでおもしろいのは、どちらのプロセスも同じハードウェアの上で行われているということ。いい結果に意識を集中すれば、通り道にまったく変化はないが、ソフトウェアのほうはポジティブなニューロフィードバックを受けてアップデートされる。

ストア派の哲学者エピクテトスはこう言っている。

「大切なのは、自分に何が起こるかではない。その起こったことに対して自分がどう反応するかだ」

そしてあなたに必要なのは、ただ最初の一歩を踏み出すことだけだ。

Practice

内なる力を育てる

前からやりたいと思っていたけれど、なんらかの理由でまだやっていないシンプルな行動を1つ思い浮かべる。たとえば、早起きして15分のウォーキングをする、甘いジュースやアルコールを飲まない、といったことだ。

1. リラックスする

a. 寝る前に楽な姿勢で椅子に座り、目を閉じて、全身の筋肉をリラックスさせることに意識を集中する。まずつま先からはじめ、頭のてっぺんに到達するまで順番に上に移動していく。その間、鼻からゆっくり息を吸い、口からゆっくり息を吐く。

b. 全身がリラックスしたら、呼吸に意識を集中する。鼻からゆっくり息を吸い、5秒間息を止め、口からゆっくり息を吐く。

2. 意図を視覚化する

a. 1. を5分間行い、次に意図するシンプルな行動を実際に行っている自分を想像する。ただ「それをしている」と考えるだけでなく、それをしているようすを視覚化する。

3. **意図を記録する**

a. 2. が終わったら、目を開け、目標や意図する行動を紙に書く。その紙を枕元やナイトスタンドに置く。

4. **意図をインストールする**

a. 横になり、目を閉じる。そのまま数分間、意図を実行に移す自分を想像しながら、ゆっくりと呼吸する。そしてゆっくり呼吸しながら眠りに落ちる。

5. **意図を見直す**

a. 翌朝、目を覚ましたら起き上がって、寝る前に書いた意図を読む。意図を思考のなかに植えつけたまま1日をすごす。

意図が「朝ウォーキングをする」なら、ウォーキングに出かけ、「甘いジュースを飲まない」なら、飲むものを選ぶたびに甘いジュース以外を選ぶ。決めたことができたら、そのたびに自分をほめる。そして意図を書いた紙をとり出し、「わたしはこのタスクを実行した。おめでとう！」と書く。これを毎日くり返していれば、自分にはやると決めたことをやる力があるということを、自分へ向けて実証できる。タスク自体はシンプルかもしれないが、実際に行うことで、脳に意図を埋め込むプロセスを活性化させることができる。このプロセスが意識しなくても自然に発動するようになるまでタスクを続けよう。

これが「小さな習慣の力」だ。友人のスタンフォード大学教授で行動科学者のBJ・フォッグは、小さな習慣について書いた『習慣超大全』（ダイヤモンド社）という本のなかで、B＝MAPという公式を提唱した。BはBehavior（行動）、MはMotivation（動機）、AはAbility（能力）、PはPrompt（刺激）の頭文字。つまり、動機、能力、刺激が同時にそろうと、それが行動につながるということだ。

精神と肉体のバランスが整うと、現在と未来で自分が実現したいものを明確にイメージできるようになる。そこで、次の章では、マニフェステーションの6つのステップの2つ目を見ていこう。ステップ2は、「自分が本当に欲しいものを明確にする」だ。

Chapter 4

Step2:
自分が本当に欲しいものを明確にする

自分の行き先を知らない船乗りにいい風は吹かない

――小セネカ

内なるコンパス

海洋冒険家のナイノア・トンプソンは、ポリネシア航海術でハワイからタヒチへ向かう航海を成功させることを目指していた。ポリネシア航海術とは、計器や海図を一切使わず、小さな船で天体だけを頼りに海を旅する航海術のことだ。この航海に出発する直前、ナイノア・トンプソンは、自身の師であり、ポリネシア航海術士のマウ・ピアイルックから、1つ質問をされた。

2人はハワイ・オアフ島南東部の海に突き出たラナイ・ルックアウトに立ち、空を観察していた。これまで2人で数え切れないくらいやってきたことだ。マウはトンプソンに、すべての星、すべての海鳥《うみどり》、すべての巻雲《けんうん》とうろこ雲を注意深く観察するように言った。

それらの動きから天候が読めるからだ。

そのときトンプソンは、14世紀以来、誰も実施していない航海に挑戦しようとしていた。使用する船は、「ホクレア」と呼ばれる簡素なダブルカヌー（2つの船体をつなげたカヌー）で、「ホクレア」とは一等星アークトゥルスのポリネシア語の名前だ。西洋の航海術の計器や海図は一切使わない。

この航海は、オアフ島出身のトンプソンにとって、個人的に大きな意味をもっていた。彼の目的は、古代ポリネシア人が、自然を頼りにする高度な航海術を駆使して意図的に海をわたったのだと証明することだ。当時広く信じられていたのは、ただ海流にまかせて移動しただけだという説か、あるいはアメリカ大陸からわたってきたとする説だったが、トンプソンはそれは間違っていると証明したかった。

それに、マウたちが守ってきた古代の航海術も、絶滅の危機に瀕《ひん》している。故郷の島と海を深く愛するトンプソンにとって、この航海術をマスターするのは長年の願いだった。

トンプソンが海に突き出した岩の上に立ち、いままさに乗り出そうとしている波を眺めていたとき、マウはトンプソンに尋ねた。

「タヒチはどの方角にある？」

トンプソンはその方角を指さした。

マウは言った。

「それでは、タヒチの島が見えるか？」

トンプソンは困惑した。もちろん見えるわけがない。タヒチははるか3000キロ以上のかなたにある。しかしトンプソンは、マウの質問は真剣だとわかっていた。そしてしばらく考え、こう答えた。

「島は見えません。でも、心のなかに思い描くことはできます」

マウは言った。

「それでいい。その島の姿を失ってはいけない。もし失ったら、島にはたどり着けないだろう」

マウはトンプソンのほうに向き直り、そして言った。

「車に乗って家に帰ろう」

これがマウからの最後の教えだった。トンプソンはのちにこう語っている。

「あのとき彼が言いたかったのは、自分を信じなければならないということ、そして自分が行きたい場所のビジョンがあり、そのビジョンをもち続ければ、そこにたどり着けるということだ」(xx)

わたしはこの話を瞑想の教師から聞いた。マウがトンプソンに伝えたかったのは、自分の内なるコンパスを信じろということだと、その教師は言っていた。トンプソンのなかには、自分が本当に行きたい場所を教えてくれるコンパスが存在する。彼はただ、直感に従い、そのコンパスが指し示す方角に進んでいくだけでいい。この「内なるコンパス」という考え方は、その後もずっとわたしの助けになってくれた。

マニフェステーションの訓練をはじめる前に、わたしたちもまた、まず自分の内なるコンパスとつながらなければならない。このコンパスは、本当に行きたい場所を視覚化したイメージであり、自分自身のビジョンのなかに存在する、はるか遠くに見える島だ。このイメージは、わたしたちに刺激とエネルギーを与えてくれる。この旅は平坦ではない。チャンスが訪れるときもあれば、困難に直面することもある。しかしこのコンパスが、あなたの旅を導いてくれるだろう。

目指すべき価値のある目的地を選び、内なるビジョンの導きにまかせ、とても乗り越えられないような障害にぶつかったときもビジョンを手放さなければ、たとえそれが雲に覆われ、目印となる天体がすべて隠れてしまったとしても、心のなかにあるコンパスがわたしたちを目的地へと連れていってくれるだろう。わたしたちはただ、目指す価値のある行き先を決めるだけでいい。

しかし、本当に求める価値のあるものとはいったいなんだろう？

わたしたちはいったい何を望むべきなのか？

昨今の風潮では、マニフェステーションというと、巨万の富や、わかりやすい成功を目指すことだと思われがちだ。物質主義が価値の基準になっている。しかしこれは、本来のマニフェステーションではない。マニフェステーションがもつ大きな可能性をまったく生かしていない。悲しいことに、現代社会でマニフェステーションの力は誤解されている。物質的な成功が心の空洞を埋めてくれると信じられているのだ。わたしがこのウソに気づいたのは、自宅の大邸宅にひとりで座り、頭を抱えていたときだった。

むしろ、マニフェステーションの本質は、物質的な所有物を獲得することとは関係ない。ある意味で、**物質的な豊かさだけを求めるのは、夢が小さすぎる**と言えるだろう。

12歳のわたしは、プライベートアイランドを所有することを夢想していた。自分だけの栄光を求めていた。しかしその一方で、ナイノア・トンプソンはタヒチを夢見ていたのだ。タヒチは、彼自身にとってだけでなく、自分の一族と、故郷に暮らすすべての人々にとって象徴的な意味をもつ島だ。彼もわたしも島を夢見たのは同じだが、目的地の性質はまったく違う。

自分が本当に欲しいものを明確に知っていると、内なるコンパスに正しい道を教えてもらえる。内なるコンパスを基準にして、潜在意識に埋め込む意図を選ぶことができる。人間の欲求は、経験を重ねるごとに進化していく。その考え方を提唱したのは、心理学者のアブラハム・マズローだ。

マズローによると、人間の欲求は5段階に分かれ、ピラミッド型の階層構造になっている。「自己実現」といういちばん上にある欲求を実現するには、その下にある基本的な欲求を満たさなければならない。食事や水といった生理的な欲求や、住む家や服といった安全の欲求だ。それが満たされてはじめてわたしたちは、他者とのつながりや、意義深い仕事といった高次の欲求をもつことができる。他者に共感し、他者の苦しみをとり除くために行動を起こすことができる。

生存のための本能的な欲求が満たされていなければ、すべてのエネルギーはそれらの欲求を満たすことに注がれる。ほぼそれらの欲求のことしか考えられなくなる。それが人間の本質だ。ここでのいいニュースは、欲求のどの段階にいようとも、マニフェステーションは可能だということ。欲求の中身が何であれ、マニフェステーションでその欲求を実現することができる。

貧困家庭の子どもだったころ、わたしの欲求は家族が必要としている物理的なものに集中していた。その後は、大学に入るため、次はメディカルスクールに入るため、さらにはキャリアで成功するためにマニフェステーションを活用した。そのころのわたしは、マズローの欲求の最高峰である「自己実現」のことなど考えてもいなかった。ただほとんどの人と同じように、ある程度の安定と豊かさに必要なものを求めていただけだ。この世界でより高次の目的を達成することには、まだ自分の意識を向けていなかった。

自分のなかには大きな力があり、その力を使えば、自分の人生によりよい影響を与えることができるという事実を知ると、わたしたちは最初、可能性の大きさを前にして軽くめまいを覚える。エージェンシーの力をとり戻す過程で、最初のうちは責任の大きさに怖じ気づいてしまうかもしれない。たとえ自分でコントロールできることはほぼないようなものであっても、あたかもすべて自分の責任のように感じてしまうからだ。

客観的な視点をもち、自分の内なる力を正しく計測できるようになるには、訓練が必要だ。こういった障害を乗り越え、もう自分の利益にはならなくなったパターンを捨て、利益になるパターンに置き換える具体的な方法については、次の章で見ていこう。

あるいは、内なる力をとり戻したことで、むしろ晴れやかな開放感に満たされる人もいるかもしれない。自由と喜びに包まれ、可能性が大きくふくらむのを感じる。可能性は無限大に思え、興奮のあまり呆然とする。さまざまな夢、心のなかにしまっていた希望やビジョンに向かって突進する。鮮明で、まるで映画のようなイメージが、ビジョンのフィールドを駆けめぐる。わたしたちが欲しいもの、あるいは欲しがるように教えられたすべてのものがどっと流れ込んでくる。そこで気がつくのが、自分の欲しいものは思っていたほどはっきりしていないということだ。

欲求が送り込んでくるすべてのイメージを1つずつ見ていくと、これらを生んだ源がみな同じではないことに気づく。社会の価値観から生まれたものもあれば、家族の価値観から生まれたもの、友だちやグループ仲間から生まれたものもある。悲しいことに、過去の苦い経験から、自分が安全であるために必要だと思い込んでいるものもあるだろう。

しかし、心が落ち着くと、もっと深いところから生まれる欲求が見えてくる。欲しいものの大洪水をなんとか整理しようと格闘する過程で、自分が本当に欲しいもの、そして本当に追い求める価値のあるものを見分けることの難しさを理解するようになる。つまり、内なるコンパスがはっきり見えてくるようになるということだ。

欲求や希望、夢や野心がありすぎると、混乱してわけがわからなくなるかもしれない。そんなときは、自分にとっての成功のビジョンをじっくりふり返ってみよう。あなたにとって、成功とはどういう意味だろう？　それはどんなふうに見えて、どんなふうに感じるか？　次のプラクティスを行えば、自分が本当に求める成功の姿がはっきり見えてくる。

Practice

自分にとっての成功を定義する

1. 準備をする

a. このプラクティスのためにじゃまが入らない時間と場所を確保する。

b. ストレスを感じている、ほかに気になることがある、過去24時間以内にアルコールやドラッグを摂取した、あるいは疲れている状態なら、このプラクティスを行わない。

c. ノートとペンを用意する。

2. 落ち着く

a. 楽な姿勢で座り、目を閉じる。大きく3回呼吸する。

3. 成功を視覚化する

a. 自分にとっての成功の姿を思い描く。ここで1つのイメージや思考にこだわらないように。精神を自由に遊ばせ、成功した自分を想像し、それが自分にとって何を意味するかということを考える。

4. 身体をスキャンする

a. 目を閉じて座ったまま、背筋を伸ばし、鼻からゆっくり息を吸い、口からゆっくり息を吐く。この呼吸を3回くり返す。この呼吸が自然に感じられ、集中のじゃまにならなくなるまで続ける。

b. 次に、つま先から頭のてっぺんまで、順番に全身の筋肉をリラックスさせていく。身体をリラックスさせることに意識を集中する。リラックスが深まり、精神が静かに落ち着くのを感じる。この段階で、静けさが全身を包み、安心感を覚える。ゆっくり呼吸を続けていると、他人の意見や、自分の夢や目標に対する批判が気にならなくなる。

c. ゆっくり呼吸しながら、心身をリラックスさせる。

5. 成功をさらに詳しく視覚化する

a. ここでもう一度、自分にとっての成功とは何かを考える。前よりもさらに具体的に想像しよう。その地位に就いた自分を視覚化する。目指す成功を達成した自分を心の目で見る。ゆっくり呼吸しながら、すべての細部を鮮明に思い描く。五感を駆使する。成功はどう見えるか、どう感じるか、どんな音がするか、どんな匂いがするか、どんな味がするか。ゆっくり息を吸い、ゆっくり息を吐く。

b．成功をすべての細部まで想像したら、ゆっくりと目を開け、そのまま呼吸を続ける。ゆっくり息を吸い、ゆっくり息を吐く。

c．あなたはリラックスし、心は穏やかだ。

6．成功のイメージを記録する

a．用意してあるノートとペンをとり、最低でも5分間、心の目で見た成功を自分の言葉で描写する。できるかぎり詳細に書く。2つか3つの文でも、長い文章でもいい。大切なのは、自分にとっての成功をきちんと定義することだ。

b．目を閉じてただ座る。鼻からゆっくり息を吸い、口からゆっくり息を吐く。この呼吸を3回から5回くり返す。目を開ける。

7．書いたものを読み直す

a. まず書いたものを黙読する。
b. 次に自分に聞かせるように音読する。
c. 数分間、目を閉じて座り、読んだ内容を反芻《はんすう》する。

8. 成功をじっくりと味わう
a. 成功を実現し、心が満ち足りた状態になった自分を感じる。

このプラクティスで成功を書いた紙は、どこかすぐ見られる場所に置いておこう。冷蔵庫の扉や机の上に貼っている人もいれば、財布に入れてもち歩き、順番待ちのときなどにとり出して読んでいる人もいる。音読する自分の声を録音し、朝起きてすぐや、夜寝る前に聞いてもいいだろう。その文章をもとに、雑誌の切り抜きや自分で描いた絵を使って、プレゼン資料をつくるという方法もある。
またあとでさらに詳しく見ていくが、これは自分の潜在意識を訓練するということだ。顕在意識のなかにある成功のイメージを、身体で感じる強いポジティブな感情とくり返し結びつけることで、潜在意識が勝手にビジョンを追い求めるようになる。

そして忘れてはならないのは、成功のビジョンはつねに進化するということだ。今日、書いた内容は、あなたが本当に心から欲しいものかもしれないし、あるいはただの出発点であり、これから一生を通じて洗練されていくものかもしれない。

いまの時点では、成功のイメージがまだ曖昧だという人もいるだろう。マニフェステーションをはじめたばかりのころにルースに言われたのは、ガラスが完全に曇った窓を通して外を見ていると考えればいいということだ。寒い日の車のなかを想像するとわかりやすいかもしれない。そして意図の視覚化を続けるほど、ガラスの曇りがとれて、景色がはっきり見えてくる。

あなたにとっての満ちたりた幸福とは?

貧困、金持ち、破産、そしてまた富を手に入れるという経験を通して、わたしが学んだのは、自分の欲求から次々と送られてくるイメージを整理するための戦略だ。さまざまな欲求を選別していく過程で、自分の心が本当に求めているものを知り、ただ欲しいだけのものと、真に必要としているものが区別できるようになる。

ここで**カギとなる戦略は、人生で幸福を感じたときの自分を思い出すこと**だ。満ち足りた気分だったとき、まわりから大切にされたとき、あるいは真の成功を手に入れたときを思い出す。

マニフェステーションで何を実現するか、何を意図し、注意をどこに向けるかについて考えるときは、人生がうまくいっていたときのことを思い出すのが助けになるかもしれない。自分は正しい道を進んでいると、心の底から信じられるような瞬間だ。それを思い出すことで、内なるコンパスの精度を上げることができる。

自分にこう尋ねよう。

「心が温かくなり、その温かさが長く続くと感じさせてくれるものは何だろう？　心から満ち足りた気分になり、自分は完全だと感じたのはいつだろう？」

もしかしたらそれは、安全で居心地のいい自宅で、愛する人たちに囲まれているときかもしれない。何かの活動に完全に集中し、朝からはじめて気づいたらあっという間に夜になっていたという瞬間かもしれない。あるいは、優しい養育者に世話をしてもらったときかもしれないし、誰かのために食事をつくる、お気に入りの公園でゴミを拾う、死の床にある人の手をずっとにぎっているなど、自分自身がシンプルな優しさを発揮した瞬間かもしれない。

そびえ立つ山や、力強く、絶え間なく流れる川を見て、ただ純粋に畏敬《いけい》の念に打たれ、自分の小ささを実感すると同時に、何か大きなものとのつながりを感じた瞬間を思い出す人もいるだろう。それらの記憶を心の目で見ながら、五感の感覚に注目する。川の水面に反射する光のきらめきや、愛する人の表情の微妙な変化。体感する感情にも注目しよう。あのときの温かさ、ときめき、軽やかさ、広大さを感じるだろうか？

こうやって過去のすばらしい瞬間を思い出すことには、副交感神経系が活性化したときの、力強く、完全な感覚にアクセスできるようになるという価値がある。畏敬の念、お互いにつながっているという感覚、感謝、インスピレーションなどだ。これらの感情には、わたしたちをもっとも高い次元につなげてくれる力がある。最高次元の目的意識と、心の偉大さにアクセスできるようになる。

さまざまな事例からわかってきたのは、これらのポジティブな記憶には、自分が幸せや充実感を覚えた経験だけでなく、他者を助けたときの経験も含まれるということだ。その他者は、家族でも、友人でも、あるいはもっと大きな規模の人々でもいい。

自分が何に対してポジティブな感情をもつかということがわかれば、たくさんある欲求を選別し、本当に追求する価値のある欲求を見分けるときの助けになるだろう。それに加えて、自分で勝手に決めた限界を超えて、すべてのものとつながり、一体になる感覚も味わえるかもしれない。

ポジティブな記憶が見つからない、見つけようとするとつらくなるという人も、ここであきらめる必要はない。想像力を使って架空の経験を創造することにも、同じくらいの効果があるからだ。ときには、何かをはじめて経験するために、想像力を駆使しなければならないこともある。いざ現実で経験するときに向けた、予行練習のようなものだ。

たとえ想像したビジョンが現実のものではなくても、そのビジョンを見たときに経験する感情は本物だ。すでに見たように、**脳は現実の体験と、強く想像したことの区別がつかない**。ポジティブな感情がわきあがる要因は、現実の具体的な体験でも、現実の出来事の文脈でもなく、体内で「幸せホルモン」が分泌され、感情が創造されることだ。この事実を知っていると、とても大きな力になる。

ここで大切なのは、ポジティブな感情の高まりを経験すると、その感情が実際の記憶でも、あるいは想像の産物でも、潜在意識がその感情に注意を払うようになることだ。ドーパミンやセロトニンといった神経伝達物質が分泌されると、脳はその事実に注目し、現実の世界のなかでも、潜在意識が同じような経験を粘り強く探すようになる。

クリスティーヌ・ワムスラーは、スウェーデンのルンド大学の教授だ。持続可能な開発、そして外面と内面を統合した変化のプロセスを専門に研究している。彼女の主張によると、文化的な断絶の歴史を通して、気候変動などのこれからも続くであろう危機のルーツを探ると、コンパッションのもつ力に気づくことができるという。

クリスティーヌと出会ったきっかけは、「思慮深く持続可能な未来を考えるプログラム」が行ういくつかのプロジェクトでわたしが顧問を務めたことだ。

クリスティーヌはわたしに、瞑想と視覚化の研究をしていると話してくれた。ポジティブな感情を視覚化のテクニックに使うことの大切さを、研究を通して実際に経験したという。クリスティーヌの目標は、科学を通して精神と内面からの変化を解明することで、苦しみを軽減し、より持続可能で正しい世界を実現することだ。しかし長年にわたって、この目標は、現行の枠組みと、それに付随する制度的・政治的な構造によって阻まれてきた。これは、内部と外部が深刻に分離している状態と表現できるかもしれない。

当初、クリスティーヌは、研究資金を集めることがまったくできなかった。娘がおこづかいから20ユーロを出してくれると、彼女はその健気な行為に触発されて、自分の内なる力を使って目標を追い求めようと決意した。

それからというもの、毎晩寝る前に、自分のオフィスに同僚が入ってきて、プロジェクトの資金を出してもらえることになったと告げる場面を想像した。その想像のなかでは、彼女は同僚と喜びを分かち合い、そして家に帰ってから家族とお祝いをする。彼らの笑顔、輝く瞳をありありと思い浮かべ、そのときに抱くであろうポジティブな感情を意識的に自分のなかで再現する。クリスティーヌは全身で、その感情を深いウェルビーイングとフローの状態として感じた。

この視覚化には大きな喜びと興奮をもたらす効果があるので、寝る前に行っていると、なかなか寝つけなくて困るようになったそうだ。そこで彼女は、時間を昼間に変えることにした。ポジティブな感情によって、研究資金が認められるのはとても意義深いことだというメッセージが潜在意識に送られ、その結果、目標を達成しようという思いがさらに強くなる。そして2019年度、わずか数週間のうちに、彼女の「思慮深く持続可能な未来を考えるプログラム」は、複数の団体から研究資金を出してもらえることになり、さらにいくつかの団体もそれに続いた。

意識の力を自分の意思で活用し、望んだ意図に注意を向け、強力なポジティブ感情でその意図の重要性をさらに強調すると、より顕著な存在となった意図をさらに深く潜在意識に埋め込むことができる。潜在意識は、目標を実現する旅でもっとも頼りになる仲間だ。そして、内なるコンパスともっとも強い欲求が協調すればするほど、ポジティブな感情を高めるのが容易になる。

ポジティブ感情の本当の力とは？

ポジティブな感情は、脳内の報酬系を活性化させる。そしてその結果、内なるコンパスがまっすぐに意図のほうを向くようになる。それに加えて、ポジティブ感情は、環境によって条件づけられた古い思考や行動パターンという牢獄からわたしたちを自由にしてくれる。

意図を潜在意識に埋め込むもっとも強力な方法は、意図を強いポジティブ感情と結びつけることだ。意図の視覚化がより鮮明になるほど、想像の世界での経験もより本物らしくなり、その結果より強く注意が惹きつけられ、そして未来においても、脳がその経験をより敏感に察知するようになる。

脳はインプットされる情報をどのように分類しているのだろうか？　その方法の1つは、前にも登場した**「価値タギング」**だ。

価値タギングは顕著性ネットワークの一部であり、顕在意識に入ってきた情報の重要度を判断する役割を担っている。情報の重要度は、身の安全を守ること、とにかくその場を生き残ることを基準に判断されることもあれば、帰属意識、絆、他者とのつながり、人生の意義といった基準で判断されることもある。

強力なポジティブ感情は、潜在意識に向かって、「この意図はとても意義深く、自分の行動によって実現を目指す価値がある」というシグナルを送る。だからこそ、視覚化を行うときは、目標を実現したときの物理的な状況だけでなく、そのときの感情も鮮明に思い描くことが重要になるのだ。目標を達成した喜び、祝福、満足感、つながりを、いまこの瞬間に、全身で感じなければならない。

これはたとえるなら、「感情のpH値」を変えるようなものだ。顕在意識のなかで感情のpH値に変化があると、脳は「構造を変えろ」というメッセージを受けとり、将来これと同じような感情を起こさせる経験を最優先にするように構造を変化させる。その感情がどこからやってくるかは関係ない。大切なのは、感情を生み出し、その重要性を認識し、じっくり時間をかけて味わうことだ。

そのときに感じる、深い、本物のウェルビーイングを脳に覚え込ませ、その感情がわき起こったら、脳に新しい神経回路ができるようにする。ポジティブ感情によってある経験が脳にとって顕著な存在になり、これは重要な経験であり、追い求める価値のある経験だと脳が学習する。そうやってポジティブ感情は、意図を正しい方向へと導くコンパス、あるいは「北極星」となるのだ。

副交感神経系を活性化させるもっとも大きな利点の1つは、想像の力にアクセスできるようになることだ。

副交感神経系が働いていると、脳の実行制御に選択の権限が与えられる。それは、反射による自動的な選択ではなく、自らの経験のすべてを統合し、顕在意識のなかに存在する1枚の絵として描かれた選択だ。そしてわたしたち人間は、その瞬間に創造性を獲得する。過去の記憶、現在の経験、想像した可能性という豊かな素材に精神がアクセスし、そこから自由に素材を組み合わせ、新しいイメージ、新しい続編、あるいは新しいパターンをつくりだすのだ。

過去に執着し、あるかもしれない脅威に怯えていると、交感神経系が活性化し、ポジティブな想像力が遮断される。その結果、できたかもしれないこと、ありえたかもしれないことが見えなくなる。とくに、人生を向上させる可能性や、より強いつながり、充実感、ウェルビーイングを感じる可能性が見えなくなるのだ。想像の力を失い、好奇心旺盛で、柔軟で、オープンな精神が失われる。ネガティブな経験がネガティブな自分観をつくるという負のサイクルを抜け出すためのエンジンを失うことになる。

環境によって決められた古いパターンから自分を解放するには、鮮明で、強い感情をともない、時間を超えた、内なる経験を自分に与えなければならない。それが、自分をいまの場所に縛りつける感情の依存症から解放されるための道だ。

自分にできること、できないことを、もう他人の言葉に決めさせてはいけない。心のコンパスに根ざし、強く想像されたポジティブな経験から生まれたポジティブな感情には力がある。その力を魔法と呼んでもいいかもしれない。そしてこれからのわたしたちを導くのは、その魔法の力であるべきだ。そうすればわたしたちも、その経験を現実にするために必要な行動を起こすようになるだろう。

望む結果を視覚化する訓練を続けていると、意図が鮮明になり、そしてわたしたちの注意（さらに潜在意識）は、現実の結果に影響を与える力を手に入れる。

これは昔から何度も行われ、効果が実証されてきた方法であり、数え切れないほどの一流アスリートによって採用されている。彼らは実際の試合の前に、まずスキルを完璧に実施する自分の姿を想像する。筋トレをする自分を想像するだけで実際に筋肉量が増加する（xxi）、あるいはピアノを弾く自分を想像するだけでピアノのスキルが向上する（xxii）という研究結果さえ存在するほどだ。

ここでおもしろいのは、イメージトレーニングや視覚化を通して、将来そのポジティブな結果を経験したときの感覚を、現在の自分に「思い出させている」ということだ。そのときわたしたちの精神は、文字通り「未来に戻る」《バック・トゥ・ザ・フューチャー》体験をしている。

Practice

ポジティブな感情を呼び起こす

1. 準備をする

a. このプラクティスのためにじゃまが入らない時間と場所を確保する。

b. ストレスを感じている、ほかに気になることがある、過去24時間以内にアルコールやドラッグを摂取した、または疲れている状態なら、このプラクティスを行わない。

c. ノートとペンを用意する。

2. いい気分を思い出す

a. はじめる前に、楽な姿勢で座って目を閉じ、過去に自分が幸せで満ち足りた気分になったときのことを思い出す。

b. 1つのイメージや思考だけにこだわらない。精神を自由にさまよわせ、安全である、守られていると感じる。そして、リラックスし、心が穏やかで、満ち足りた幸福感に包まれたような、さまざまな経験を思い出す。

c．数分間、その感覚のまま座っている。そんな経験はないという人は、想像してみるだけでいい。

3．身体をスキャンする

a．目を閉じ、背筋を伸ばして座る。鼻からゆっくり息を吸い、口からゆっくり息を吐く。この呼吸を3回くり返す。この呼吸が自然に感じられ、集中のじゃまにならなくなるまで続ける。

b．つま先から頭のてっぺんまで、全身の筋肉を順番にリラックスさせていく。身体をリラックスさせることに集中するほど、心身ともに落ち着いていく。

c．これを続けていくと、全身が静けさに包まれ、安心感を覚える。心が温かくなり、自分は受け入れられていると感じる。ゆっくりと呼吸を続けていると、他人の言葉や、他人に夢や希望を批判されることが気にならなくなる。

d．ゆっくり呼吸を続け、全身がリラックスして落ち着いた気分になる。ネガティブな思考が浮かんできたら、思考に執着せずにただ存在を認識し、このプラクティスの目標に意識を戻す。

4．安全だと感じたときのことを思い出す

a．安全だという感覚を再び思い出す。おそらく多くの人は、ここで母親や愛する人に抱きしめられたときのことを思い出すだろう。守られているという感覚だ。温かさを感じ、心配事から自由になったと感じる。

b．このような感覚を記憶のなかに見つけられないという人も、心配はいらない。想像力を駆使して、温かさ、安全、無条件の愛がもたらすイメージを頭のなかにつくりだす。スピリチュアルな存在や動物に癒やされる自分を視覚化してもいいし、あるいはただ生命そのものの鼓動を想像してもいい。

5．いい気分を呼び起こす

a．いまの状態のまま、今度はより具体的にイメージする。自分に対するポジティブな思考、自分の性格や特徴で好きなところ、自分から愛を提供し、他者を気にかけ、慈しんだ出来事に意識を集中する。

b．ゆっくり呼吸しながら、深い充足感を覚え、ポジティブな感情に満たされる。あなたはいま、それらの感情に包まれている。満ち足りた幸福感は、自分が大切にされたときだけでなく、自分が誰かを大切にしたときにも感じるということを理解する。

c．幸せ、充足感、温かさ、愛を感じる自分を心の目で観察する。自分自身への愛。惜しみなく与える他者への愛。ゆっくり呼吸しながら、すべての細部を視覚化する。

6．いい気分を深める

a．ゆっくりと息を吸い、ゆっくりと息を吐く。愛される自分、愛を与える自分を想像する。満ち足りた幸せの感覚が、自分の身体にどう影響するかを感じとる。心拍数が下がり、呼吸が自然になるのを感じる。ネガティブな感情が去っていき、その代わりに自分に対するポジティブな思考と感情がやってくるのを感じる。この世界で自分がいるべき場所、自分が他者に与えるものをイメージする。

b．思い描いたイメージをしばらく保持する。その感情に全身を浸す。ゆっくりと息を吸い、ゆっくりと息を解放する。

c．あなたはリラックスし、心は穏やかだ。

7．体験したことを記録する

a．用意したノートとペンをとり、少なくとも5分間、瞑想で体験したことを自分の言葉で描写する。自分自身、自分の能力に対して、どんなポジティブな感情を抱いたか？　それらの能力はどのように他者に対してポジティブな影響を与えたか？

b．それらの感情について考えるとき、あなたは安全と温かさを感じ、自分はなんでもできると深く信じることができる。

c．できるだけ詳細に描写する。2つか3つの文でも、長い文章でもかまわない。大切なのは、ケアと慈《いつく》しみの力を自分なりに定義し、自分がケアと慈しみの感情をもったときに、自分の身体がどのような影響を受けるのかを考えることだ。

d．目を閉じてただ座る。鼻からゆっくり息を吸い、口からゆっくり息を吐く。この呼吸を3回から5回くり返す。

8．体験したことをふり返る

a．目を開け、まず書いたものを黙読する。

b．次に、自分に聞かせるように音読する。目を閉じ、しばらくの間、そのケアと慈しみの力に対する思考とともに座る。

c．そのようなケアと慈しみが自分をどのように安心させるかを考える。

9．体験したことをインストールする

a．自分は愛されている。そしてその愛を、自分自身だけでなく他者にも与えられる。そうすることによって、自分自身に対する深いポジティブな感情をもつことができるということを理解すると、深くリラックスし、心が落ち着くのを感じる。その感情を、意識的に自分の内なるコンパスとつなげる。

b．この平穏な状態にある内なるコンパスが、何が大切なのかということをあなたの潜在意識に教え、もっとも大きな欲求や希望を実現するのに必要な内面の環境を整えてくれる。

2つのウェルビーイング

哲学者、スピリチュアルの教師、科学者が、ウェルビーイングには2種類あることを発見した。それは、**「快楽主義」**と**「幸福主義」**だ。

快楽主義のウェルビーイングは刹那的であり、痛みを避けて喜びを手に入れるという特徴がある。一方で幸福主義のウェルビーイングは、意義、自己実現、コミュニティへの貢献を重視し、究極的には長く続く幸福感だ。

真に幸せな人生に必要なのはどちらのウェルビーイングかということについては、もう数世紀も前から激しい議論がくり広げられてきた。古代ギリシャでは、哲学者のアリスティッポスが、人生の目標は最大限の喜びを感じることであり、そして幸せは喜びを感じた時間の総和で決まると説いた。その一方でアリストテレスは、真のウェルビーイングとは、真に行う価値のあることを行っているときに感じるものだと主張する。

この2種類の幸せには共通点があり、同時に感じることも多いが、違いは明確であり、その違いがわたしたちの行動、人間関係、健康、寿命にも大きく関係する。

2013年、心理学の研究チームが、幸福度と人生の意義の相関関係を知るために、400人近い大人を対象に調査を行った。調査の内容は、行動・態度、感情、人間関係、健康状態、ストレスレベル、仕事、創造的な活動など多岐にわたっている(xxiii)。その結果わかったのは、幸せな人生と意義深い人生はたしかにリンクすることも多いが、必ずしも一致するわけではないということだ。

研究者たちは統計分析を用いて2種類のウェルビーイングを分類した。彼らの発見によると、意義深い（幸せの要素は含まれない）人生は、安心や豊かさといった社会的な基準と本質的なつながりがあるわけではないが、一方で幸せな（意義深さの要素は含まれない）人生はそれらの基準と切り離せない。この研究ではまた、幸せに満ちた人生と、意義に満ちた人生の決定的な違いも発見された。

幸せは「いま、ここ」にフォーカスしがちだが、一方で意義深さは、過去、現在、未来をつなぐ関係が進化しているという感覚から生まれている。前にも述べたように、幸せはたいてい刹那的なものとして経験されるが、意義深い人生の満足感は長続きする。

いい気分から生まれる幸せはしばしばしば利己的な「テイク」の態度と結びつき、そして意義深さはしばしば無私の「ギブ」の態度と結びつく。幸せな人生は、快適さ、安楽さ、便利さが基盤にあるが、対して意義深い人生には、しばしば驚くほど多くの難しい挑戦が含まれ、さらにはストレス、心配、不安まで必要とする。そして最後に、自己を創造的に表現し、個人的・文化的・共同体的なアイデンティティを大切にすることは、意義深い人生と結びついているが、幸せな人生との関係は認められなかった。

多くの人は、快楽的なウェルビーイングという形か、あるいはすべての欲求を満たすという形で、物質文化の価値観において「幸せ」とされるものを追い求める。しかしたいていの場合、長い目で見れば、この種の幸せが「いい人生」をもたらしてくれることはない。もちろん、意義や目的を追い求めるには、まず物理的に満たされなければならない。しかしある時点をすぎると、物理的な喜びがもたらしてくれる満足感は急激に減少する。

つまり究極的に、健康、金銭的な豊かさ、安楽な人生といったものは、快楽的なウェルビーイングの向上にはつながるが、意義深い人生とは関係ないということだ。わたしたちのほとんどにとって、幸福主義的な満足をもたらしてくれる人生、**意義深く、自分より大きな何かへの献身が含まれる人生こそが、真の幸福の定義**なのだ。

この2つのウェルビーイングの違いは、たいていわたしたちの細胞にも書き込まれている(xxiv)。心理学者のバーバラ・フレドリクソンと、遺伝学者のスティーヴン・コールは、84人の参加者を対象に、自己申告による幸せと意義深さの分析を行った。

いい気分による幸せを計測するために、2人は「どれくらいの頻度で幸せを感じますか?」「どれくらいの頻度で満足感をもちますか?」「どれくらいの頻度で人生に興味があると感じますか?」といった質問をする。快楽的なウェルビーイングにかかわる感情を報告することが多い人ほど、幸福度も高くなる。

そして意義深さを計測するときは、自分よりも大きな何かに対する指向がわかるような質問をした。たとえば、「どれくらいの頻度で自分の人生には方向性があると感じますか?」「どれくらいの頻度で、自分がより成長し、よりよい人間になれるような挑戦を経験しますか?」「どれくらいの頻度で、自分には社会に貢献できる何かがあると感じますか?」といった質問だ。

参加者たちの幸せのレベルと意義深さのレベルを計測すると、フレドリクソンとコールは次に、参加者たちの体内でどの遺伝子が発現しているかを調べた。遺伝学者のコールは、この研究を行うにあたり、さまざまな種類の慢性的な困難に関連する遺伝子の発現を前もって見つけておいた。

愛する人を失った悲しみ、経済的貧困、孤独、戦争を経験すると、肉体は「闘うか、逃げるか、動かないか」のモードに入る。危機や離別、つながりの切断を察知した神経系の反応パターンだ。肉体が危機を察知した状態のままでいると、2つの明確な特徴のある遺伝子パターンが発動する。炎症を引き起こす遺伝子の活動が活発になり、その一方で抗ウイルス応答を引き起こす遺伝子の機能が低下するのだ。

言い換えると、わたしたちの肉体は、困難や孤独を予測すると、バクテリアによる感染症に備え、全般的に幸福で社会とのつながりを感じているときは、ウイルスによる感染症に備えるということだ。

遺伝子のパターンを見ると、人類の進化の過程がわかる。いつも孤独で、ひとりでいることによる悪い影響を受けていた太古の人類は、傷口からバクテリアが入り、感染症にかかることが多かった。その一方で、群れで生活する太古の人類は、さまざまな他人と接触することによってウイルスに感染することが多くなる。この遺伝子の働きはわたしたち現代人にも受け継がれ、ウェルビーイングに関する議論にも直接的に関係しているということだ。

フレドリクソンとコールは、研究の参加者たちの遺伝子を調べた結果、驚くべき発見をした。**幸せのレベルは高いが、意義深さのレベルはきわめて低い、あるいはゼロという参加者は、悲しみや孤独といった慢性的な困難を抱えた人と同じ遺伝子パターンをもっていたのだ。**彼らの肉体は、たとえ物理的な快楽を頻繁に感じていても、炎症を起こしやすい遺伝子をもっている。

進化の観点で考えると、快楽をもたらしてくれるが意義はない経験は、それがアルコールでも、ドラッグでも、行きずりのセックスでも、あるいはオンラインショップで「購入」ボタンをクリックすることでも、肉体にとっては慢性的な困難と同じだということだ。

現在、炎症は、心臓病や、多くの種類のがんなど、深刻な病気との関連が指摘されている。それなのに、この研究の参加者のうち、幸せのレベルが高く、意義深さのレベルが低い人は75パーセントにのぼり、その一方で「幸福主義優位」（幸せよりも意義深さのレベルのほうが高い）人はわずか25パーセントしかいなかった。

たしかに豊かな先進国の多くは、物質的なウェルビーイングを何よりも重視する傾向があるが、意義深い人生が健康に与える効果は否定しようがないだろう。**人生に強固な目的意識がある参加者は、たとえ快楽主義的な幸福を強く感じていなくても、ストレス反応や炎症プロセスを抑制するような遺伝子の発現が見られる。**

負傷しても孤独にバクテリアによる感染症と闘わなければならなかった祖先たちとは違い、彼らの免疫システムは、群れに所属し、多種多様な人々と接触することによるウイルス感染症と闘う方向に変化した。肉体にはその違いがわかる。この現象のなかに見えるのは、心拍変動という進化の反響だ。

他者とつながっているという感覚に呼応して動的に鼓動する心臓は、肉体的・精神的なウェルビーイングを大きく向上させるコヒーレンスを生み出す。その一方で、つながりの断絶を感じている心臓は、他者の心拍を感じないために自分だけの硬直したリズムで鼓動し、その結果、心血管や呼吸器の機能が低下し、そのほかの疾患にもかかりやすくなる。

自分がどんな成功を目指すのかということを考えるときは、このような健康に関する発見も考慮する必要があるだろう。自分の欲求に気づいたら、たとえば「この欲求の下には何が隠れているのだろう?」と自分に尋ねる。

この欲求は、もっとも深いウェルビーイングにつながるものだろうか? この欲求は、自分のまわりの人たちにとっても利益になるか? 他者とのつながりを強化してくれるか？　この欲求は細胞のなかでどのように生きているか？　自分の肉体的・精神的・感情的なウェルビーイングに対して、どのような長期的な影響があるだろうか？

自分の意図を実現していく過程で、自信をなくしたり、恐怖に襲われたり、自分が偽者《にせもの》のように感じたりすることもあるだろう。これは、未知のものに遭遇した精神にとって普通の反応だ。自分には状況を変える力があると信じていないと、恐怖に根ざした潜在意識の習慣に縛られた状態になる。

自分自身や、まわりの世界に対してこのようなネガティブな思い込みをもっていると、見ることのできる未来の可能性も制限される。そうやって自分に対するビジョンに限界を設けることで、自分にアクセスできる欲求を決めつけてしまっているのだ。

ネガティブな思い込みのせいで、ちっぽけな目標や、本当は望んでいない目標でもしかたなく納得してしまう。自分には何かを手に入れる能力がある、あるいは手に入れる価値があると信じていないと、それを欲しがるのはとてもつらいことだ。

そこでステップ3の出番となる。ステップ3では、マニフェステーションでよくぶつかる障害や思い込みを詳しく検証し、コンパッションの心でそれらに対処する方法について見ていこう。

Chapter 5

Step3:
頭のなかにある障害を
とり除く

古い習慣、偏見、自分に限界を設けるような思考プロセスという呪縛、さらには通常の思考そのものからも、精神を解放しなければならない。

――ブルース・リー

わたしは12歳のときに、はるか上空を旅したことがある。

それも、自分のベッドのなかで。

わたしは毎週、兄と一緒に家を出ると、公立図書館に面した道にぶつかるまで線路の上を歩いていた。南カリフォルニアの熱気が鉄の線路の上に立ちこめ、わたしたちのスニーカーの下で砂利が音を立てる。エアコンの効いた図書館に入るといつもほっとした。わたしたちは書棚を見て回り、そして貸出しの上限である10冊をそれぞれが選ぶと、また同じ線路を通って家に帰り、兄弟で共有している寝室で借りてきた本を読んだ。

2人の進む道は違っていたが（兄はビジュアルアーティストとしての才能を開花させ、さらにゲイのティーンエイジャーというアイデンティティを発見しようとしていた）、それでもわたしは、こうやって2人で一緒に何かを行うことができてうれしかった。線路の上で兄の少し後ろを歩くときに感じた喜びを、いまでもよく覚えている。2人とも、両手に重たい戦利品を抱えていた。

ある夏、ハーディ・ボーイズとシャーロック・ホームズのシリーズをすべて読んでしまったわたしは、図書館でスピリチュアルの本を集めた棚を見つけた。予言者のエドガー・ケイシー、ヨガナンダとスワミ・ヴィヴェーカーナンダという2人の偉大なヨギ、そしてエッカンカーという宗教運動を創始したポール・トゥイッチェル。このエッカンカーは、魂の経験は肉体の経験とは違うかもしれないという教えの宗教だ。

そしてついに、わたしはペルー系アメリカ人の神秘主義者、カルロス・カスタネダを発見し、彼の最初の著作である『ドン・ファンの教え』（太田出版）を読んだ。

当時のわたしは、過酷な家庭環境から一刻も早く逃れたいと切望していた。現在の環境を超越するというカスタネダの考え方に強く惹かれたのはそのためだ。まわりに指導してくれる大人はいなかったので、わたしはひとりで、「魂の旅」という肉体を離れる経験を実験してみることにした。

ある夜、わたしはベッドに横たわり、呼吸のプラクティスを行うと、別次元の現実に到達する魂の旅に挑戦してみた。最初は何も起こらなかった。すると、喜びと不安が混ざったような感覚になり、意識が肉体を離れるのを感じた。

わたしの意識は、プラスチック製のG・I・ジョーの人形が並んだ窓枠を見おろすと、窓を抜けて外に出た。そして木の枝に座り、ベッドの上に寝ている自分の姿を見た。２つの場所に同時に、２つの自分が存在するという不思議な感覚に襲われる。それは怖くもあり、同時に爽快でもあった。それに、わたしが切望していた自由と自立に到達する道でもあるように感じられた。

その16年後に、わたしがしたような体験をＣＩＡが正式にレポートにまとめ、スパイ活動に応用するのを目指したと知ったら、子どものわたしはさぞスリルを感じたことだろう。ＣＩＡが目指していたのは、複数のエージェントが同時に魂を体外に飛ばし、遊離する意識でソ連の軍事プロジェクトを監視できるようになることだ(xxv)。しかしあの当時は、こんなことをしているのは自分だけだと思っていた。

人間は子ども時代から青年期にかけて自我が形成される。いまから思えば、あのときのわたしは、広い世界を生きていくのに必要な強さやリソースを、自分のなかに探していたのだろう。顕在意識と想像力を使ったあの旅を通して、わたしは生まれてはじめて、マニフェステーションの片鱗に触れていたのだ。

魂の離脱に成功したことに気をよくしたわたしは、さらに遠くまで行ってみたくなった。そこでわたしが挑戦したのは、「アストラル投射」とも呼ばれているある方法を使って、存在の違う次元にまで到達することだ。この旅のことは誰にも秘密にしていた。兄にさえ話さなかった。そのためわたしには、「もっとゆっくりやりなさい」とアドバイスしてくれる教師もメンターもいなかった。

窓の外にある木や、地球上に物理的に存在するランドマークの上に座るだけでは飽き足らず、わたしの魂はさらに上の次元にまで飛んでいった。あまりにも高くのぼったために、ベッドに横たわる自分の姿が見えなくなった。

最初の段階は、完全な漆黒だった。下の世界はもう意識のなかに存在しない。そこでわたしは、漆黒のなかを移動し、もっと別の、さらに遠くにある場所にまで行けることに気がついた。完全に霧に包まれた次元に到達すると、ある場所で強烈な愛とつながりを感じたかと思えば、別の場所では正反対の感覚になる。

それに加えて、自分のまわりにさまざまなスピリットの存在を感じることもできた。それらのスピリットからは、脅威と悪意を感じる。あれはたとえるなら、濃い煙が立ちこめる部屋のなかを動いているような感覚だった。すべてのものは形を失っているが、首元に忍び寄る冷たい悪意は感じることができる。

当時のわたしには、この状況を説明してくれるガイドがいなかったので、この魂の旅は恐怖の体験になることが多かった。そして目を覚ますと、自分の身体が麻痺してしまったように感じる。自分の魂があのスピリットたちに乗っとられてしまうのではないかと、怖くてたまらなかった。胸が締めつけられ、呼吸するのも難しいほどだった。ときには恐怖のあまり叫び声をあげ、兄を起こしてしまうこともあったが、兄はただ悪夢を見ているだけだろうと考えていたようだ。

あなたはこれを読みながら、わたしのこの状態は「ヒプナゴジアの幻覚」ではないかと思っているかもしれない。ヒプナゴジアとは、覚醒から睡眠に移行するときの半覚醒状態のことだ。この状態になると、まわりの環境に対する意識は消えるが、脳幹はまだ覚醒しているために、五感が現実ではないさまざまな経験を感知することがある。

当時のわたしが気づいていなかったのは、この体験によって、意識的に扁桃体と協調するためのレッスンを、生まれてはじめて受けていたということだ。扁桃体とは大脳辺縁系の一部であり、恐怖や不安などの感情を制御するという役割がある。そして、扁桃体がマニフェステーションで果たす役割は、脳内にインプットされる刺激が最初に遭遇する門番になることだ。

魂の旅はとても恐ろしい体験だったので、あらゆる精神の訓練を数年にわたってやめていたことがある。次にわたしがはじめたのは、あの恐怖の体験を自分のなかで処理し、あそこまで恐怖を感じてしまう原因を探ることだった。そしてついに、また旅をはじめる自信がつき、精神の訓練を再開すると、前よりも少し強くなり、少し大人になったわたしは、また高い次元にまで上昇し、濃い霧のなかを飛び回るようになった。

あの「邪悪なスピリット」の存在を感じることもあったが、わたしの反応は以前とは違っていた。そのころのわたしは、自分のなかにある弱さがそのような「邪悪な存在」を現実化しているのだということを、直感的に理解していた。わたしのなかにある未知のものを恐れる気持ちや、生き残りたいのに自分は無力だという感覚から生まれる攻撃性から、あの邪悪な存在が出現していたのだろう。つまり簡単に言うと、わたしは自分自身の恐怖を恐れていたということだ。

コンパッションの感情があれば、脅威を与える存在が近づいてきても、自分のなかにある追放されていた部分を自覚して、抵抗するか、それとも受け入れるかを選ぶことができる。その瞬間、煙の充満した部屋のなかにいる、かつてわたしを怖がらせた影の存在が、ただわたしのなかに入ってくる。そしてわたしは、それを全身で受け入れ、もう恐れてはいない。

抵抗をやめると、恐怖を感じなくなる。そしてその結果、影の存在がわたしのなかに統合され、それはわたしの一部だったと知ることができた。ただそれに、わたしの人生のハンドルをにぎらせなければいいだけだ。それに加えて、ある次元においては、その存在がわたしの生存の助けになっているということも理解できた。

いまのわたしは、この経験がマニフェステーション全体にとってカギになったということを理解している。なぜならこれをきっかけに、扁桃体との協調を学ぶようになったからだ。訓練を重ねれば、肉体の生存を助けるという扁桃体の本来の役割を果たしてもらいながら、扁桃体に影響を受けない意思決定は可能だと理解できるようになる。とくに**大切なのは、注意を向ける先を扁桃体に決めさせないこと**だ。

この先の章でも詳しく見ていくように、マニフェステーションのカギになるのは、意図する対象に自分の注意を向け（これを「選択的注意」と呼ぶ）、集中を妨げる対象や経験から注意を遠ざける能力だ。自分で選んだ対象に注意を向けるのは、内なる力にとってカギとなる要素だ。感情が発動せず、ただ客観的に自分の経験を眺めるスキルが高まるほど、現実化したい対象に注意を集中するスキルも高まることになる。

何かの出来事に対して抵抗すると、それが物理的な出来事でも、感情の出来事でも、その抵抗が扁桃体への刺激になる。すでに見たように、どの刺激に注意を向けるべきかを決める脳内の部位を顕著性ネットワークと呼び、扁桃体はその顕著性ネットワークと深いかかわりがある。

顕著性ネットワークは、五感を通して脳にインプットされる情報をつねにフィルターにかけ、そのなかからもっとも重要で、処理・反応しなければならない情報を瞬時に選別している。

大脳辺縁系の一部である扁桃体は、ただ肉体の生存のためだけに、すべての認知リソースを瞬時に方向転換させる力をもつ。より大きな恐怖を感じる出来事であればあるほど、扁桃体は、その出来事の顕著性がとても高く、脅威もとても大きいというメッセージを受けとるのだ。反対に恐怖が小さいほど、脅威の顕著性の発動も弱まり、自分が選んだ対象に注意を向けられるようになる。

ネガティビティ・バイアスから逃れるには

簡単に言うと、マニフェステーションを成功させたいなら、「お前にそれはできない」と告げる頭のなかの声のボリュームを下げなければならないということだ。この内なる批判者から自由になるには、まずその正体を突きとめ、それが意識のなかで果たしている機能を正確に知らなければならない。

内なる批判者の正体をよく知るには、交感神経系の役割をおさらいするといいかもしれない。交感神経系がある主な場所は脳幹だ。交感神経系は脳のなかでもっとも古い部位であり、数百万年前から存在する。基本的に、交感神経系の仕事は、太古の人類が暮らしていた環境で生存する確率を上げることだ。つまり、人類という種の生存に直接かかわる機能であり、そのためわたしたち人類とは切っても切れない関係にある。

太古の人類にとっては生き残りのカギだった交感神経系は、現代のわたしたちの潜在意識も支配し、わたしたちの生存のために必要だと信じていることを実行している。

それに加えて、わたしたちの祖先がアフリカのサバンナで暮らしていたころなら、交感神経系はたしかに頼りになる存在だったが、現代社会に暮らすわたしたちの多くにとっては、頭のなかのネガティブな会話でしかない。

ある意味で、ネガティブ思考は、人類という種が最初に獲得した言語であるとも言えるだろう。たしかに難しいことではあるが、祖先たちとは違う環境に暮らすわたしたちは、ゆっくりと新しい言語を獲得していく必要がある。

ここでの問題は、かつて目の前に迫った肉体的な脅威からわたしたちを守るという役割を果たしてくれた交感神経系が、現代の世界では、日常的に遭遇する小さな脅威から自己、意識を守るという働きをしているということだ。

トラに襲撃されたのであれば、交感神経系によって発動する闘争反応のおかげで助かることもあったかもしれない。しかし現代のわたしたちが脅威と感じるのは、「自分はここが足りない」と自分が思い込むことであり、そして交感神経系の過剰な反応によって、必要以上に大きな羞恥心や劣等感を抱いてしまうのだ。

内なる批判者の声の大きさや、それがもたらす関係性の脅威（「まわりの人がどう思うだろう？」「自分は身のほど知らずなのではないか？」）は、太古から続く交感神経系の力から生まれ、そしてそれが現代社会では、慢性的に間違った使われ方をしている。かつては頼りになった存在も、不幸な変貌を遂げた結果、内なる批判者という迷惑な存在になってしまったのだ。

そして、マニフェステーションを目指すわたしたちにとってとくにやっかいなのが、「ネガティビティ・バイアス」だ。**ネガティビティ・バイアスとは、ポジティブな情報よりもネガティブな情報のほうに大きく反応する傾向のこと**であり、このバイアスによって危険を知らせる警告がより顕著な情報として注意を向ける対象になる。

これを交感神経系の視点で考えると、ポジティブな情報は生存になんの関係もなく、そのため脅威ほど注目する価値もないということだ。世の中のニュースのほとんどがネガティブな内容で、ポジティブな内容がほとんどないのもこれで説明できる。

人類の進化における副作用の1つは、人類という種として成立していく過程で、自分自身に関するネガティブな言説が、脳内で実際の脅威と同じように分類されたことだ。その結果、本来ならとるに足らないネガティブな言説が、分類システムのエラーによって何か重要な情報と判断され、脳内で必要以上に大きな存在になってしまう。

人類という種の知性が発達した結果、思考がネガティビティ・バイアスにハイジャックされ、根拠の薄弱な比較やつながりを勝手に脳内でつくりだすようになった。もしあなたが、「わたしはこれができない」「わたしはあれが怖い」「もしこれをしたら、きっとこうなって、次にああなるだろう」などと自分に向かって語りかけているのなら、それはある意味で自分を守ろうとしているということだ。

しかし、この態度がさらにエスカレートすると、「わたしには何もできない。わたしは人としてダメなんだ」という言葉を、自分にかけるようになってしまう。

本来は基本的な生存メカニズムでしかなかったものが、いまや個人のアイデンティティに変異してしまった。まるで自分が考える欠点や失敗が自己と同化し、自分の力ではコントロールできないものであるかのようだ。しかし実際のところ、これはわたしたちの肉体と精神が、強力なネガティブ感情の依存症のような状態になっているだけだ。

恐怖、不安、絶望といったネガティブ感情は、かつては自分を守るためにたしかに必要だった。そのため、恐怖への依存、ちっぽけな自分という感覚への依存がひとつに合体し、もはや分離するのが不可能になっている。その結果、いまのわたしたちは、セルフエージェンシーが制限される牢獄に、自分で自分を閉じ込めたような状態になっている。内なる批判者のネガティブな言葉を信じるたびに、自分でつくった牢獄をさらにレンガで補強しているのだ。そして、ネガティブな言葉が増えるほど、牢獄の壁も高くなり、牢獄のなかは暗くなる。牢獄のなかにいるわたしたちは、壁がどんどん自分に迫ってくるように感じる。その結果、自分に向けられたネガティブな言葉をすべて信じ、変化を起こす力、マニフェステーションを起こす力をすべて放棄してしまうのだ。とても意味のあることを言っているようで、じつは何も言っていないこのネガティブな声に、全面降伏の状態になっている。

1つ例をあげよう。ヘルスケア業界のエグゼクティブを対象に、インポスター症候群に関する講義を行ったときのことだ。50代の女性が立ち上がり、震える声でこう言った。「わたしは父親から、お前は何者にもなれないといつも否定されていました。父が間違っていることを証明しなければならなかった」

彼女は現在、看護学で博士号を取得し、登録看護師として立派に働いている。しかし、父親の言葉がずっと頭から離れなかった。

子ども時代にこのようなネガティブな体験をすると、たしかにそれがのちの人生で努力する原動力にもなるのだが、きわめて不健全な力だと言わざるをえない。ネガティブな言説は、わたしたちの脳に埋め込まれる。ネガティブな言葉のせいで、能力を十分に発揮できずに終わってしまった人は、本当にたくさん存在する。ネガティブな言葉に一生つきまとわれると、たとえ「成功した」キャリアを築いたとしても、虚しさが消えず、決して満足できない。頭のなかでくり広げられるネガティブな対話から逃げることができないからだ。

さきほどの女性が父親から言われた言葉を、次のような言葉と比べてみよう。

「いいかい、わたしはあなたを愛している。あなたはわたしの知るなかでもっとも賢い人の1人だ。あなたは意志が強く、がんばり屋で、頭がいい。だからやりたいことはなんでも達成できる。あなたのことがとても誇らしい。あなたにはできると確信している。この先何があっても、わたしはあなたの味方だ。それを忘れないでほしい」

こう言われて育った子どもは、目標を追求する過程でなんらかの障害にぶつかったとしても、頭のなかのネガティブな声に非難されることはないだろう。彼らはむしろ、障害に正面から立ち向かい、こう考える。

「わたしの両親はわたしを信じてくれた。わたしの友人もわたしを信じてくれた。彼らはわたしの味方だ。わたしにはできる」

ダイヤルを合わせる

内なる批判者について考えるとき、わたしたちはしばしば、それが自分をどんなに悪い気分にさせるか、どんなにわたしたちのやる気をそぐかという点に注目する。しかし実際のところ、内なる批判者のもっとも大きな害悪は、わたしたちの集中力を大きく妨げるということだ。注意力に回すはずのエネルギーが吸いとられ、意図に集中する能力が損なわれる。

たしかに内なる批判者から冷酷に否定されるとやる気がそがれるが、それはポジティブで健全な人生の目標に向かうはずの認知リソースが盗まれ、ほかのところで使われてしまうからだ。内なる批判者は、「闘うか、逃げるか、動かないか」のシステムから力を吸いとり、わたしたちの顕著性ネットワークをガチガチに拘束している。

すでに見たように、顕著性ネットワークの役割は、注意を向ける価値のあるものを見定めることだ。目標に向かう集中力を奪われ、そのせいで目標が達成できないという結果に終わると、内なる批判者は大はしゃぎでわたしたちを罵倒する。これで悪循環の完成だ。

生まれたばかりの人間はまだ習慣の影響を受けていない。オープンで、柔軟で、なんの

「条件づけ」も存在しない状態だ。しかし生まれて間もなくすると、外の世界とのかかわりからさまざまな経験を積み重ね、自分のなかに思い込みを蓄積していく。

なかでもとくにしつこく残るのは、ネガティブな思考や経験だ。それはたとえるなら、精神という壁に貼りつけた付箋紙《ふせんし》のようなものだ。付箋紙の1枚には「わたしには能力がない」と書かれていて、また別の1枚には「わたしは頭がよくない」、さらに別の1枚には「わたしは父親に嫌われている。だからわたしには誰かに愛される価値はない」と書いてあるかもしれない。

付箋紙に書かれたこれらの言葉は、すべて過去のある経験から導き出された結論だ。もう過去の出来事なのだが、発達段階の初期にある脳は、外部からの影響を受けやすいために、それらの経験を絶対の真実として脳に埋め込んでしまう。

そして、ネガティブな刺激に対して強く反応する「闘うか、逃げるか、動かないか」のシステムが強力な接着剤となり、付箋紙のメッセージは肉体的な生存のために欠かせない情報だと信じるようになる。実際のところ、付箋紙に書かれた言葉は、単なる偶然の出来事でしかない。しかしそれが基盤となって強力な習慣が形づくられると、その習慣に沿ってニューロンの配線が決まる。わたしたちの自己意識は、ニューロンの配線からできているのだ。

そうやって形成されたネガティブ思考は、わたしたちがどこへ行ってもついてくる。あらゆる状況にこのネガティブ思考をあてはめ、その結果、さらにネガティブ思考が強化される。すると最終的に、目が曇って本当のことが見えなくなり、ネガティブ思考こそが唯一の真実だと信じるようになる。

内なる声に耳を傾けると、聞こえてくるのはこのネガティブ思考だけだ。その下にある、オープンで、好奇心旺盛で、感度の高い状態にはまったく気づかない。このウソで固められた悲しい思い込みが、やがてわたしたちそのものになってしまう。自分を見る目、世界を見る目、そして究極的に、自分には欲しいものや必要なものを手に入れる価値があるかということも、このウソで決まってしまうのだ。脳に埋め込まれたネガティブ思考が、わたしたちを閉じ込める牢獄の壁になる。

わたしたちは、ネガティブ思考から生まれるつぶやきや叫びを内面化し、その思い込みから生まれる行動を数え切れないくらいくり返している。その結果、ネガティブ思考が潜在意識にインストールされ、自分でも気づかないうちに、すべての行動がネガティブ思考に支配されるようになった。そして、まわりの環境とかかわるときは、いつもネガティブ思考の影響下で行動しているために、ほかの人たちもわたしたちにアクセスすることができなくなる。彼らもまた、このネガティブ思考にだまされているのだ。

ネガティブ思考の下に隠れているのは、生き生きと光り輝く「本当の自分」だ。わたしたちの誰もが、愛と思いやりの心にあふれ、すでに完全な部分を、自分のなかにもっている。その本当の自分の姿が見えなくなり、本当の自分とのつながりが断ち切られると、本当に必要なものを指し示し、それを手に入れる方法を教えてくれる内なるコンパスを見失うことになる。

ネガティブ思考にとらわれていると、光り輝く本来の自分が見えなくなるだけでなく、その光を遮《さえぎ》る牢獄の壁がマニフェステーションの妨げにもなる。

本当の望みを現実化しようとすると、その過程でどうしても避けられないのは、ネガティブ思考の付箋紙がわたしたちを一斉に睨《にら》み、昔の物語を投げつけてくることだ。自信のなさや、自分には能力がない、自分は偽者だということを、わたしたちに思い出させようとする。

わたしたちのなかでは、ネガティブ思考が、あの悪名高い「内なる批判者」として出現する。内なる批判者は、冷酷で恐ろしい存在であり、その大声でわたしたちを萎縮させ、夢に向かう意欲を奪う。

わたしたちの多くにとって、欲しいものを現実化するために必要な内なる力にアクセスするとき、もっとも大きな障害になるのは、このネガティブな内なる声であり、そしてこの声によってかき立てられる恐怖心だ。

内なる批判者は、「お前にはできない」と言い続ける。慢性的なストレスという列車から飛び降り、未知の世界に飛び込む勇気はないだろう、と。しかしその未知の世界こそ、ポジティブで、わたしたちを癒やし、自由にしてくれるのだ。わたしたちを目指す場所に連れていってくれる力は、未知の世界のなかにある。

肉体の解放への道

幼少期に確立されたネガティブな思い込みは、たいていは潜在意識のなかに残り、大人になっても引き継がれている。それは進化のメカニズムから考えると自然なことだが、だからといってネガティブな思い込みに人生を支配される必要はない。

人間が生きていくうえで直面する大問題は、まだ自己意識が未発達のうちに、習慣の大部分が確立されてしまうということだ。やがてこの事実に気づくころ（気づくきっかけは、たいてい人生が思い通りにならないことだ）、自分の人生を支配していた潜在意識のパターンをついに発見する。そのパターンこそが、自分の態度や行動を決める原動力だ。

思い込みの元にあるネガティブ思考がどこから来たのかわからなければ、その罠から抜け出すのは難しい。なぜならよかれ悪しかれ、人間の肉体と精神にとっては、幼少期の経験を参照にするのが自然なことだからだ。

幼少期に感じた安心と安全（あるいは、それらがない状態）が基盤となり、大人になってからの世界とのかかわり方が決まる。たとえ自分では気づいていなくても、それらが意識に与える力は強大だ。過去のトラウマ体験と関連する五感のインプットがあると、それが「感情を呼び起こす合図」となり、どんなに単純なインプットであっても、まだ解決されていない過去の感情が一気に噴き出してくる。

研究によると、脳内で時間の感覚があるのは高いレベルの部位だけだ。体温や心拍数を司る脳幹には、時間の経過を処理するようなネットワークが存在しない（xxvi）。これが何を意味するのかというと、過去のトラウマ体験が体内で活性化され、脳が完全な生存モードに切り替わると、この感情も時間がたてば消えるということがわからなくなるのだ。赤ちゃんと同じように、これを永遠に続く感情として経験する。それらの感情は生存本能と結びついているために、本能的な行動を引き起こす。そしてときにはそれが、暴力的で非合理的な行動になる。

つまり、現実化したい意図に精神を集中するためには、原始の神経系を落ち着かせ、成長のために必要な健全なリスクをとっても大丈夫だと安心させなければならない。

ネガティブな思い込みの多くは、人格が形成される幼少期に刷り込まれているために、その思い込みをとり除くには生物学的なとり組みが必要だ。ありがたいことに、進化に関する最新の知見のおかげで、習慣的なネガティブ思考から抜け出す方法が発見された。その**最新の知見とは、「哺乳類のケアギビングシステム」**だ(xxvii)。

マニフェステーションを生理学的に分析したときにも見たように、爬虫類から哺乳類に進化するには、肉体の構造を大幅に変える必要がある。もっとも大きな変化の1つが、背側迷走神経の進化だ。これは大型の神経で、内臓と、脳の中央制御システムをつなげる役割があり、「休息と消化」反応を司っている。

この進化によって、哺乳類の親は、子どもを養育するということが可能になった。親はかなりの労力をかけてまだ無力な子どもを守り、大人に育つまで安全な環境を提供する。迷走神経は、「いま、自分は大丈夫だ」という合図を全身に送る能力があるために、マニフェステーションの生理学的なプロセスでもっとも大きな役割を果たすようになったのだ。

「いま、自分は大丈夫だ」という安心感があると、内なる批判者の天敵である「セルフコンパッション(自分に対する思いやり)」を育てることができる。脳には「神経可塑性」と呼ばれる奇跡のような力がある。神経可塑性とは、脳の構造を物理的に変える力のことだ。

この力のおかげで、セルフコンパッションのプラクティスを行えば、ケアギビングシステムの神経の通り道をつくりだすことができる。そしてその結果、無力な幼少期に与えられなかった愛、ケア、つながりを、大人になってから意図的に自分に与えることができるのだ。

そのうえで、ネガティブ思考の付箋紙と対峙する。付箋紙に書かれた言葉を優しく意識にとり入れ、自分は無条件に価値を認められている、愛されている、大切にされていると感じることができる安全地帯を自分に与えることができる（xxviii）。そのときはじめて、付箋紙がわたしたちの意識から消えていくのだ。

親が幼い子どもに対して抱く不安や心配を、自分自身にも向ける。わたしたちに備えられたケアギビングの機能を、自分自身に対しても使う。これがセルフコンパッションだ。

セルフコンパッションには、わたしたちのなかにある、つねに安全ではない、愛されていないと感じさせている部分を癒やす力がある、そしてその部分は、癒やしの力で知恵とコンパッションを生み出す重要な源泉に姿を変え、生み出された知恵とコンパッションは他者と共有される。

他者とつながり、苦痛を共有する力も、マニフェステーションの助けになる。目標に向かう道では、他者のサポートを受け、あきらめずに前に進むことが必要になるからだ。

思い込みの力

習慣的なネガティブ思考は「できない」という思い込みにつながり、それが人生を限界のある小さなものにしてしまうことが多い。こういった思い込みは、たいてい幼少期に形成される。難しい環境や、過酷な環境に対処するときは役に立ってくれたかもしれないが、問題は、歪《ゆが》んだ認識から生まれていることが多いという点だ。子どもだったわたしたちは、現実をきちんと理解できず、つらい思いをしているのは自分が悪いからだと考えてしまう。

ネガティブな思い込みは、まわりの世界に対するものもあれば（「世界は残酷で愛のない場所だ」「人生は不公平だ。だからがんばってもしかたがない」）、自分に対するものもある。自分に対するネガティブな思い込みほど害になるものはない。自分のなかに根づいた思い込みを変えるのはとても難しい。しかし、この歪んだ世界観から自由になることができれば、空いた場所に今度はポジティブな思い込みを埋め込み、マニフェステーションにエネルギーを与えることができる。

シャンカル・ヘマディィは、わたしがスタンフォード大学ではじめたコンパッション・トレーニング講座の参加者だ。彼はムンバイの郊外で生まれ育った。父親の仕事は郵便配達で、母親は家で働いていた。母親は家族から虐待を受け、PTSDと慢性的なうつ病を患《わずら》っていた。シャンカルによると、彼の子ども時代は、経済的に困窮していただけでなく、社会的にも貧困だった。

親戚たちは、もしいい学校に行っていたら、いい先生に恵まれていたら、あるいは近所の人たちに恵まれていたら、シャンカルもいい人生が送れただろうとよく言っていた。しかし、そのような人脈を見つけるのは簡単ではなかった。シャンカルは幼いころから、「何もかもが足りない。十分でない」と思い込んでいた。そして悲しいことに、それが「自分は十分でない」という思い込みに変化していった。

「輝かしい未来、ポジティブな未来を想像するのはとても難しかった」と、シャンカルは言う。

とはいえ、まわりの人からの親切や手助けをまったく経験しなかったわけではない。たとえばシャンカルが小学校1年生のころのことだ。母親は病気のために朝食をつくれないこともあった。そんなときは、軽食代としていくらかのお金を彼にわたす。金額は10パイサほどで、アメリカの通貨に換算するとわずか1セントだ。そして休み時間になると、シャンカルは学校の警備員の1人にお金をわたし、外の市場で食べるものを買ってきてもらう。

シャンカルの担任の先生が、ふとしたきっかけでこのことを知った。警備員の話では、シャンカルからわたされた金額では、チョコレートやクッキーを買うことならできるが、きちんと栄養のある食事を買うことはできないという。そこで担任の先生は、自分のお金を警備員にわたし、シャンカルがレーズンやナッツ、果物など、栄養のあるものも食べられるようにした。

ある日、学校を訪れたシャンカルの母親は、息子が健康的なものを食べていることに気づき、担任の先生が自分のお金を出してくれていることを知った。シャンカルにとって、これは他人の親切に触れた最初の出来事だった。しかし、他者の善意を心から信じられるようになったのは、大人になってからのことだった。

シャンカルが暮らす地域には、彼の才能を見込み、集中力を高める呼吸法を教えてくれる人もいた。シャンカルがいずれ成功し、地域に貢献できる人になることを願っていた。シャンカルには、ネガティブな頭のなかの声を無視し、意図に集中できる能力があった。

そのおかげもあり、名門のインド工科大学に合格すると、経済的に成功したエンジニアへの道を歩みはじめた。その後、アメリカの西海岸に移り住み、起業家として活躍するようになる。最初は電子機器の会社をつくり、その後はバイオ医薬品の分野で起業した。彼が目指していたのは、患者にとって安全ながん治療薬の開発だ。

経済状態が安定してくると、シャンカルのなかでは、「お前には他人にお金をあげるような余裕はない」という声が聞こえるようになった。自分も家族も、ずっとお金のない生活をしてきたのだから、と。シャンカルはまだ、子どものころの「十分でない」という感覚に追いかけられていた。

そこで彼は、静かな瞑想の時間をつくることにした。そんな瞑想の間、小学生のときに経験した担任の先生の親切を思い出し、今度は大人の目でその出来事を眺めてみることにした。いまから思えば、当時の先生の月給は10ドル程度だっただろう。そして、シャンカルが健康的な食事ができるように、誰にも言わずに出してくれていた金額は、月給のかなりの部分を占めるはずだ。

担任の先生は、自分が十分にもっていなくても他人に与えていた。その大いなる利他精神に気づいたシャンカルは、思わず涙を流した。この気づきをきっかけに、彼はついに、「十分でない」という深く根づいた思い込みから自由になり、自分も他人に与える人生を歩むようになった。

シャンカルは現在、世界各地の貧しい村で、テクノロジーと感情コントロールを指導するワークショップを開催している。幼少期の環境によって植えつけられた「十分でない」という思い込みを、ついに手放すことができたのだ。いまのシャンカルは、自分の才能を生かして、自分は見捨てられた、忘れられたと感じているほかの若い人たちを助け、彼らが才能を開花するのをあと押しするという、昔からの夢に集中できるようになった。

Practice

ネガティブな思い込みをポジティブな思い込みに変換する

自分に対するネガティブな思い込みはマッシュルームのようなものだ。それは暗闇のなかで成長する。だからこそ、ときには思い込みを自分の頭のなかという暗い場所から外に出し、明るい光のなかで本当の姿をきちんと見ることが大切になる。ここで紹介するプラクティスを行えば、自分の足かせになっている思い込みを見つけ、もっと自分のためになる思い込みに変えていくことができる。

1. 準備をする

a. ひとりになれる時間を確保し、ペンと紙を用意する。

b. 紙の真ん中に線を引き、それぞれの欄の上に「思い込み」「正反対」と書く。

2. リラックスする

a. 楽な姿勢になる。座ってもいいし、横になってもいい。

b. 目を閉じて、鼻からゆっくり息を吸い、口からゆっくり息を吐く。この呼吸を3回くり返す。この呼吸が自然に感じられ、集中のじゃまにならなくなるまで続ける。

c. つま先から頭のてっぺんまで、全身の筋肉を順番にリラックスさせていく。緊張を手放すことに集中し、リラックスを深めていく。全身が穏やかさに包まれ、心から安心できる状態になる。

3. いい気分を思い出す

a. 大切にされた、無条件に価値を認められたと感じることができた記憶やイメージを思い出す。その経験をポジティブな感情で満たし、心臓からほかの臓器、四肢《しし》へと流れていくようすを想像する。

4. ネガティブな思い込みについて考える

a. 自分自身や、自分の人生に対する思い込みで、自分にとって害になっているものをいくつかあげる。

b. 自分は安全が確保された状態で、木のてっぺんか高い崖の上、あるいはバルコニーにいて、眼下にそれらのネガティブな思い込みが集まっているようすを想像する。

c. それらのなかからおなじみの思い込みをいくつかあげる。たとえば、「わたしにはできない」、「わたしは損ばかりする」、「わたしは傷つきすぎた」など。

d. 善悪の判断や批判は加えず、ただそれらの思い込みを客観的に眺める。思い込みのせいでつらい気持ちになっても、その気持ちを否定しない。

5. 観察したことを記録する

a. 準備ができたら、ゆっくりと目を開け、さきほどの紙をとり出し、「思い込み」の欄に思い込みを書く。自分を点検せず、自由に書く。誤字脱字や、表現の間違いなどは気にしない。本当に自分の思い込みかどうかということも気にしない。

6. 書いたものを見直す

a．紙に書いた思い込みを音読する。読みながら、自分の感情と、肉体的な感覚に注目する。

b．心臓が収縮するように感じるか？　のどがつまるように感じるか？　失望感、怒りの波は？

7．いい気分に戻る

a．ポジティブな感情のイメージに支えてもらいたいと感じたら、いい気分を思い出す。

8．「正反対」を記録する

a．準備ができたら、さきほどの紙をとり出し、「正反対」の欄にとりかかる。「思い込み」の欄を見て、その正反対の内容を書いていく。たとえば、「わたしにはできない」に対して「わたしはできる」、「わたしは損ばかりする」に対して「わたしのなかには状況を変える力がある」、「わたしは傷つきすぎた」に対して「わたしには目標を追い求めるのに必要なすべての時間、愛、サポートがある」というように。

b．自分にとってもっともしっくりくる言葉、正確で生きた表現を探す。最初からすべて正しく書こうとする必要はない。

9. プラクティスをふり返る

a. 書き込んだ紙をしばらく眺める。2つの欄がどう響き合っているか考える。
b. ただ思い込みには正反対の考え方もあると気づくだけで、思い込みを変えることができると理解し、自分がその道を歩きはじめたことを認める。

自由への道を切り拓く

ありのままの自分を自然に受け入れ、他者に対しても批判せず、深い思いやりをもって接している人に出会うと、自分も同じような人になろうと勇気がわいてくる。ルースと出会ったとき、わたしはこんなふうに感じた。

「すごい。ぼくが店に入ると、この人は輝くような笑顔でぼくを見上げた。その瞬間、ぼくはその笑顔に包まれ、心が穏やかになった。ここでは批判されることを心配する必要はない。彼女と一緒にいるときは、いつでもこの無条件の愛を感じることができる。これがぼくの人生のすべてを変えた」

ポジティブな感情は、習慣になっているネガティブ思考から脱出する道を教えてくれる。そのときにカギになるのが、進化が起こした新しいイノベーションである「副交感神経系」だ。

脳内でもっとも声が大きいネガティブ思考は、深い心の傷から生まれる。そしてその傷の多くは、幼少期に養育者との関係で起こったつらい経験が下地になっている。養育者から愛されていない、大切にされていないと感じるような経験だ。

わたしたちが外の世界を安心して探検できるのは、自分には安全な基地があると確信しているからだ。養育者からその安全な基地を与えてもらえないことも、幼少期のつらい体験になる。このようなトラウマ体験が思い込みを形成し、それがやがて、目標を現実化するプロセスで障害になるのだ。

つまり、障害を根こそぎ除去したいのであれば、まず自分自身に安全な基地を与えてあげなければならない。そこにいれば、無条件に価値を認められる、愛される、大切にされると感じられる場所だ。親が幼い子どもを守るように、わたしたちは自分自身を守らなければならない。そしてセルフコンパッションを通して、哺乳類の親がもつ養育者としての本能を、自分自身にも向けなければならない。

ときには、自分ひとりの力では障害をとり除けないこともある。まず他者の思いやりを体験し、思いやりの姿を身をもって知っておく必要がある。

他者からのサポートを得るには？

シルビア・バスケス＝ラバドは、タバコの吸いがらを見ただけで自分がここまでうれしくなるとは想像もしていなかった。

真夜中で、あたりは真っ暗だった。場所はニューギニア島の西部に位置するパプアのジャングルだ。シルビアは道に迷っていた。地元のガイドに連れられて探検ツアーに参加していたのだが、彼女とガイドは、ほかのツアー客と離ればなれになってしまった。もう何時間も、こうして見知らぬジャングルのなかをガイドと2人でさまよっている。あたりの自然は、まるで2人をからかうかのようだった。希望をもたせたかと思ったら、また絶望の淵に突き落とす。日が沈むと、2人はさらに焦ってきた。

「ジャングルで道に迷うのは死を意味するの」とシルビアは言った。

「ドラキュラは真夜中になると出てくるでしょう？　ほかの恐ろしい動物たちもそう。ここで生き残る確率はかなり低い」

皮肉なことに、シルビアはすでにここに来た目的を達成していた。それは、島にある山としては世界最高峰のジャヤ山に登頂することだ。標高4800メートルを超えるこの山は、七大陸最高峰の1つに数えられる。それは2015年のことで、シルビアはすでに、タンザニアのキリマンジャロ、ロシアのエルブルス山、アルゼンチンのアコンカグア、オーストラリアのコジオスコを制覇していた。ジャヤ山は、シルビアにとって5座目の七大陸最高峰だ。

シルビアにとって、登山は単なる娯楽ではない。深い象徴的な意味をもつ行為だ。ペルーのリマに育ったシルビアは、幼少期に性的虐待を受けた。体験そのもののトラウマに加え、家族が事件を隠蔽《いんぺい》したということも、シルビアの心に深い傷を残した。

20代になると、重いうつ病とアルコール依存症の負のスパイラルに陥り、そして恋人である女性との破局も重なった。彼女は自分のセクシュアリティを家族には秘密にしていた。キャリアでは、男性優位のシリコンバレーで成功はしていたが、過去の傷を抱えたままでは、いつかこの傷に呑み込まれてしまうことはわかっていた。

そしてついに、2005年、彼女は藁《わら》にもすがる思いで母親の誘いに応じ、アヤワスカの儀式を行うために故郷のペルーに帰ることにした。その儀式で、彼女はあるビジョンを見た。幼い自分が目の前に現れ、山に囲まれた谷を一緒に歩こうと呼びかけてきたのだ。

このビジョンと、幼い自分とつながった経験をきっかけに、シルビアには新しい生きる目的ができた。地球上に存在する偉大な山に登ることを通して、自分自身を癒やしていくのだ。2014年には「勇敢な少女たち」という名前のNPOまで設立している。このNPOの目的は、幼いころに性的虐待を受けた若い女性に、登山を通して力を与えることだ。

シルビアがパプアのジャングルにやってきたのは、このような使命があったからだ。同行する勇敢な登山家たちとともに、ジャヤ山の頂《いただき》を目指す。計画では、まずヘリコプターで山のふもとまで行き、登頂し、それから地元の村に暮らす部族とともに、7日間か8日間かけてジャングルを歩いて戻ることになっていた。

部族の男性は登山家の荷物やキッチンテントを運び、そして部族の女性はキャンプを設営して食事をつくる。人里離れたジャングルでこのような暮らしを送る村人たちは、数千年前から続く伝統を通して祖先とつながっている。彼らの生業《なりわい》は、養豚とイモの栽培だ。男性はいまでもほぼ裸で、女性の多くは山道を歩くときもずっと裸足だった。

登頂の翌朝、地元の人たちが先に出発した。次の目的地に先に到着し、夜のキャンプの設営をするためだ。そこでシルビアたち一行は、野心家の登山家がよくやってしまう失敗をした。次の挑戦に夢中になるあまり、ほかの人のことを考えずに我先にと出発したのだ。

シルビアは登山で疲れ、この地の山道には適さない靴のせいで足の痛さも抱えていたために、チームからは遅れてしまった。一緒に残ってくれたのは1人のガイドだけだった。シルビアはチームのすぐあとをついていくつもりだったが、ガイドと一緒に出発すると、チームの姿がまったく見えない。

2人は山道を歩き、歩いては戻り、道なき道を進んで手がかりを探したが、何も見つからなかった。まるでほかの人たちが消えてしまったかのようだ。2人はやがて、自分たちが道に迷ったことを悟った。特徴のある木を目印にして進もうとしたが、いつの間にか元の場所に戻ってしまい、似たような木をあと5本発見しただけだった。

日が傾き、シルビアは焦っていた。自分たちは、トレッキングの初心者にありがちな失敗に危険なほど近づいている。それは、「ジャングルで道に迷うこと」だ。「お前は絶対に夢をかなえることはできない」という頭のなかの声は、結局のところ正しかったということなのだろうか？　彼女はやっとここまで来た。いくつもの高い山にも登頂した。それなのに、最後は夜行性の恐ろしい動物に食べられ、死体も残さずにこの世から消えてしまう運命なのだろうか？

夜になった。ヘッドランプの光だけを頼りに2人は道を探し続けた。音を頼りにしようとした。流れる水の音？　きっと川に違いない。しかし、音のほうに向かって歩いても、音はどんどん遠ざかるだけだ。シルビアは、こみあげる恐怖と絶望を必死に押し殺した。ここまで濃い暗闇は経験したことがなかった。まるでブラックホールのなかに入ったかのようだ。彼女にはまだ登頂していない山があった。それに、力になると約束したほかの若い女性たちもいる。

シルビアとガイドは、どうやら道のように見える場所にたどり着いた。しかし、本当に道なのだろうか？　それまでさんざん期待を裏切られてきたので、もう自分たちの直感を信じることができなかった。そのとき一瞬、シルビアの目に何か白いものが映った。近づき、光を当ててよく見てみると、それはタバコの吸いがらだった！

ただの吸いがらで、ただの小さなゴミだ。日常生活でその存在に気づくことはめったになく、しかも珍しい南国の木々が生い茂るジャングルにあまりにもそぐわない。しかしシルビアとガイドにとってこの吸いがらは、自分たちが正しい道を進んでいる証拠だった。5メートル先にもまた吸いがらが落ちている。

まるでパンくずを頼りに家に帰るヘンゼルとグレーテルのように、2人は吸いがらを頼りに進んで行った。さきほどまではすっかり道に迷っていたが、いまは何を目印にすればいいのかがわかる。2人は新しい希望を胸に、また山道を歩きだした。一方、先に出発したチームのほうも、シルビアがいないことに気づき、捜索隊を結成して探しはじめていた。そしてついに、シルビアはチームの懐中電灯の光を見つけ、無事にキャンプに合流することができた。

翌朝、シルビアはまだぐったり疲れていた。前日にジャングルをあてもなくさまよい続け、生存を脅かされてアドレナリンが大量に分泌される経験をしたからだ。それでも、ほかのメンバーは荷造りを終え、出発の準備ができていた。そして、シルビアのようすを確認することなく、その日もまた、シルビアを置いて出発してしまったのだ。

シルビアはそんなチームのようすを絶望的な気分で眺めていた。すると、驚いたことに、地元の女性たちが彼女をとり囲んだ。みな色鮮やかな刺繍《ししゅう》を施した民族衣装を身にまとい、シルビアの前に立つ人もいれば、後ろに立つ人もいる。そして彼女にほほえみかけ、次のキャンプまで送ってあげると言った。シルビアがまた道に迷わないように気にかけてくれていたのだ。

わたしはシルビアと、医者と患者という立場で出会った。彼女は脳しんとうと外傷性脳損傷から回復途上にあり、わたしにリハビリのアドバイスを求めてきたのだ。それ以来、わたしたちはいい友人になり、そして彼女はわたしにこの話をしてくれた。彼女はあのときの女性たちのようすをよく覚えているという。女性たちは目を輝かせ、シルビアに向かって心を開いていた。それを見て、シルビアは理解した。女性たちは、シルビアが助けを必要としていることを理解し、それに対して思いやりの心で応じてくれていたのだ。「あの女性たちはまったくの赤の他人だった。それでもわたしは、彼女たちのなかに、真に無条件の思いやりを感じることができた」と彼女は言う。「彼女たちは、わたしに愛について何かを教えてくれた。それは、愛に言葉はいらないということね」

そして女性たちは、本当にずっとシルビアと一緒にジャングルのなかを歩いてくれた。ほとんど話をせず、ただシルビアが目的地に着くことだけを目指していた。シルビアは、同性愛を公表した女性として、世界ではじめて七大陸最高峰すべての登頂に成功した人物になろうとしていた。そのとき彼女の胸にあったのは、自分は現地の女性たちに支えられ、導かれたという思いだ。

女性たちの無条件の思いやりが教えてくれたのは、この先何度も困難に直面することになるだろうが、そんなときこそ自分自身への思いやりを忘れてはいけないということだ。

Practice

セルフコンパッションの力を高める

多くの人は、自分が自分にとっての最悪の批判者になってしまっている。この批判をバネにがんばり、目標を達成できるということもあるだろうが、自尊心が傷つくという多大なコストも忘れてはいけない。

自分の価値に対するネガティブな感情はつねにわたしたちにつきまとい、心身の健康に深刻な影響を与える。さらに悪いことに、自分に能力はない、自分に価値はない、自分は愛されていない、これからも愛されることは絶対にない、自分は偽者だなどという言葉を浴びせ、自分の可能性を自分で制限してしまう。

わたしたちの誰もが、自分のなかに巨大な力を秘めている。しかし、自分にネガティブな言葉を浴びせることで、自分からその力を手放しているのだ。

わたしたちのなかには、慢性的に「安全でない」「愛されていない」と感じている部分があり、それがわたしたちの成長と成功を妨げている。その部分を癒やす力をもっているのがセルフコンパッションだ。わたしたちのなかにあるその傷ついた部分を、知恵と思いやりの源泉に変え、他者と共有できるようにしてくれる。

次に紹介するプラクティスは、「自分には価値がない」という感情を根本から解決するためのものだ。

1. 準備をする

a. じゃまが入らずにこのプラクティスを行うことができる場所と時間を確保する。

b. ストレスを感じている、何か気がかりなことがある、過去24時間以内にアルコールやドラッグを摂取した、あるいは疲れている状態なら、このプラクティスを行わない。

c. ノートとペンを用意する。

2. 落ち着く

a. はじめる前に、目を閉じて楽な姿勢で座る。少しの間、頭のなかのネガティブな声に好きなようにしゃべらせる。ある特定のイメージや思考にこだわらない。ただ精神をリラックスさせ、ネガティブな声が自分のなかでどのように存在しているかを感じとる。

b．その声を感じる身体の部位を特定できるだろうか？　その声はどんな感覚となって現れるだろうか？

3．2で経験したことをふり返る

a．このネガティブな言葉が、自分をどのように傷つけ、制限しているかを感じとる。ネガティブな言葉と現実を混同してしまっていることに気づく。

b．数分間、この感覚を抱いたまま座る。この思考は自分をどんな気分にさせるか？悲しみ、怒り、無関心、焦りを感じるか？

4．身体をスキャンする

a．目を閉じたまま、背筋を伸ばして座り、鼻からゆっくり息を吸い、口からゆっくり息を吐く。この呼吸を3回くり返す。この呼吸が自然に感じられ、集中のじゃまにならなくなるまで続ける。

b．つま先から頭のてっぺんまで、全身の筋肉を順番にリラックスさせていく。身体をリラックスさせることに意識を集中し、心身ともにリラックスが深まるのを感じる。静けさと穏やかさに全身が包まれていくのを感じる。

c．心が温かくなり、自分が受け入れられていると感じる。ゆっくりと呼吸を続けていると、自分の夢や目標を批判される心配が消えていくのを感じる。

d．ゆっくり呼吸を続ける。心は穏やかで、全身がリラックスしている。頭のなかのネガティブな声がもし聞こえても、穏やかな気持ちで声の存在を認める。そして声に執着せず、また呼吸に意識を集中する。

5．「安心」の感覚を思い出す

a．「安心」という感覚を思い出す。多くの人にとっての「安心」は、母親や愛する人から抱きしめられることかもしれない。また、とても安全な場所にいる自分を想像してもいい。たとえば、昔よく訪れた田舎の小川、家族の夕食の席などだ。自分が守られていると感じる状況ならなんでもいい。

b．あなたにとっての「安心」が、誰かと一緒にいることでも、あるいはひとりでいることでも、効果は同じだ。しかし、ここで大切なのは、ひとりでいることと、ひとりでいて寂しさを感じている状態とは違うということだ。ただ「安心」という感覚だけをもち、それ以外の感情のことは考えない。

6. いい気分を深める

a. この状態のままで、自分についてのポジティブな思考に意識を集中する。自分の性格で好きなところ、自分が愛を与えた出来事、他者に対する思いやりや慈しみなど、具体的に思い浮かべる。心が深く満たされ、ポジティブな感情がわきあがるのを感じながら、ゆっくり呼吸を続ける。

b. 心が満たされたと感じるのは、自分が思いやりや慈しみを与えられたときだけでなく、他者に対して自分が同じものを与えたときも含まれるということに気づく。自分が本来もっている善性とのつながりを感じる。

7. いい気分に浸る

a. 幸せ、充足感、温かさ、愛を感じている自分を心の目で観察する。自分自身への愛。他者に惜しみなく与える愛。ゆっくり呼吸しながら、すべての細部を想像する。

b. ゆっくりと息を吸い、ゆっくりと息を吐く。愛される自分、愛を与える自分を感じる。幸せや満ち足りた気持ちが自分の身体に与える影響を感じとる。心拍数が下がり、呼吸が自然に行えるようになるのを感じる。ネガティブな感情が消え、代わりに自分自身、世界のなかでの自分の居場所、そして自分が他者に与えられるものに対してポジティブな思考と感情が生まれるのを感じる。

c．静かに座り、自分に対するポジティブな感情を詳細に思い浮かべる。ゆっくりと息を吸いながらそれらの感情を自分のなかにとり込み、そしてゆっくり息を吐く。

d．頭のなかのネガティブな声は自分自身ではないということに気づく。数千年にわたる進化の過程で、人類はネガティブな思考や出来事を強く意識するようになった。それが自分の身を守ることにつながるからだ。しかしこの現代社会では、それはむしろわたしたちの力を制限し、苦痛を与える働きをしている。

8．自分が人間であることを認める

a．自分についてのポジティブ思考を具体的に思い浮かべる。これまでに乗り越えたことや達成したことを思い浮かべ、そして人生にはいいときと悪いときがあり、そのどちらも自分という人間を決めるわけではないということを理解する。人間とはそういうものだと理解する。自分は愛される価値がある、自分はなんでも達成できる、自分には成功する力がある、自分は偽者ではないと、自分にくり返し言い聞かせる。

b．これらの言葉を信じられないという人もいるかもしれない。それは自然な反応だ。いまのところは、信じているふりをするだけで十分だ。粘り強く続ければ、やがてそれらの言葉を自然に信じられるようになる。ゆっくりと呼吸を続けながらそれらの言葉をかみしめ、心が穏やかに満たされていくのを感じる。

c．穏やかで満ち足りた気持ちになると、自分が愛に包まれるのを感じる。愛の慈しみの効果を理解し、愛には自分の力と能力に気づかせてくれる力があることを理解する。この感覚に満たされながら、ゆっくりと呼吸を続ける。ゆっくりと息を吸い、ゆっくりと息を吐く。

d．あなたはリラックスし、心は穏やかだ。

9．経験したことを記録する

a．用意したノートとペンをとり、少なくとも5分間かけて、心の目で見たことを自分の言葉で描写する。自分という人間、自分の能力、そしてその能力が他者にどのようなポジティブな影響を与えているかに関して、具体的にどんなことが思い浮かんだだろうか？　それらの感情について考えると、あなたは安心し、心が温まり、自分はなんでもできると心の底から感じられる。そのときの自分の感情をよく観察する。

b．できるだけ詳細に描写する。2つか3つの文でも、あるいは長い文章でもかまわない。大切なのは、自分のなかにあるケアと慈愛《じあい》の力をはっきりと認識し、そのときに自分の身体がどう影響を受けるかを感じることだ。自分に対する思い込みを変えれば、自分で勝手に決めた限界を超えることができる。

c．ただ目を閉じて座る。鼻からゆっくり息を吸い、口からゆっくり息を吐く。この呼吸を3回から5回くり返し、目を開ける。

10．経験したことをふり返る

a．まず、自分で書いたものを黙読する。次に自分に聞かせるように音読する。

b．座りながら自分のなかにある力を感じる。自分自身にケアと慈愛を与えると、自分の心と身体はどんな影響を受けるだろうか？　しばらく目を閉じたまま、そのときの心身の状態を思い浮かべる。

c．そのケアと慈愛のおかげで自分が安心することを認識する。その安心感のおかげで、自分が力をとり戻すのを感じる。その力がマニフェステーションの原動力になる。

11．経験したことを理解する

a．自分は愛されていることを理解し、自分はその愛を自分だけでなく他者にも与えることができ、そしてそうすることで自分に対するポジティブ感情が深まることを理解する。すると、満ち足りた気持ちになり、心身ともにリラックスするのを感じられる。

b. 大きな願いや希望を現実化する環境がもっとも整うのは、心身ともにこのような状態になったときだ。

内なる批判者から解放され、意識して自分の心の傷を癒やすようになれば、自分にとって本当に大切なものを顕著性ネットワークに教える力が手に入る。夢を視覚化し、夢のリハーサルを行う完全な自由を手に入れたとき、想像の力の導きで、いまこの瞬間に、その夢が現実になった人生を送ることが可能になる。そしてその結果、高次のポジティブ感情につねにアクセスし、昔から抱いてきた夢や目標を追い求めるように潜在意識を導くことができるようになる。

次の章は、ステップ4の「潜在意識に意図を埋め込む」だ。わたしたちの潜在意識には、「ファイル係」と「警察犬」が住んでいる。このファイル係と警察犬の力にアクセスし、彼らが一心不乱に意図の実現を目指すようになる方法を見ていこう。

Chapter 6

Step4:
潜在意識に意図を埋め込む

目の前の仕事にすべての思考を集中させる。太陽の光も焦点に集めなければ燃え上がることはない。

――アレクサンダー・グラハム・ベル

マニフェステーションの実例でよく登場するのは、俳優のジム・キャリーが書いた1000万ドルの小切手だろう。しかし、それが実現するまでのストーリーはあまり知られていない。

コメディアンのマーク・モランが運営するポッドキャスト番組「WTF」に出演したときに本人も語っていたように、ジム・キャリーにとって、トロントですごした子ども時代は決して楽ではなかった(xxix)。母親のキャスリーンは重いうつ病に苦しみ、それに加えて関節リウマチと大腸炎も患っていた。アルコール依存症の親をもつ子どもとして育った母親は、自分自身も痛み止めの薬の依存症になっていた。

子どもだったジム・キャリーは、母親に見捨てられたと感じていた。父親のパーシーは才能あるジャズミュージシャンだったが、妻の治療費を工面するために商売道具のサックスを売った。

キャリーは父親のことをこう描写する。

「底抜けに明るくて、信じられないほどおもしろい、アニメキャラクターのような人物。お話を聞かせてくれるだけじゃなくて、自分がそれぞれのキャラクターになり切るんだ。わたしがコメディアンとしてのキャリアでした仕事は、すべて父親が起源になっている。本当にあの人が大好きなんだ」

２０１４年、マハリシ大学の卒業式で行ったスピーチで、キャリーはこの父親の話をした。父親には偉大なコメディアンになる才能があったのだが、ただ自分を信じることができなかった。そして安定しているという理由で会計士という仕事を選んだ。しかし、キャリーが12歳のときに父親はこの安定した仕事を解雇され、家族は路頭に迷うことになってしまった。

「父親からは本当にたくさんのことを学びました」とキャリーは言った。

「そのなかの１つが、やりたくないことをしても失敗するのだから、好きなことに挑戦したほうがいいという教えです」

パーシーが51歳で失業すると、キャリー家はフォルクスワーゲンのキャンピングカーで生活するようになった。それから地方にあるパーシーの姉妹の家へ行き、今度は庭のテントを家代わりにした。一家はメイン州のスカボローにあるチタンホイールのタイヤ工場で、住み込みの校務員として働きはじめた。そこは、家族間で争いがあると、同僚がわざとシンクに排泄したりするような職場だった。

かつては優等生だったキャリーの成績は急降下した。そして16歳のときに高校を中退し、フルタイムで働くようになった。はじめのうちは、キャリーは自分の不運をまわりのせいにしていた。自分の家が貧しいのも、つらいことばかり起こるのも、すべてまわりの世界が悪いのだと考えた。そしてキャリーは、世界は不公平で残酷だと確信するようになった。

キャリーは小学校3年生のころから、鏡に向かって変な顔をして何時間もすごすことがあった。変な声で自分に話しかけたり、近所の人たちや有名なテレビスターのものまねで家族を笑わせたりしていた。母親が痛みに苦しんでいると、彼は下着姿で母親のベッドに跳び乗り、エサを捕まえるカマキリのまねをする。母親はお腹が痛くなるまで大笑いした。

ディナーに招いたお客の前で芸を披露することもあった。そして15歳になると、父親のパーシーに連れられて、トロントにある「Yuk Yuk's」という最先端のコメディクラブで舞台に立った。はじめての舞台は散々な結果に終わったが、それでもコメディの世界に向かって一歩を踏みだしたことに変わりはない。そしてキャリーはついに、ロサンゼルスに移って本格的にコメディアンを目指すことになった。

キャリーはつねに大きな夢をもっていた。1994年には、「ぼくは昔から魔法を信じていた」と、雑誌『ムービーライン』のインタビューで語っている（xxx）。彼は有名になる以前から、毎晩マルホランド・ドライブを車で走り、ハリウッドの街を一望できる場所に車を停めると、両腕を広げてこう言うのを習慣にしていた。

「誰もがぼくと一緒に仕事がしたくなる。ぼくは抜群にすばらしい俳優だ。監督たちはぼくに注目する。尊敬する人たちから、『きみの仕事が好きだ』とほめられる。すばらしい映画の仕事のオファーが殺到する」

この言葉をくり返し、夢が実現するようすを視覚化しながら、彼はしだいに、自分にはすでに映画のオファーが何本も来ていると確信するようになった。そして車で山を下りながら、自分にこう言い聞かせる。

「ぼくへの映画の仕事のオファーはすでにある。ただまだ自分のところに届いていないだけだ」

そうやって車を運転していると、彼は幸せと可能性と喜びに包まれた。想像のなかでは、すでにたくさんの祝福と成功を経験していた。これらのアファメーションが、生育環境から植えつけられたネガティブな思い込みに対する解毒剤になってくれることは、キャリー自身も理解していたのだ。

1992年前後、キャリーは自分宛てに1000万ドルの小切手を書いた。この小切手は「演技の仕事」に対する支払いであり、日付は「1995年の感謝祭」だ。彼はこの小切手を、ボロボロになるまでずっと財布に入れてもち歩いていた。財布を開くたびに小切手が目に入り、自分の目標を思い出し、さらにその目標をすでに達成したような気分になる。アヌラが自分宛てに書いた手紙と同じだ。

小切手を書いてからの3年で、キャリーは『エース・ベンチュラ』、『マスク』、『ジム・キャリーはMr.ダマー』という3本の映画に主演した。3本とも全世界で大ヒットを記録し、キャリーは世界的な大スターになった。1995年の感謝祭の直前、キャリーが自分の銀行口座を確認したところ、そこには1000万ドルが入っていた。小切手に書いた夢は、こうして現実になったのだ。

『マスク』の公開から3週間後、父親のパーシーが世を去った。ジムはあの1000万ドルの小切手をパーシーのジャケットのポケットに入れ、父親と一緒に埋葬した。

キャリーの小切手の秘密を理解するには、潜在意識と意図のしくみを詳しく見ていく必要がある。カギとなるのは潜在意識に意図をインストールすることで、そこには「フロー」状態の集中力や、催眠術、プラセボ効果が関係してくる。端《はた》から見ると突拍子もないことに思えるかもしれないが、キャリーが経験したことは、本書でこれまで見てきたような脳科学の知見で完璧に説明できる。

「貪欲《どんよく》な脳」を理解する

起業家たちの間でよくくり返されるこんな格言がある。

「人は自分の知っている人、好きな人、信頼できる人と一緒にビジネスをする」

この言葉に同意するのは、スモールビジネスのオーナーや、野心家の起業家、大企業のCEOだけではない。わたしたちの脳も、これと同じ原理で動いているのだ。

脳はすべての刺激を受け入れているわけではない。つねに刺激をフィルターにかけ、たいていの刺激をブロックし、わたしたちがその刺激を経験しないようにしている（xxi）。

出不精の人がパーティに行くのを嫌がり、自宅のソファーにかじりついているのと同じように、脳もまた、自分の構造を変えてしまうような新しい経験に抵抗する。すでにある構造は、ある特定の目的（健全な目的もあれば、不健全な目的もある）を達成するという役割を果たしてきたからだ。人間の脳はエネルギー効率をとても重視しているために、すでにできあがっている複雑な構造を変えることを好まない。

思考の力、ビジョン、抽象的な推論といった脳の働きは、すべてエネルギーを大量に消費する。人間の大人の場合、脳の重さは体重のわずか2パーセントほどだが、酸素の消費量は全体の20パーセントにもなり、そのぶんカロリーの消費量も多くなる。ここまで大量のエネルギーを使う臓器はほかに存在しない。

脳細胞の数は全部で約1000億個もあり、それぞれの脳細胞が1万以上の脳細胞とつながり、脳内で膨大なネットワークを形成している。このネットワークが生み出すシナプス結合の数は1000兆であり、この数字は宇宙の星の数よりも多い。脳のエネルギー予算のうち約3分の2が、ニューロンがほかのニューロンにシグナルを送る活動に使われる。そして残りの3分の1は、細胞の健康を維持するメンテナンス用だ(xxxii)。

脳がこんなにも貪欲なのは、人類という種としての進化に原因がある。脳が高次の活動を行うには、細胞のつながりを形成することが必要であり、その労働は膨大なエネルギーを消費する。そのことが、人類の祖先にとっては大問題だった。

必要なエネルギーをいつでも〝現金化〟して支出できるようにしておくために、サバンナで暮らすわたしたちの祖先は、脳に大量のエネルギーを供給する必要があった。料理の発明、とくに肉料理の発明は、脳の複雑な活動を支えるために大量のカロリーを摂取する必要があったことと直接的な関係があるという説まで存在する。人類の祖先は、ほかの霊長類との争いに勝つために、脳を発達させる必要があったのだ(xxxiii)。

しかし、動物をつかまえて殺すという作業もかなりの労力を必要とすることを考えれば、脳だけにエネルギーを供給するわけにはいかない。脳は脳で、自分の活動をできるだけ効率化する必要がある。効率化が必要な理由の1つは、脳には余ったエネルギーを蓄えておく機能がないことだ。

筋肉は脂肪という形でエネルギーを蓄えることができるが、脳にはそれができない。つまり、脳はエネルギーが必要になると、すぐに使えるエネルギー源に頼ることになる――それが血糖だ。脳が何かの作業をするたびに、血液中のブドウ糖の出番となる。このブドウ糖は、たとえるなら人体のハイオク無鉛ガソリンのようなものだ。このような貴重な燃料は量が限られているので、そこまで気前よく放出してもらえるわけではない。

こういった進化の背景があるために、脳はさまざまな方法を駆使して、できるだけエネルギーを節約しようとする。たとえば、子どものころに大好きだったテレビ番組なのに、その出演者の名前がどうしても思い出せないという経験はないだろうか。それは、脳は学習の装置であるだけでなく、忘却の装置でもあるからだ。もう必要ないと判断した情報は、記憶から消去している。

脳はまた、情報の信号化と処理の過程で、さまざまなショートカットを活用している。

そのうちの1つが、「氷山現象」と呼ばれるテクニックだ。基本となる情報、つまり目に見える「氷山の一角」だけを摂取し、それ以外の見えない部分はないものとする。このテクニックは、あらゆる種類のバイアスの原因でもある。たとえば、自分の考え方に合致する情報だけを見つけようとする「確証バイアス」や、いつも似たタイプの人ばかり好きになるという現象がそうだ。

ある意味で、わたしたちの脳は、「処理を行う装置」というよりも「予測を行う装置」であると言えるかもしれない。これらのショートカットを駆使して作業を効率化し、エネルギー消費量を減らしているのだ。

このような脳の特性が、マニフェステーションにおいてどんな意味をもつのか考えてみよう。**わたしたちの目標が、脳にとってなじみのない存在であれば、脳はそれを拒絶する**だろう。新しい情報をとり入れるのはエネルギーの消耗が激しいからだ。あなたの目標を達成することが、脳にとってまったく新しい経験になるのなら、エネルギーを浪費したくない脳はその目標を無視する。

この脳の行動は、現実の世界ではよく「チャンスを見逃す」という形で現れる。脳がある対象になじみがあるかどうかが、それが見つかるかどうかを決めているのだ。恋人が欲しい、新しい仕事が欲しい、あるいは新しい住む場所が欲しいのだが、なかなか見つからずに行きづまっているのなら、脳があなたの欲しいものの例を十分に見せてくれていないからかもしれない。

そして、なぜ脳が見せてくれないのかというと、あなたがそれを探していることを脳が知らないからだ。脳はただ、システムが円滑に動くことだけを目指し、無駄と判断した情報は排除している。あるいは、探していたものをついに見つけたと思っても、自分でも驚くほどの恐怖心に襲われ、せっかく見つけた欲しいものを遠ざけてしまうことがある。これもまたよくある現象だ。脳は恐怖心によって、新しい経験を遠ざけようとしている。

つまり、**視覚化のプラクティスの目的は、自分の欲求を脳にとっておなじみの存在にすることだ**。なじみがあれば、脳もすぐに見つけることができる。そして脳にとっておなじみの存在にするには、視覚化を何度も何度もくり返さなければならない。そうすれば、欲しいものが見つかったときに、脳も最小限のエネルギーでそれを受けとることができる。

履き古して完全に足になじんだスリッパのようになれば、脳はなんの抵抗もなくすっと履くことができる。これが「認知容易性」と呼ばれる現象だ(xxxiv)。脳がわたしたちの欲求を細部にわたるまで詳しく知るほど、それを見つけるときに使うエネルギーは少なくなる。

前もって脳に目標を教え込むことに時間と労力を投資すれば、脳は少しずつ情報をとり込んでいくので、大量のエネルギーを使いたくないという理由で新しい情報を拒否することはなくなる。そして、いざ欲しいものが姿を現し、脳と一緒にそれを手に入れようとしはじめたころには、脳はすでにそれについて知っており、それを好きになっていて、それを信頼している状態になるのだ。

さらにつけ加えれば、脳に自分の欲求を教えるだけでは十分でない。欲求が情報のなかに信号化され、脳が自動的に処理できる状態になっている必要がある。欲求が潜在意識のレベルに埋め込まれていれば、顕在意識がほかのことに集中していても、脳はそれを見つけることができる。

「潜在意識」とは何か

人間の精神に関しては、ほとんどの人が、顕在意識、潜在意識（あるいは前意識）、無意識の3つの意識があるという認識だろう。潜在意識と無意識は、顕在意識の下に存在し、こちらの意思に関係なく自動的に反応するしくみになっている（xxxv）。

すでに見たように、人間の精神は氷山にたとえることができる。水面から上に出ている部分が顕在意識（自分で気づいている精神の働き）で、精神全体の10パーセントにも満たない。そして水面下に隠れている潜在意識と無意識が残りの90パーセントを占めている。

ごく簡潔に言えば、顕在意識とは、記憶と過去の経験をある程度まで参照しながら、五感とクオリア（五感の主観的な解釈）に基づいて内界と外界の存在を認識することだ。現在のところ、あらゆる感情、経験、認知、知覚が、顕在意識の定義に含まれることが多い。

顕在意識のレベルでわたしたちが知覚しているのは、身のまわりの出来事、他者との交流、生存に必要な五感の情報、いまこの瞬間に起こっていることなどであり、ほかにもまだまだたくさんある。その一方で、人間は本人がとくに意識していないこともたくさん行っている。たとえば、体温のコントロール、心臓の鼓動、ホルモンの分泌などだ。これらは肉体の生理機能を一定に保つための働きであり、恒常性（ホメオスタシス）と呼ばれている。数百万年もの進化の過程をへて発達してきた機能だ。

わたしたち自身は気づいていないかもしれないが、それでも水面下に隠れた氷山の90パーセントは、わたしたちの態度や行動に大きな影響を与えている。潜在意識は24時間休みなく働き、わたしたちの身体をメンテナンスし、わたしたちのためにさまざまなことを決めてくれている。わたしたちもある程度までは見えない部分の働きに気づいているが、実際にその働きを体験するとびっくりすることが多い。

潜在意識は、まるで魔法のような不思議な存在で、ときには恐怖の対象にもなる。そのしくみがわからなければ、具体的に何をしているかもわからないからだ。もしかしたら、潜在意識はまるで影の内閣のような存在であり、わたしたちの人生を裏で操っていると感じることもあるかもしれない。

人々、場所、物事に対するわたしたちの反応のほとんどは、潜在意識か、あるいは水面のすぐ下で生まれているために、わたしたちは自分にそれをコントロールする力があることに気づいていない。そのためそれを無視してしまうことが多く、その結果、ますます潜在意識に行動を支配されることになる。

マニフェステーションのプロセスでは、自分の潜在意識と仲よくなることを目指す段階を経験する必要がある。その段階で、潜在意識を尊重するようになり、そして訓練を通じて、たとえ自分では気づいていなくても、潜在意識が自分のために働いてくれていることを認識できるようになる。潜在意識がなければ顕在意識も正常に働くことができないということを、わたしたちは謙虚な気持ちで受け入れるようになる。潜在意識は、直感、内なるガイド、創造性、レジリエンス（立ち直る力）の源であると認めるようになる。

実際、わたしたちが、自分で自分のじゃまをすることなく目標を追求することができるのも、すべて潜在意識のおかげだ。わたしたちは潜在意識のおかげで、自意識にじゃまされることなく、自らのエージェンシーの力を最大限に活用することができる。

潜在意識のシステムは、わたしたちのなかにある深い意図と、頭のなかでくり広げられる絶え間ないおしゃべりを区別する力をもっている。**潜在意識は、頭のなかのおしゃべりを無視して意図だけをしっかりとつかんでいる**ので、気を散らせることなく、目の前のタスクに完全に集中することができる。つまり潜在意識は、こうやって注意とチャンスの出会いを最大化しているのだ。

潜在意識を活用するコツは、自分にとって大切なものを潜在意識にしっかり教え込むことだ。そしてそのためには、自分の注意を向ける対象と、その対象への自分の感情を変える必要がある。これはすなわち、潜在意識と内なるコンパスを合致させるということだ。仕事のこと、ToDoリストのこと、他人の目、その日の出来事などを考えてしょっちゅう気を散らしていたら、潜在意識に意図を埋め込み、それを精神の推進力にすることができなくなってしまう。

潜在意識に大切なものを教え込むコツは、くり返しと、ポジティブ感情を活用することだ。視覚化をくり返していると、「フロー」の状態（自分の内面の活動に完全に没入する状態）に入る。現実においても、想像上においても、そこでポジティブ感情を深く感じることで、目標と生理的な報酬系が結びつく。この状態になると、自己意識は影を潜め、できないという思い込みを超越して、思いやりや想像の力といった心の奥深くにあるリソースの導きを求められるようになる。

内なるビジョンに没入すると、潜在意識で求めている場所へアクセスできるようになる。すると、意図のことは意識して考えず、ただ日常生活を送っているだけでも、潜在意識はつねに意図を処理し、意図の実現に向けて調整されるようになる。これがすなわち潜在意識の魔法なのだ。

ファイル係と警察犬

潜在意識は、ファイル係と警察犬が集まった組織にたとえられるかもしれない。ファイル係は、容量の決まっているファイル棚の管理を担当する。棚にどれくらいのファイルが入るかは、脳に保存されたエネルギーの量で決まる。ファイル棚に入れるのは、潜在意識の動きを決めるプログラムだ。

ファイル係がファイルを棚に入れると、警察犬がそのにおいを学習し、それから一心不乱に同じにおいのものをまわりの環境から見つけようとする。つまり、ファイル棚に自分が欲しいものの情報を保管すれば、警察犬はそのにおいを追って探してくれるということだ。「シンクロニシティ」とは偶然の一致という意味で、関係ない複数の出来事が同時に起きる現象のことをさしている。シンクロニシティが起こるのも、このファイル係と警察犬の関係で説明できることがわかるだろう。

このように潜在意識はとても貴重な財産であり、わたしたちの運命を決める力をもっている。つまり、潜在意識が探すものを、顕在意識が見つけるということだ。

潜在意識のレベルでつねに脅威を感じ、世界は自分の敵だと思い込んでいると、意識のなかにいる警察犬は脅威ばかりを探し、そしてわたしたちは、世界は恐ろしい場所だという思い込みをますます深めていくのだ。

一方で、つながり、喜び、充足感、繁栄を探すように潜在意識を訓練すれば、現実の世界でもそれらのポジティブな感情を経験するチャンスが増えていく。そこで問題になるのが、言うまでもないことだが、潜在意識のファイル棚にアクセスするにはどうすればいいかということだ。

1000万ビット分の50ビット

容量が決まっているのは、潜在意識のファイル棚だけではない。顕在意識の容量も厳格に定められている。人間の顕在意識には、1秒間に1000万ビットもの情報が送られてくる。HD画質の映画10本分の情報量だ。それなのに、そのなかで意識的に処理できる情報はわずか50ビットしかない。これはつまり、**脳に入ってくる情報の99・9995パーセントは、顕在意識の外にある**ということになる(xxxvi)。

このように、入ってくる情報量と、情報処理の能力の間に大きなギャップがあるために、**人間の脳は「注意と選択」ではなく、むしろ「不注意と惰性」に最適化されている。**日常的な選択のほとんどは、単なる惰性の結果か、あるいは危機への本能的な反応だ。意識的に検証して決めることはめったになく、潜在意識の選択にまかせている。その結果、本当に欲しいものと実際にしていることの間に、ギャップが生じることになる。

つまりわたしたちは、もっと健全な注意の習慣を確立しなければならないということだ。ある特定の意図により多くの注意を向けるほど、意識のファイル係に、「その意図は大切だ」と教えることができる。昔から言われているように、「注意を向ける先にエネルギーが流れる」ということだ。

だからこそ、マニフェステーションには脳の皮質が欠かせない。大脳皮質には、「50ビット」の注意を、自分が選んだ対象に集中させる力があるからだ。

潜在意識について理解しておかなければならない重要な点は、**潜在意識はくり返しに反応する**ということだ。ある特定の結果に意識を集中し、視覚化し、想像の世界で五感を通して経験するほど、そしてその欲求を自分自身と世界に対してくり返し伝えるほど、ファイル係がわたしたちの欲求の「顕著性」により敏感になり、そして警察犬も仕事をはじめる。

意図が潜在意識に埋め込まれるしくみを理解するために、ここではいくつかのたとえを使って説明していこう。具体的には、フロー、催眠術、そしてプラセボだ。

交感神経系をリクルートする

ネガティブ思考や脅威の感覚が、潜在意識に対してここまで大きな力をもつのは、人間の脳が進化した結果、交感神経系が脳に直接アクセスできるようになったためだ。その結果、なんらかの脅威に対する「闘うか、逃げるか、動かないか」の反応が、顕在意識の制御をほとんど（あるいはまったく）受けることなく勝手に発動するようになった。

以前の章でも見たように、ここでの問題は、交感神経系の働きは純粋な反射であり、そして肉体の生存にかかわるために、ほかのすべての課題より優先されるということだ。さらに、実際は命にかかわるような脅威ではなくても、数千年にわたる進化の結果からそうだと思い込まされていることだ。

残念ながら、交感神経系の働きの多くは、とくにわたしたちの生存を助けてくれているわけではない。むしろ、現代社会で幸福に生きることの妨げになっている。交感神経系が潜在意識をコントロールしているかぎり、ファイル棚には恐怖や不安、習慣的な思い込みばかりが保管され、その結果、実際に人生で経験することも、ネガティブ、恐怖、限界という方向にねじ曲げられてしまう。

しかし、潜在意識に目覚めの光を当てる前に、わたしたちがまず理解しておかなければならないのは、交感神経系は、脅威を察知して生き残るためにわたしたち人類が進化の過程で獲得した機能だということだ。

そこで、潜在意識の力を最大限に活用する最初のステップは、交感神経系の問題や欠点をすべて昇華させることになる。実際には何をするかというと、わたしたちがストレスを感じやすい、不安になりやすいといった傾向と人類の進化の関係を理解することだ。

太古の人類は、周囲の脅威に対して敏感になることで過酷な環境を生き残ってきた。そのときの習性が潜在意識に埋め込まれ、現代のわたしたちにとってもデフォルト設定になってしまっている。潜在意識の働きを理解すれば、自分で選んだ情報を潜在意識に届ける力が手に入る。その結果、交感神経系が勝手に送ってくる脅威の信号に左右されなくなるのだ。これはつまり、コントロールする力をとり戻すことを意味する。

ここでのコツは、高次のコントロールを司る脳の部位である大脳皮質を活用することだ。そして顕在意識のレベルでは、交感神経系とのかかわり方を変えていく。潜在意識へダイレクトにアクセスできる交感神経系の機能を逆手にとって活用するのだ。

視覚化のテクニックと、のちに紹介する儀式を意識的にくり返し、望む結果と力強くポジティブな感情を結びつけるとき、わたしたちは交感神経系の力を活用する。この場合、単に無意識の反応にまかせるのではなく、自分の意思で潜在意識にアクセスしているのだ。忘れてはならないのは、副交感神経系と意識的に連携するほど、交感神経系が潜在意識の神経の通り道に与える影響を小さくできるということだ。

潜在意識には、拡張する性質と、収縮する性質の両方がある。言い換えると、交感神経系には気づかないうちに潜在意識に影響を与える力があり、大脳皮質には意識的に潜在意識に影響を与える力があるということだ。この大脳皮質の力にアクセスすると、交感神経系によるありがたくない独裁から潜在意識を解放し、生存本能から生まれる恐怖や不安に振り回されなくなる。

生存本能は巨大な力をもち、もっとも大切な意図からもわたしたちの注意をそらすやっかいな存在だ。「暗示」と「意識的なくり返し」のプラクティスを行えば、交感神経系による潜在意識へのダイレクトアクセスを制限でき、ポジティブな情報を意識的に選んで潜在意識に送ることができるようになる。

この選択の力の大切さは、どんなに強調しても足りないくらいだ。わたしたちのほとんどが、自分には未来を選ぶ力はないと思い込んで生きている。自分の本能的な行動を変えることはできないと思い込んでいるのだ。具体的には、交感神経系に人生のハンドルをにぎらせ、自分の行動も思考もすべて交感神経系に決めさせているという状態だ。その結果、わたしたちのなかにある恐怖が現実化してしまっている。

この状態を、副交感神経系と脳の高度な実行機能がハンドルをにぎっている状態と比べてみよう。後者の状態であれば、まわりの世界に対して顕在意識のレベルで反応できるだけでなく、潜在意識の力も活用することができる。

わたしたちの誰もが、潜在意識にアクセスし、自分の未来を変える力をもっている。ただほとんどの人がその事実を知らないだけだ。

「フロー」状態を神経生物学から理解する

いわゆる「フロー」状態は、ポジティブ心理学者のミハイ・チクセントミハイによって有名になった言葉だ。「あるタスクに完全に集中し、自己言及的な思考が減少した状態」

と定義される（xxxvii）。行動を必要とする明確な目標があり、そして自分の現状のスキルと目の前の挑戦がマッチしていると感じるときに、フロー状態が出現する。

フロー状態に入ると、自己を超越するような経験をすることがよくある。内なる批判者の声が聞こえなくなり、慢性的な不安や自意識が消え、いまこの瞬間、自分自身、まわりの環境が完全に一体になったように感じる。実際はどんなに混沌とした状況でも、自分がコントロール権をにぎっていると感じる。時間はあっという間に過ぎ去り、空間もわたしたちの意思に応じて形を変える。そしてわたしたちの行動は、一点の曇りもない目的意識によって導かれる。

創作に熱中するアーティスト、試合終了間際で「ゾーン」に入ったアスリート、新発見を目の前にした科学者――「フロー」と聞いて思い浮かべるのは、だいたいこういった人たちだろう。しかし、もっと日常的な状況でもフローは発生する。たとえば、職場で仕事をしているときや、庭の雑草を抜いているときなどだ。

フロー状態に入ると、目の前のタスクに没頭し、時間の経過にも気づかなければ、食事も忘れ、疲れも退屈も感じない。タスクを楽々とこなしているように感じるが、実際はかなりの労力をかけている。フロー体験は、たいていの場合、健全な達成感、深い充足感、永続的な喜びをともない、人生が意義深いものに感じられる。

フロー状態をニューロンの活動から解明する研究はまだ続いているが、現在のところ、フロー状態に入ると前頭葉の活動が低下するという仮説が一般的になっている(xxxviii)。前頭葉は、意識的なコントロールを司る脳の部位だ。フロー状態でわたしたちが行うことの多くは、どうやらボトムアップで起こっている。つまり潜在意識から始動しているようなのだ。現にフロー状態を体験した人たちも、何年も訓練を重ねて高いスキルを身につけたのだとしても、その瞬間はそのすべてを忘れ、ただ「フローにまかせた」状態になったと証言している。

フローの特徴は、極度の集中力か、あるいは対象への没入だ。この状態を生み出すには、脳のセントラル・エグゼクティブ・ネットワーク(CEN)が活発になり、目の前のタスクとは関係ない刺激と、気を散らせるような思考をシャットアウトすることが必要だ。

その一方で、脳のデフォルトモード・ネットワーク(DMN)の活動は低下する。DMNとは、認知力を要するタスクを行わず、ぼーっとしているときの脳の状態のことだ。つまりわたしたちの脳は、フロー状態に入ると自己へ向けた思考が減り、その結果、自分の言動をいちいち批判することがなくなるので、ストレスレベルが低下する。

フロー状態はそれに加え、脳のドーパミン報酬系も活用している。ドーパミンが分泌されると、わたしたちは楽観的になり、希望や可能性を感じ、やる気が向上する一方で、疲労感や不快感は減少する。スロットマシーンやスマホの通知の場合は、大量のドーパミンが一気に分泌されるが、フロー状態に入った人はドーパミンが安定して供給される。

フローの逆説的な点は、目標を達成することを目指しているにもかかわらず、それと同時に目標はもうどうでもよくなっているということだ。報酬の供給が約束されているために、脳はやるべきタスクに完全に集中するのだが、その一点に集中し、完全に没入するという体験そのものが、すでに非の打ちどころのない満足を提供してくれている。

人はフロー状態に入ると、日ごろの心配や不安から自由になる。そして外界からのじゃまも一切入らない。この状態を脳科学的に説明すると、五感を司る感覚中枢、自己認識を司る脳の部位、そして時間の経過を認識する頭頂葉の回路から入ってくる情報が、大脳皮質の働きによって減少するということだ。

五感をフルに使って意図を視覚化するということは、想像の世界のなかでフロー状態に入ろうとするということだ。想像上のタスクでも、現実の世界のタスクと同じように没頭する。複数の研究によると、深い集中状態にある脳（たとえば、望みの結果を脳内でリハーサルしている状態）は、時間の感覚と空間の感覚が減少するという。

わたしたちの意識のなかで、物理的な環境と、その環境での心配事や気がかりなことが占めるスペースが減少すると、想像力が自由に羽ばたき、意図が実現した世界のすべてを経験することができる。そうやって何かに細心の注意を払うことこそが、精神を解き放ち、内なるビジョンを可能にするのだ。高いパフォーマンスを発揮するプロフェッショナルたちも、まさにこうやってゾーンに入った状態を実現している。

ある意味で、フロー状態は、顕在意識と潜在意識が完全に同一軌道に並び、意図の実現のために協力して働いている状態と言い換えることができるかもしれない。フロー状態に入ると、潜在意識のより深いところにあるリソースへの特別なアクセス権を手に入れ、より直接的にそれらを活用できるようになる。この種のVIP待遇のようなアクセス権は、催眠のテクニックを通しても入手できる。催眠は、フロー状態と同じような脳の活動を生み出すことができるからだ。

催眠で潜在意識にアクセスする

視覚化をくり返すプラクティス（マニフェステーションの基本的なテクニック）を行うのは、自分の脳に催眠術をかけ、「この意図は大切だ」と信じさせるのと基本的には同じことだ。ユーチューブで検索すれば、催眠術の動画がたくさん見つかるだろう。

舞台の上の催眠術師が、観客を1人選んで舞台に上げ、催眠術をかけてトランス状態にする。その結果、観客は自分の名前を忘れたり、笑いが止まらなくなったり、いきなり倒れて眠ってしまったり、お酒を一滴も飲んでいないのに酔っ払ったりするのだ。

神経科学者たちが催眠術が脳に与える影響を計測したところ、いくつかの興味深い発見があった。基本的に、催眠術とは、脳の使い方を変えて知覚をコントロールし、さらには身体そのものをコントロールする技術だ。フローと同じように、催眠術もまた没頭の状態によって可能になる。

スタンフォード大学の研究チームは、脳内の血流の変化を感知して脳の活動を測定するｆＭＲＩという技術を使って催眠術にかかった患者の脳を観察し、いくつかの顕著な現象を発見した(xxxix)。

１つは、背側前帯状皮質（脳の顕著性ネットワークの一部）の活動が低下することだ。催眠術にかかった脳は完全な没入状態になるので、外部や内部の顕著な刺激をスキャンする必要がなくなるからだと考えられている。

それに加えて、背外側前頭前野と島という脳の２つの部位のつながりが強化される現象も観察された。この２つの部位が協力して働くということは、脳と身体のつながりが形成されたと考えられる。それはつまり、身体が送り出す知覚により強く反応し、さらにはある程度まで知覚をコントロールする力を脳が手に入れたということだ。

そして最後に、研究チームは、背外側前頭前野とデフォルトモード・ネットワークの間にあるつながりが減少することも発見した。この機能的な結びつきが減少するのは、おそらく被験者の行動そのものと、その行動に対する被験者の意識の間にあるつながりが切れたことを意味するのだろう。この時点で、被験者はもはや自分の行動のことを考えていない。不安や自己意識を超越した状態に入り、ただその行動を行っている。

催眠状態においては、行動と内省の間のつながりが断ち切られている。これが意味するのは、催眠術師、あるいは自分自身の内面からの提案に、かなり影響を受けやすくなっているということだ。普通に覚醒している状態であれば躊躇《ちゅうちょ》するようなことであっても、催眠状態であれば平気で行える。その際、脳のエネルギーを大量に消費する自己意識を抱くこともない。

研究チームが結論づけたように、ニューロンの活動が見せるこのような変化は、催眠状態の特徴である集中した注意、拡大した身体的・感情的コントロール、自己意識の欠如の基盤になっているということだ。

言い換えると、人は催眠状態になると、注意を向ける対象に完全に没頭できる。身体をコントロールする力が高まり、自己意識にじゃまされることなく、潜在意識の力を自由に活用できる。そして視覚化をくり返すことで意識的に意図を脳に埋め込むとき、わたしたちの脳内では、催眠術にかかったときと同じような生理現象が起こっている。

マニフェステーションを説明するときに便利なたとえをもう1つあげるなら、それはプラセボ効果だ(xi)。慢性的な病気や痛みを抱えた患者が、奇跡的な効き目があると言われてわたされた薬を飲む。実際、その薬はただの砂糖なのだが、効くと信じて飲むと本当に病気や痛みが治ってしまうというものだ。

これまでの研究によると、ただ薬だと信じているものを飲むだけで、「これで治る可能性がある」というシグナルを肉体に送り、その結果、肉体が遺伝子レベルで変化して病気が治るという。催眠術と同じように、プラセボ効果が起こるのも、患者のなかで顕在意識が潜在意識と自律神経系とコミュニケーションをとり、精神を使って肉体を細胞レベルでつくり替えるからだ。

患者自身が「治る」と信じることで、患者の顕在意識に「治る」という意図が形成され、それが潜在意識にインストールされる。その結果、遺伝子が細胞を生成するプロセスも変化するのだ。そして、患者の肉体、精神、心が、この思考を現実として受け入れ、感情面でこれを信じ、そして最終的に、病気や痛みが治るという形で肉体的にも表現される。

これらのプロセスすべてに共通するのは、大脳皮質には外の世界のボリュームを下げる能力があり、そしてボリュームを下げることで五感から入ってくるじゃまな情報を遮断できるということだ。偽の思い込みや、歪んだ思い込みもじゃまな情報の一部であり、これらのボリュームを下げることで、妨げになっている障害物をとり除くことができる。

また、催眠術やプラセボ効果には、自己意識や自己批判の原因であるデフォルトモード・ネットワークの活動が大きく低下するという特徴もある。

そして最後に、集中したときにわきあがるポジティブ感情によって脳内の報酬中枢が活性化し、その結果、意図が現実化する可能性に対してより敏感になり、現実化の過程で起こる多少の不快感はがまんしようとする。すると、顕在意識が肉体を超え、物理的な環境を超え、さらには時間さえも超えた場所に居をかまえ、内なる意図がどんどん現実になるのだ。

儀式の力を使う

潜在意識は、ある特定の行動と結びついた強い感情に深く反応する。マニフェステーションのプラクティスに簡単な儀式が多く用いられるのもそのためだ。顕在意識と潜在意識を協調させ、ある対象に集中させるなら、儀式はもっとも大きな力をもつ方法の1つだ。

儀式を活用すると、フロー状態に入り、生命の力を全身にあふれさせることができる。

ソウル・オブ・マネー・インスティテュートとパチャママ・アライアンスを創設したリン・トゥイストと知り合ったのは、共通の友人であり、作家のニール・ロギンを通してだった。リン本人から聞いた話によると、彼女は団体のために資金を集めるとき、寄付者の候補に会う前に、自分の目的と意図する結果を紙に書くという。

書き終わったら、今度はロウソクに火を灯す。集める資金が、アマゾンを流れる川の貴重な源流を守る活動をしているパチャママのためであっても、あるいは飢餓の撲滅を目指すハンガープロジェクトや、ノーベル平和賞を受賞した6人の女性が設立した平和団体のノーベル・ウィメンズ・イニシアチブのためであっても、彼女はまず、すべてに共通するもっとも大きな意図を心に思い浮かべる。

それは、「金銭的なリソースを、恐怖の場所から愛の場所へ、破壊の場所から養育の場所へ、わたしたちの家族へ、わたしたちのコミュニティへ、そしてわたしたちの世界へと移動させる」ことだ。

ロウソクの炎に集中しながら、彼女は自分にこう言い聞かせる——自分には、ほかの人に語りかけ、その人本来の姿、その人の寛容な心とつながり、その人を意のままに操るのではなく、その人が自らの意思で本当の仲間になってくれるのを促すことができる特別な力がある、と。自分しかいないこの神聖な場所で、彼女は寄付者の候補の魂とつながる。自分の心というレンズを通して、その人との会話を思い描く。そして彼らに、お金という形で自分の愛を世界に注ぐつもりはないかと尋ねるのだ。

リンは、相手の答えを視覚化する。相手は彼女の提案に心から賛成するかもしれないし、あるいは彼女の提案を断り、自分のお金をほかの目的のために使うことを選ぶかもしれない。どちらの答えになっても、彼女は自分が心の底から満足するのを想像する。こうすれば、たとえ寄付を断られても、リンは失望することがない。彼女はただ、「相手に祝福を与え、相手を解放する」だけだ。

精神の奥深くに意図を埋め込むための儀式やプラクティスは、それこそ数え切れないほどある。リンのような正式な儀式でもいいし、もっと日常的な儀式でもかまわない。たとえば、意図を紙に書き、それを毎日必ず見る場所に置いている人はたくさんいるだろう。洗面所の鏡や車のダッシュボードに貼ったり、財布のなかに入れたりする人もいる。

あるいは、前に登場したアヌラのように、自分宛てに手紙を書いて、その手紙を肌身離さずもち歩くという方法もある。意図を書いた紙を見るたびに、目標を達成する自分を視覚化することができる。そして、そのときのすばらしい気分を想像し、脳と身体に深く浸透させる。

求める結果を何度も何度も思い描くと、目標を達成するという意図がくり返し注意（潜在意識）に送り込まれ、その結果、達成までの時間が短くなる。ここでおもしろいのは、**脳内でのリハーサルと視覚化を通して、実際に目標を達成したときの気分を自分に思い出させている**という、逆説的な現象が起きていることだ。わたしたちの精神は、文字通りバック・トゥ・ザ・フューチャー（未来へ戻る）の状態になっている。

ジム・キャリーと1000万ドルの小切手

ジム・キャリーに必要なのは、幼少期に植えつけられたネガティブな思い込みや、自分の可能性を制限する思い込みの存在に気づき、それが夢の実現を妨げていると自覚することだった。それに気づけば、その思い込みを修正するメッセージを潜在意識に送り込むことができる。

キャリーはそれを、アファメーション、視覚化、そしてマルホランド・ドライブを車で走るという儀式を通して行った。自分の意図を、現在経験している強いポジティブ感情と結びつけることによって、潜在意識の注意を望んだ結果のほうに向け、目標達成のチャンスを探すように顕著性ネットワークを誘導したのだ。

彼の精神は、世界は残酷で、不幸はいきなり襲いかかり、正義は存在しないという思い込みを裏づけるような証拠には、もう興味をもたなくなった。その代わり、彼の精神が探すのは、成功、キャリアの発展につながる偶然の出会い、そして必ず経験する挫折を乗り越える力を裏づける証拠だ。

キャリーは、視覚化と、視覚化によって放出される神経伝達物質から生まれる強いポジティブ感情がもたらすエンパワメント、感謝、喜びを、コメディクラブでの下積み時代のたゆまぬ努力と結びつけた。脳内の成功リハーサルから生まれるポジティブ感情が、脳に向かって、自分が望む経験には注意を向ける価値がある、脳のリソースをその目標を追い求めるために使わなければいけないというシグナルを送った。

ある意味で、キャリーは自分自身に催眠術をかけていた。幼少期のつらい体験の影響を受ける場所から自分を引きずり出し、未来の成功という新しい現実に連れてきたのだ。高台からロサンゼルスを眺めるという儀式と、脳内での成功リハーサルは、偽薬で本当に病気が治るプラセボ効果と同じ働きをした。

そしてついに成功が現実になったとき、キャリーの顕在意識はすでに、脳内リハーサルを通してその成功を現実のものとして経験していたので、抵抗や恐怖をまったく感じることなく、その成功を受け入れることができたのだ。

Practice

意図を視覚化する

わたしたちのほとんどが、自分には能力がある、自分の意思でマニフェステーションを起こすことができると認めるのは難しいと感じている。たとえ成功しても、何か別の力が自分の成功を実現したと信じるほうが簡単だ。しかし実際は、わたしたちの誰もが、自分のなかにスーパーパワーを秘めている。自分のためにすばらしい可能性を思い描く力だ。

その力は「視覚化」と呼ばれる。あのマジック・ショップで、ルースからはじめてこのテクニックを学んだとき、「視覚化」という言葉も、このプラクティス自体も、まだあまり知られていなかった。それに神経可塑性という概念も理解されていなかった。しかしあれ以来、視覚化のもつ大きな力がどんどん明らかになっている。ここで大切なのは、心を開き、くり返し熱心に行うことだ。

1. 準備をする

a．じゃまが入らずにこの瞑想を行うための時間と場所を確保する。

b. ストレスを感じている、何か気がかりなことがある、24時間以内にアルコールやドラッグを摂取した、あるいは疲れた状態なら、このプラクティスを行わない。

c. ノートとペンを用意する。

2. 意図の視覚化をはじめる

a. リラックスした姿勢で座り、目を閉じる。達成したい目標について考えながら、思考を自由に遊ばせる。ネガティブな思考や想像がたくさん浮かんでくるだろうが、そのたびに現実化したい願望のほうに注意を戻す。

b. これを数分間にわたって続ける。ほかのことを考えだしたら（おそらくそうなる）、すぐに現実化したい思考のほうに意識を戻す。

c. 目標を達成した自分をより具体的に想像する。自分はどんな姿をしているか、肉体にはどんな感触があるか、心は何を感じているか。

3. さらにもう少しリラックスする

a. 次に、目を閉じたまま背筋を伸ばし、鼻からゆっくり息を吸い、口からゆっくり息を吐く。この呼吸を3回くり返す。

b．この呼吸が自然に感じられ、集中のじゃまにならなくなるまで続ける。

c．つま先から頭のてっぺんまで、全身の筋肉を順番にリラックスさせていく。肉体をリラックスさせることに精神を集中し、さらに深いリラックスと心の平安を感じる。

d．リラックスを続けていると、自分が静けさと平穏に包まれ、安心するのを感じる。心が温まり、自分が受け入れられていると感じる。ゆっくり呼吸を続けていると、自分を批判する人、自分の夢や目標を批判する人のことはもう気にならなくなる。この段階で、自分が現実化したいものがより具体的に見えてくるかもしれない。

e．ゆっくり呼吸を続けると、心が楽になり、全身がリラックスする。雑念が減り、精神がより集中する。

4．意図の視覚化に戻る

a．次に、もう一度、意図を視覚化することを考える。現実化したかった目標を達成した自分のイメージに集中する。

b．そのときの達成感、満足感をしばらく胸にとどめ、ゆっくりと呼吸しながら座る。すると、可能性がより現実に近づくのを感じる。意図を現実化した自分のビジョンがより鮮明になる。

c．リラックスし、心は平安で、自分はやりたいことはなんでもできると感じる。自分のなかにある無限の可能性とのつながりを感じる。

d．その感覚とともにしばらく座り、ゆっくりと呼吸する。ゆっくりと息を吸い、ゆっくりと息を吐く。ゆっくりと目を開ける。あなたの心は落ち着いている。あなたは恐怖を感じていない。

5．意図を記録する

a．ノートとペンをとり、少なくとも5分間、視覚化したことを自分の言葉で描写する。できるだけ具体的に書くこと。

b．仕事の目標にかかわる内容なら、日時、場所、そのときに自分が着ているもの、自分の感情など、あらゆる細部を文章に盛り込む。物質的なものにかかわる内容なら、欲しいもののすべての特徴と、それを手に入れたときの自分の気持ちを書く。それを実際に所有している自分を想像する。すべての細部を想像する。

6．意図を見直す

a．書いたものを黙読し、目を閉じる。数分かけて、再びすでに意図を実現した自分を思い浮かべ、そのときの気持ちを想像する。

b. 目を開けて、今度は書いたものを自分に聞かせるように音読する。

c. 目を閉じ、数分かけてここでもすでに意図を実現した自分を思い浮かべ、そのときの気持ちを想像する。

7. このプラクティスをくり返す

a. 1日1回、20分かけてこの瞑想を行うだけで十分だという人もいれば、1日に2回以上は必要だという人もいるだろう。実際、この視覚化の瞑想は、たくさん行うほどマニフェステーションの実現性は高くなる。

b. ここで覚えておいてもらいたいのは、自分の利益だけを考えてマニフェステーションを行うのもたしかに可能だが、自分を超えたもっと大きなもののためのマニフェステーションは、さらに強力で、実現性も高くなるということだ。もちろん、完全に無私の心で行わなければならないというわけではないが、他者にとっても利益になる目標を目指したほうが、マニフェステーションは大きな力を発揮する。

ジム・キャリーの例でも見たように、マニフェステーションは1回で終わるようなものではない。強い意志をもって粘り強く続ける必要がある。欲しいものがすぐに手に入ることはめったにない。むしろ、山あり谷ありの過程を経験し、自分のじゃまをしているとしか思えない外側の状況だけでなく、くじけそうになる自分の気持ちにも打ち勝ち、最後までがんばり抜くことが必要だ。

それに加えて、ひとりの力だけで達成できることもめったにない。どこかの時点で、必ずほかの人の助けが必要になる。そこで、次の章のステップ5では、意識的に他者とつながる方法について見ていこう。まわりが助けたいと思うような人になる秘訣は、自分の意図をより高次の目標と結びつけることだ。

Chapter 7

Step5:
目標を誠実に追い求める

情熱には、その人自身を超えて、欠点を超えて、失敗を超えて、人を動かす力がある。

——ジョゼフ・キャンベル（アメリカの神話学者）

世界でもっとも危険な航海の難所は、熱帯収束帯と呼ばれる海域だ。船乗りたちの間では「ドルドラムズ（赤道無風地帯）」と呼ばれている。

地球上でもっとも気温が高い緯度は「熱赤道」と呼ばれ、赤道よりやや北に位置している。その熱赤道の付近で北東と南東の貿易風がぶつかり、北東の風が止まると、長期間にわたる無風の状態が生まれる。その後、叩きつけるような暴風が吹き荒れ、それが終わると今度は反対方向に弱い風が吹く。

これは航海士にとっては悪夢のような状況だ。海流がどちらに向かっているのかも、海流の速さも、前回の暴風がどちらに向かって吹いたのかもわからない。

タヒチに向かう航海で、ナイノア・トンプソンもこのドルドラムズを警戒していた(xii)。メディアや、彼の成功を心から願うポリネシアの人々の前では平気な顔をしていたが、この海域を無事にわたり切る自信はなかった。空が完全に雲に覆われると、天体を読んで方角を知ることもできない。彼は自分の直感を信じることができなかった。なんの手がかりもない状態で航海できるとはとても思えなかった。しかし残念ながら、実際にはそれが起こってしまったのだ。

トンプソン自身の言葉によると、一行がドルドラムズに到達すると、空が完全に真っ暗になったという。激しい雨が彼らの顔を叩きつけた。風速13メートルほどの強い風が吹き、しかも風向きがころころ変わる。ボートの速度は上がったが、どこに向かっているのかがわからない。トンプソンは言う。

「あれは考えられるかぎり最悪の状況だった。速度は出ているのに、方角がわからない」

舵の担当者に、向かう方角の指示を出すことができない。ここで疲労に負けることはできないとわかってはいたが、彼の身体は緊張続きでもうクタクタだった。

トンプソンはまず、精神の力で天候と闘おうとした。自分には、このカヌーと船員たちを無事に目的地に送り届ける責任がある。彼は空を凝視し、なんとか見慣れた手がかりを見つけようとした。しかしついに、これはむりだとあきらめた。そしてあまりにも疲れていたために、手すりに寄りかかって身体を休めた。もう精神で天候と闘うのをやめ、頭と心をリラックスさせることにした。するとそのとき、ある奇妙なことが起こった。

「全身が温かさに包まれた。そして突然、相変わらず空は真っ暗だったが、月がどこにあるのかわかった。温かな感触と、月のイメージのおかげで、力強い自信がみなぎるのを感じた。航海の前は、この状況になったらきっと途方に暮れるだろうと思っていたのだが、なぜか進むべき方角がはっきりとわかった。そしてカヌーの向きを変え、態勢を整えた。全身びしょ濡れで、寒く、過酷な環境だったが、それでもなぜかとても快適だった。そのとき、ほんの一瞬だけ雲が切れ、その切れ間から月の光が差し込んできた。月はわたしが思った通りの場所にあった。言葉では説明できないが、あれは間違いなく、わたしの航海人生でもっとも貴重な瞬間の1つだった。自分の能力や五感のなかにある何かが深くつながっているのを感じた。それは分析や、実際に目に見えるものを超えた何かだ」

マニフェステーションの過程で、必ずどこかの時点で障害にぶつかったり、挫折を経験したりするだろう。自分を疑い、自分には意図を現実化する能力はないと自信をなくす瞬間もあるかもしれない。ナイノア・トンプソンのように、暗闇のなかで方角を見失い、途方に暮れることもあるだろう。

だが、あなたが真っ暗な夜に遭遇し、恐怖に呑み込まれ、「自分は無力だ、無価値だ、間違っている」という古い思い込みがよみがえってきたとしても、もっとも大切な意図に注意を戻し、このシンプルだが強力なプラクティスを行えば、内なるコンパスを呼び覚ますことができる。シルビア・バスケス＝ラバドのように、真っ暗なジャングルのなかで道に迷ったとしても、親切な人々と出会い、正しい道を教えてもらうことができる。

人生が自然な軌道に乗り、顕在意識だけでは決してできなかったことを達成するために、わたしたちはセルフコンパッションのプラクティスにさらに時間をかけたり、目標を達成する自分を視覚化する新しい方法を探したり、フロー状態に入り、昔の行動と思考から抜け出すための新しい儀式を試したりするかもしれない。

意図を現実化する過程で、わたしたちは必ず障害や困難にぶつかることになるが、その段階を乗り越えるための戦略は存在する。それは、**小さくはじめること、基本のプラクティスに立ち返ること、利他の力を発動すること、そしてシンクロニシティにダイヤルを合わせること**だ。

小さくはじめる

マニフェステーションで大切なのは本気でとり組むことだ。そしてさらに大切なのは、自分の意図を潜在意識に定着させるプロセスを理解することだ。

ここでのカギはくり返しだ。そしてすべての訓練がそうであるように、ここでも小さくはじめるのが賢いやり方だ。まずは手の届く範囲で目標を決める。一足飛びに遠くまで到達し、奇跡のような結果を出したいという人は、必ずどこかの時点で失望を味わうことになるだろう。そして目標そのものをあきらめてしまうのだ。さらに悪いことに、必要以上に自分を責めてしまうかもしれない。

小さな目標を達成すると、自分に自信がつき、このやり方は間違っていないと信頼できるようになる。そして、目標を達成したことによるポジティブ感情が、わたしたちを次のステップに向けて押し上げてくれるのだ。これが「小さな変化」、あるいは「ベイビーステップ」の特徴だ。自分に多大な負荷をかけることなく、前に進んでいくことができる。

マニフェステーションは1回で終わるプラクティスではない。これは魔法の杖ではない。物理の法則を超越することも、人間の自然な発達段階を飛び越えることもできない。わたしたちのできることに上限はないが、どんなに大きな夢も、すべて小さな一歩の積み重ねだ。ときにはいきなり結果が出ることもあるかもしれないが、マニフェステーションは基本的に時間がかかる。一瞬のうちにゼロが１００になるわけではない。

また、マニフェステーションは受け身的な作業ではないということも理解しておく必要がある。このプロセスに「フリーライド（タダ乗り）」は存在しない。自分の意思で小さな一歩を踏み出し、最終的な目標に向かって能動的に進んでいく。それに加えて、マニフェステーションのプロセスに必要な作業にも真剣にとり組まなければならない。それは学位をとることかもしれないし、あるいはベンチプレスで１８０キロを上げられるようになることかもしれない。

わたしたちの誰もが、とてもすごいことを現実化する力を秘めている。しかし、その力を発揮するには、まず自分の潜在意識のなかに座って待たなければならないことが多い。そしていずれかの時点でチャンスが訪れ、わたしたちはそのチャンスに反応する。このような小さな出来事が積み重なり、最終的なマニフェステーションにつながるのだ。

小さなステップを積み重ねながら学んだことが、いずれ避けられない障害にぶつかったときに、あなたを助ける知恵になってくれるだろう。そしてさらに大切なのは、小さな目標を達成したら、すぐに次の目標に向かおうとするのではなく、その成功を十分に楽しみ、味わうことだ。習慣をつくるのは、くり返しだけではない。**自分はやりとげたという達成感から生まれるポジティブ感情にも、習慣をつくる大きな力がある。**

あなたが助けてあげたいと思えるような人になる

行きづまったときの打開策を問われたら、いまの努力を2倍にすればいいと答えるかもしれない。自分をさらに追い込むというわけだ。しかしわたしはここで、意外に思われるかもしれない別の戦略を提案したい。それは、自分をふり返ることだ。

自分は世界をどう見ているか、世界のなかでの自分の居場所はどこだと信じているか、そしてもっとも大切なのは、出会うことになるすべての人に自分はどのような影響を与えているかを考えることだ。身のまわりの人たちとのかかわり方を意識的に向上させることが、もしかしたらマニフェステーションの障害を乗り越えるカギになるかもしれない。

人間の神経系は、まわりの人々や環境につねに反応している。脅威やチャンスを探すために、絶え間なくあたりをスキャンしている。わたしたちは、脅威と安全を感知する潜在意識のシステムを通して、人生で出会うすべての人を「安全」と「危険」に分類し、そして潜在意識のなかで、その人に近づくか、それともその人を遠ざけるかを決めているのだ。心理学者で神経科学者のスティーブン・ポージェスは、このプロセスを**「ニューロセプション」**と呼んだ(xiii)。

人間の肉体は、「休息と消化」のモードに入ると「社会交流神経系」と呼ばれるものを表現し、それに応じて生理的にもさまざまな変化が起こる。心拍数が下がり、唾液の分泌と消化が促され、顔の筋肉が刺激を受けて、ポジティブな精神状態を表す表情になる。声による表現力が高まり、相手の目をよく見るようになる。

このような変化が、刺激にどう反応するか、顔にどのような表情を浮かべるかということに影響を与える。そしてもっとも重要なのは、この変化によって、他者のわたしたちに対する反応が決まるということだ。

世界に対する見方が変われば、世界のなかでの言動が変わり、その結果、世界のほうもわたしたちを違う目で見るようになる。なかでもとくに驚くのが、耳のなかの中耳筋と呼ばれる部分が敏感になることだ。中耳筋は、人間の声のなかにある微妙なニュアンスを聞き分ける役割を果たしている。

さきほど登場したスティーブン・ポージェスは、「人は他者とつながることで自律神経が健全に機能する」という考え方を提唱した。この考え方は**「ポリヴェーガル理論」**と呼ばれる。ポリヴェーガル理論の研究者たちは、誰かの声が特別なものに聞こえるのは、自分が安心しているときだけだということを発見した(xiii)。

「闘うか、逃げるか、動かないか」の状態のとき、わたしたちの耳は高周波数と低周波数の音にしか注意を向けない。どちらも捕食動物が近づいていることを知らせる音だからだ。つまりわたしたち人間は、「自分は安全な環境にいて守られている」という安心感がないと、ほかの人間の声を本当の意味で聞くことはできないのだ。

わたしの場合は、「聞く」ことを生涯かけて学ばなければならなかった。ここで言う

「聞く」とは、本当の意味で聞くことである。ただ誰かが話すのを見ながら自分の答えを頭のなかで考えているのとは違う。

わたしたち脳外科医は、よく「間違えることはあっても、自分を疑うことは絶対にない」と言われている。以前のわたしも、まったくこの通りの傲慢な態度で人と接していた。その結果、本当の意味で人とつながるチャンスをすべて失っていた。いまのわたしはありのままの自分を受け入れるようにしている。そのおかげで、他者の気持ちが前よりもよくわかり、相手の言葉を本当の意味で理解できるようになった。

ある意味で、マニフェステーションとは、まわりの人たち、まわりの環境、自分がいる文脈とつながるスキルのことだ。そして優しさと、心からの思いやりが、そのつながりを直接生み出す生理的な通り道になる。

人は「休息と消化」のモードに入ると、社会的なつながりを形成しやすくなる。そしてまわりの人たちは、そんなあなたを見て、本能的に目標達成の手助けをしたくなる。なぜなら彼らは、あなたが自分のためだけでなく、より大きな善のために行動していることを察知しているからだ。人間の脳の報酬系は、食事やセックスに反応するようにできているが、他人に親切にしたり、他人から親切にされたときにも反応することがわかっている。

自分が「グリーンゾーン」の状態になると、まわりの人たちもあなたと一緒にいたいと

思うようになる。自分が十分に安心していれば、自分自身が困っているとき、あるいは他人が困っているのを見たときにも、自分自身を慰めることができ、他者に思いやりを示すことができる。これも「哺乳類のケアギビングシステム」の力の1つだ。また人間は、まわりにいる人たちの心身の状態に影響を受けるようになっているため、自分がグリーンゾーンの状態であればまわりの人もそれに反応し、安心してリラックスした状態になる。

セルフコンパッションは伝染する。コヒーレンスの状態にある心臓の電磁場が伝染するのと同じことだ。安全と安心を感じることは、強固な社会的つながりを形成するうえで欠かせない要素だ。人は安心しているからこそ他者と物理的に近づけるのであり、そしてその物理的な触れ合いから親密さが生まれるのである。ポジティブな物理的接触は、オキシトシンの分泌を促進する。その結果、社会的な絆が形成される。他者と物理的に近づくには安心感が必要であり、そして感情的なつながりを感じるには物理的な近さが必要だ。

視覚化と瞑想を通して、人とのつながり、帰属意識、目的意識、充足感がもたらすポジティブな感情を想像すると、その感情が自分にとってなじみ深いものになり、生存を脅かす脅威とは感じなくなる。この感情をもつことで、「休息と消化」の反応から生まれる社会的安全の本能をさらに活性化させると、まわりの人たちもあなたの影響で安心し、あなたの意図は自分のためにもなるいいものだと信じるようになる。そして、まわりの人たちも、あなたの意図を実現するために、自分も協力しようと思えるようになるのだ。

目標をさらに大きな目標とつなげる

メディカルスクールを目指していたアヌラが、第一関門であるMCATに再挑戦しようとしていたときの話を覚えているだろうか？　彼女は好成績をとった自分を視覚化するとき、ただ自分の喜びや利益だけでなく、将来の患者のためにしてあげられることも想像した。医者になった自分が彼らを助け、彼らを治療するようすを詳細に思い描いたのだ。

するると、モチベーションがさらに高まり、テストの間ずっと高い集中力を維持するとともに、覚えた知識を効果的に思い出すことができた。その結果は、過去最高の点数だ。これがまさに、自身の欲求と、広い心で他者とのつながりを求める気持ちが出会ったときに起こる魔法だ。

自分の欲求をふり返ると、その奥底には、世界に対して貢献したいという気持ちがあることに気づくだろう。マニフェステーションのプロセスにおいて、これは単なる心温まる副作用ではない。むしろ純粋な戦略的資産だ。生命を癒やし、生命力の流れを促すような目標であれば、世界はより好意的に反応し、実現をあと押ししてくれる。

自分の意図が、どんな形でほかの人の役に立つか考えてみよう。そうすれば、自分のためだけに目標を追い求めていたら想像もできなかったような、助けや協力を引き寄せることができる。

興味深いことに、ジム・キャリーがキャリアの転換点を迎えたのも、自分のコメディにはより大きな目標があると気づいたときだった。当時のキャリーは、ものまねの芸ですでに成功していた。「千の顔をもつ男」と呼ばれ、人気番組の『ザ・トゥナイト・ショー』に出演し、司会者のジョニー・カーソンの前でエルヴィス・プレスリーのものまねを披露している。しかしキャリーは、観客を喜ばせる芸を捨て、舞台の上でもうジョークを言わないと決意した。自分の奥深くにある動機を探るためだ。

キャリーは、自身を題材にしたドキュメンタリー『ジム＆アンディ』のなかで当時のことをこう語っている。

「（舞台のあとで）家に帰ると、ベッドに横になって考える。『彼らの望みはなんだ？　彼らは何を欲しがっている？』。自分が何を欲しがっているかということではない。自分の欲しいものはもうわかっている。それは、成功すること、有名な俳優になることだ。しかし、彼らの欲しいものはなんだ？　彼らはわたしに何を求めている？　ある日の真夜中、ぐっすり眠っていたところ突然目が覚めた。そしてガバッと起きると『彼らは心配事から自由になりたいんだ』とひらめいたんだ」

　翌日の晩、キャリーはコメディクラブの舞台に立つと、まずこの台詞を口にした。

「みなさん、こんばんは。ごきげんいかがですか？　それはよかった《オールライティ・ゼン》」

　観客は一斉に爆笑した。キャリーのトレードマークである人を食ったようなキャラクターがここに誕生したのだ。

　映画『エース・ベンチュラ』でもこのキャラが存分に生かされ、キャリーは一躍大スターになった。

「彼らはぼくを見て、『こいつは何も心配していない。何も気にしていない』と感じるんだ」とキャリーは言う。

「あの夜、ベッドのなかでぼくが決心したのはこういうことだ——観客は心配事から自由になりたいと思っている。それならぼくが、まず何も心配していない人間になろう」

　キャリーが発見したのは、コメディアンとしての自分の才能を、観客が心から望むものと合致させることができるということだ。そうすることで、自分自身を大切にしながら、観客の望みにも応えることができる。彼はコメディアンとしての自分の仕事を「牧師」にたとえたことさえあった。

　それから長い年月がたった２００９年、エックハルト・トールとのカンファレンスで、ジム・キャリーは大きな成功を収めてからの人生について語った。過去をふり返ると、そこには2人の自分がいたことに気づくという。1人は、自宅のリビングで跳び回り、そこにいるすべての人を楽しませようとしている子ども。そしてもう1人は、母親の苦しみを少しでも和らげようとする子どもだ。

彼は母親に自由を感じてほしかった。さらに、「自分の子どもは価値のある存在なのだから、その子を産んだ自分にも価値があると感じてほしかった」と彼は言う。そして、子どもだったキャリーは自分の部屋で机に向かい、ノートにこんなことを書いていた。

「なぜわたしたちはここにいるのか？　人生とは何か？」

小さい子どもにしてはとても大きな質問だ。

その後、彼は「すべての霊的なものの目的は苦しみを和らげることだ」というブッダの言葉を読んだ。そして突然、気がついた。キャリーは言う。

「『これはまさに、ぼくがいつもリビングでしていることだ！』。これでつながった。ぼくの目的はここにつながっていたんだ」(xiv)

コメディアンとしての才能を、心配事を忘れさせることを通して人々の苦しみを和らげるという高次の目的と合致させたキャリーは、その瞬間から、誰もが一緒に働きたいと思う人になった。マルホランド・ドライブを車で走って丘を登り、ロサンゼルスの街並みを上から眺めながら想像していたことが、ついに現実になったのだ。観客の「牧師」という新しい役割を真剣にこなした結果、彼の夢は信じられないレベルで現実化した。

「人々に心配事を忘れさせるという選択が、ぼくを高い頂に押し上げてくれた」とキャリーは過去をふり返る。

「他者への影響力は、この世に存在するもっとも価値のある通貨だ。（中略）ぼくが何かしたことで、どこへ行っても、そこで出会うすべての人が、ぼくの前で最高の自分を見せてくれるんだ」

Practice

あなたの意図は世界にどのように貢献できるか？

自分の内なる力を大きくするもっとも強力な方法の1つは、自分の意図と、自分のまわりに存在する生命のためになることを合致させることだ。このプラクティスは、自分のビジョンがより大きな何かの一部であると自覚することを目指している。

1. 準備をする

a. 内省にふさわしい静かな場所を見つけ、時間を確保する。

b. 深呼吸を何度かして心を落ち着かせる。自分の体内に意識を向け、いまこの瞬間に集中する。

2. 自分の意図をふり返る

a. 視覚化してきた意図を思い出す。五感をフルに使ってその意図を感じる。意図を詳細に描写し、意図が実現したときのポジティブな感情を経験する。

b. ここで少し視野を広げる。このビジョンはどのような文脈のなかで起こっているか？　その出来事や目標に、ほかには誰がかかわっているか？　あなたの意図は、彼らにとってどんな意味があるか？

3. 自分の意図をもっと大きな何かとつなげる

a. 自分の意図が実現したらどんな影響があるか考える。あなたと同じような人たちを刺激し、彼らが夢を追い求めるあと押しになるかもしれない。家族や地元コミュニティが喜ぶかもしれないし、彼らが注目されたり、リソースを手に入れたりするかもしれない。多くの人に影響を与える社会問題や環境問題の解決につながるかもしれない。

4. ステートメントを書く

a. 自分の意図がまわりの命にどう影響を与えるかについてステートメントを書く。自分への手紙という形でも、愛する人や世界への手紙という形でもいいし、あるいは履歴書に書くような個人のステートメント、自分が守るべき原則の箇条書きでもいい。

b. 自信をなくしたり、抵抗にあったり、怠け心が出てきたりしたら、このステートメントを読み返して勇気をもらう。自分が現実化しようとしていることは、自分を超えたより大きな世界に貢献するということを思い出す。マニフェステーションのプロセスで助けになってもらいたい人に出会ったら、このステートメントを読んで聞かせたり、読んでもらったりしてもいいかもしれない。

シンクロニシティにダイヤルを合わせる

マニフェステーションの障害をとり除くもう1つの方法は、まわりの環境をスキャンして手がかりを探すという、脳に自然に備わった能力を活用することだ。

前の章に登場した、潜在意識のなかに存在するファイル係と警察犬を覚えているだろうか？　ファイル係がわたしたちの意図を「顕著性」と分類し、そのにおいを警察犬に覚えさせると、警察犬はあたりを嗅ぎ回り、意図を実現するためのあらゆるチャンスを見つけてくる。これが**「シンクロニシティ」と呼ばれる現象のしくみ**だ。

シンクロニシティとは、それまでは気づいていなかったような「意味のある偶然」が、突然、そしてしばしば意外な形で起こることをさしている。

マニフェステーションのプロセスで足踏み状態になったら、身のまわりの微妙なヒントや、予期していなかったつながりに注目してみよう。以前だったら、「ただの偶然」、「無関係」と無視していたものでも、そこに何かが隠されているかもしれない。そういった奇妙な一致が、進むべき道をそっと教えてくれるというのはよくあることだ。そしてあとからふり返り、出来事のつながりが見えたときに、はじめてわたしたちはその内部にあるロジックに気づくのだ。

最近の出来事のなかで、どこか奇妙に感じられたものを思い出してみよう。たとえば、お互いにまったく関係のない3人の人から同じ本をすすめられたかもしれない。あるいは、ある特定の場所が夢に何度も登場し、その場所には何か大きな意味があると感じたかもしれない。

ディナーパーティや仕事上のイベントの場で、何気なく自分の意図を誰かに話したところ、あなたのプロジェクトに大きな貢献ができそうな人を紹介してもらえたかもしれない。どこで見聞きしたかは思い出せないけれど、同じ言葉が何度も頭に思い浮かんだかもしれない。とくに理由もなく近所のある場所に惹きつけられたり、何年も会っていなかった旧友に、急に連絡をとりたくなったりしたかもしれない。

目先の目標にばかりとらわれ、視野が狭くなっているとき、自分の顕在意識はあまり頼りにならない。自分にとって本当に大切なこと、気づかなければいけないことを教えてくれないからだ。そんなときこそ、もっと声が小さく、直感に訴えるような、潜在意識からのメッセージを受けとる心の余裕が必要になる。それはしばしば、まわりの人々、環境、出来事、物事の間で起こる偶然の一致という形で届けられる。

夢の足跡を追って

友人からボルドーで開催されるブックフェスティバルに誘われたとき、アマンディーヌ・ロシュはロースクールの勉強で苦戦し、どこか旅に出かけることを夢想していた。そのちょっとした旅行をきっかけに、最終的に彼女は世界を股にかけることになった。

わたしがアマンディーヌと最初に出会ったのは2014年のことだ。わたしが主催した、生きる聖人アンマとハグするイベントに彼女が参加していた。そのときに聞いた話によると、彼女の友人のおばがそのブックフェスティバルに行くことになっていて、そのおばがエラ・マイヤールの親友だったという。

エラ・マイヤールは著名なスイス人冒険家・写真家で、アマンディーヌが夢見ていたような冒険をいくつも経験していた。マイヤールの功績でとくに有名なのは、1935年、『タイムズ』紙の特派員だったピーター・フレミングとともに中国国内を5600キロも旅したことだろう。人を寄せつけない砂漠を横断し、ヒマラヤの急峻《きゅうしゅん》な峰を越えた。移動手段は、列車、トラック、ヤク、ラクダ、そして徒歩だ。マイヤールはまた、1939

年、親友と一緒にジュネーブからカブールまで車で移動し、キルギスで遊牧民たちとともにすごした。

アマンディーヌは考えた――「これこそまさにわたしが望む人生だ」。

友人のおばからマイヤールの電話番号を教えてもらったアマンディーヌは、実際に会う約束をとりつけた。そして会う前に、もう一度マイヤールの功績を詳しく調べてインタビューに備えることにした。しかしそうこうしているうちに、マイヤールが亡くなった。94歳だった。アマンディーヌは大きなショックを受けたが、その日の夜、マイヤールが彼女の夢に現れてこう言ったのだ。

「心配しないで。わたしたちはほかの方法で会えるでしょう。わたしのすべての著作とすべての写真をもって、わたしが訪れたすべての国を訪ねなさい。そしてこの70年で何が変わったか見てきなさい」

アマンディーヌは新しい希望を胸に、エラ・マイヤールの足跡をたどる冒険旅行の企画を作成すると、6つの団体から補助金を受けとることに成功した。そして18か月にわたって、中央アジアのすべての国、インド、ネパール、チベット、中国、ロシア、ウクライナを訪れた。飛行機は使わず、旅の途中で出会った人たちと一緒に暮らし、トラックからサイドカー、ラクダまで、手に入る移動手段はなんでも使った。

しかし、カブールがまだ残っている。時は２０００年で、アフガニスタンはタリバンの支配下にあった。アマンディーヌはタジキスタンにいて、ユニセフと一緒に仕事をしていた。そして上司から、難民の一団が地雷だらけの島に上陸したので、資金集めのために彼らの救出を記録する必要があるという話を聞いた。アマンディーヌは恐れおののいた。そこは、一方にはカラシニコフを抱えたタリバンがいて、もう一方には砲身をこちらに向けているロシアの戦車があるような場所だ。

それでもアマンディーヌは、それまでに出会ったアフガニスタンの人々に魅了され、客人をもてなす彼らの心に感銘を受けていた。彼女は心を決めた。危険は承知のうえで、アフガニスタンに入る。彼女は休暇を申請すると、国連の航空券を購入した。しかし、誰も彼女を連れていってくれなかった。あまりにも危険な場所だからだ。

ロシア人のパイロットが彼女に言った。

「つい先日もタリバンが航空機を撃墜したばかりだ。もうあそこには戻らない」

そこで彼女は、あるＮＧＯと一緒にアフガニスタンに入ろうとした。しかし、ロシアからの許可証をもっていないので、同行を認められなかった。次に彼女が考えたのは、アフガニスタン軍の司令官であるアフマド・シャー・マスードのヘリコプターに同乗することだ。しかし上司から、戦闘地帯に直接入るのは危険すぎると反対された。

アマンディーヌは3回挑戦したが、3回ともアフガニスタンに入国することはかなわなかった。そこでついに、エラ・マイヤールの精神にならい、バックパックを背負うと徒歩で出発し、ヒッチハイクをしながらアフガニスタンを目指すことにしたのだ。

2001年9月、パキスタンのイスラマバードに到着すると、現地で活動するアリアンス・フランセーズ（世界各地でフランス語やフランス文化を教える団体）のトップと出会った。彼女は彼に、自分がエラ・マイヤールの足跡をたどっていること、そして本を書くためにアフガニスタンを目指していることを話した。

「頭がおかしいのか？　タリバンに殺されるよ！」と彼は言い、手を貸すことを拒否した。アマンディーヌはイスラマバードで1泊し、翌日も偶然彼に会った。

「まだここにいたのか？」と彼は言った。

彼女は自分の目的をまたくり返した。彼女の決意の固さに感心した彼は、ロフッラーという名の生徒に紹介すると約束してくれた。ロフッラーのおじのハビーブッラーは、タリバンの外務大臣を務めていた。

ロフッラーはアマンディーヌのパスポートを見ると、その場でおじに電話をした。そして、彼女がタジキスタンからアフガニスタンに入ろうと3回挑戦したこと、今度はパキスタンから入ろうとしていることを説明すると、彼女の手助けができるか尋ねた。

「もちろんだ」と、おじは答えた。

「彼女の名前は？」

ロフッラーは、「アマヌッディン・ロシュ」と、ペルシヤ風の名前を答えた。おじのハビーブッラーは言った。

「ビザは必要ない。彼女はもうアフガニスタン人だ」

アマンディーヌは困惑した。ロフッラーは言った。

「ちょうど明日、おじはパキスタンに来る予定がある。あなたのために喜んで無料でビザを発行すると言っている」

アマンディーヌはさらにわけがわからなくなった。そして翌日、ハビーブッラーに会うとこう説明された。

「アッラーがあなたをアフガニスタンに送ることにしたのは、あなたの名前がアマヌッディン・ロシュだからだ。『アマン』は『平和』という意味で、『ディン』は『宗教』、『ロシュ』は『喜び』という意味だ。つまりあなたの名前は、『平和の幸福な守護者』という意味になる。これはアッラーのおぼしめしだ。だからわれわれは、あなたを客人として丁重にもてなす」

ハビーブッラーのおかげで、アマンディーヌは無事にアフガニスタンに入り、カブールを訪れることができた。エラ・マイヤールの足跡をたどる旅もこれで完結だ。驚くべきことに、その日付は2001年9月11日だった。

しかし、物語はそこで終わらない。アマンディーヌはロファッラーと連絡がとれなくなっていたが、もう一度会い、夢の実現の助けになってくれたお礼をしたかった。そして10年以上がたった2012年、アマンディーヌのもとにフランスの友人から電話があった。

その10年、アマンディーヌは、何度か離れることはあったが基本的にアフガニスタンで暮らしていた。その友人はある有名なパシュトゥーン人女性に関する本を書いていて、もしよければアフガニスタンにあるアマンディーヌの家を通訳が訪ねるので、その女性と本の契約を結ぶ手伝いをしてもらいたいと言ってきた。

アマンディーヌが承諾すると、友人が通訳を彼女のもとに送った。偶然にも、その通訳はタリバンの通訳もしているということだった。

「本当に？」とアマンディーヌは尋ねた。

「それならハビーブッラーを知っている？」

すると通訳の男性は声をあげて笑った。

「なぜ笑ってるの？」と彼女は尋ねた。

「すぐ近所にいるからだよ。ハビーブッラーはあなたと同じ通りの角に住んでいる」

アマンディーヌはアフガニスタンに10年住んでいたが、ハビーブッラーがまだ生きているかどうかも知らなかった。それが、同じ通りに住んでいるというのだ。通訳はハビーブッラーに電話をすると、こう言った。

「ハビーブッラー、アッサラーム・アライクム。びっくりするような知らせがありますよ」

するとハビーブッラーは答えた。

「アマヌッディンか？」

あとから聞いた話によると、ハビーブッラーは、戦乱の余波のなかでアマンディーヌを探していたという。彼女は直接ハビーブッラーの家へ行き、ロフッラーの居場所を尋ねた。ハビーブッラーの話によると、ロフッラーは何年もアフガニスタンを離れ、ノルウェーの大学で平和学の修士号を取得したのだが、先日父親が亡くなったので、ついに故郷に戻ってきたという。ハビーブッラーはロフッラーに電話をすると、こう言った。

「びっくりするような知らせがあるよ」

するとロフッラーは答えた。

「アマヌッディンですか？」

2人はついに再会した。2人ともこの好運に驚いていた。ロフッラーはタリバンの子どもたちのために学校をつくろうとしていた。そしてアマンディーヌは、平和と非暴力を促進し、アフガニスタン人にヨガと瞑想を教えるために「アマヌッディン基金」を設立することを目指していた。2人は協力して働くことにした。

そして3年後、ハイチにいるアマンディーヌにロフッラーから電話があった。

「あなたの助けが必要だ」と彼は言った。

当時ロフッラーは、国連と協力し、女性のエンパワメントのために働いていたのだが、タリバンから命を狙われるようになった。そのため、まずイスラマバードに逃れ、そこからフランスを目指していた。アマンディーヌは、自分の人脈を使ってロフッラーのビザを手配し、そして現在、ロフッラーはフランス国籍を取得している。これでアマンディーヌは、ついにかつての大きな恩に報いることができたのだ。

アマンディーヌは、この紆余曲折の物語を次のように説明する。

「たとえるなら、自分の精神に1枚の写真を印刷するようなものね。何かを『本当に欲しい』と感じると、もうそれで決まり。それが運命の一部になる。そして、誰かから名前を聞いたり、その人に直接会ったり、その人の写真を見たりすると、すでにそれが起こることがわかる。なぜなら、振動の周波数がとても高いから。でも、自分の振動の周波数を、彼らの周波数に合わせる必要がある。それが実現の秘訣なの」

Practice

シンクロニシティを探す

シンクロニシティを最大限に生かすのは一種の習慣であり、その習慣は訓練で身につけることができる。

潜在意識がまわりの環境と調和し、意図を現実化するチャンスを探すようになると、わたしたちはまるで暗視スコープを装着したような状態になる。それまでは真っ暗闇のなかを手探りで進み、まわりに何があるのかまったくわからなかった。しかし、この暗視スコープがあれば、まわりのすべての動きが目に入ってくる。すると突然、チャンスがそこら中にあることに気づく。あたりはもう暗闇ではない。

興味、欲求、人とのつながりが奇妙にからみ合うこの現象は、潜在意識に意図を埋め込み、より広い世界とかかわるようになったときによく起こる。次に紹介するプラクティスを実行すれば、あなた自身の感度を上げ、世界が届けてくれるチャンスに敏感に反応できるようになるだろう。

1. 準備をする

a. 内省にふさわしい静かな場所と時間を確保する。

b. 数回深く呼吸して、精神を落ち着かせる。体内で「いま、ここ」を意識する。

c. ノートとペンを用意する。

2. 落ち着く

a. 楽な姿勢で座り、目を閉じる。精神が落ち着くまで数分間そのままでいる。

b. 目を閉じたまま背筋を伸ばし、鼻からゆっくり息を吸い、口からゆっくり息を吐く。この呼吸を3回くり返す。この呼吸が自然に感じられ、集中のじゃまにならなくなるまで続ける。

3. 身体をスキャンする

a. 全身をゆっくりとスキャンしていく。身体のそれぞれの部分に優しく意識を向け、筋肉をリラックスさせていく。

b. 筋肉を1つずつリラックスさせ、精神の緊張を解き、精神を開く。

4. シンクロニシティを探す

a. これまでの人生で起こったこと、経験した状況を静かに思い出す。細部まで鮮明に思い描き、善悪の判断はしない。どんな感情も、どんな手がかりも、ささいなものではない。神秘的な言語で語る賢人の言葉に耳を傾けるように、ただ人生の声を聞く。

b. 自分に「何か一定のパターン、あるいは驚くような偶然に気づいたか?」と尋ねる。最近の会話、読んだ記事やネットの書き込み、印象深い夢、ふと浮かんだ直感などを思い出す。3人の違う人から同じ本のタイトルを聞いたかもしれない。または、ある場所のことが頭から離れないのかもしれないし、とくに印象深い出来事だが、長い間忘れていた記憶が何度もよみがえるかもしれない。

5. 思い出したことを記録する

a. 用意したノートとペンをとり、少なくとも5分間、視覚化で心に浮かんだことを自分の言葉で描写する。

b. できるだけ詳細に描写する。2つか3つの文でも、長い文章でもいい。大切なのは、人生があなたに教えようとしていることを、あなたがこうやって書いているということだ。

6．書いたものを読み直す

a．次に、目を閉じて座り、鼻からゆっくり息を吸い、口からゆっくり息を吐く。この呼吸を3回から5回くり返す。そして目を開ける。

b．自分で書いたものを黙読する。

c．今度は書いたものを自分に聞かせるように音読する。目を閉じ、書いたもののイメージをしばらく思い浮かべる。

7．次のステップを考える

a．このプラクティスで気づいたパターンや洞察をどんな行動につなげるかを考える。自分の内なる力をどこで使えば、この偶然のつながりの網を広げることができるだろうか？

b．気づいたことを考えながら、しばらく静かに座っている。どんなに小さなつながりでも、目的とビジョンとの一体感をさらに深めるチャンスになるかもしれないということを理解する。

書いたものをどこか手にとりやすい場所に置き、折にふれて読み返すことで、人生のなかで予想外のつながりを探すのを忘れないようにする。シンクロニシティには、こちらが注意と敬意を向けるほど、さらに増殖していくという特徴がある。このプラクティスを定期的に行い、暗視スコープの精度を高めていけば、人生が与えてくれるチャンスを最大限に生かせるようになるだろう。

ピンチのときこそ深く呼吸する

ドルドラムズを通過するカヌーのなかで疲労困憊《こんぱい》し、思わず手すりによりかかったナイノア・トンプソンと同じように、わたしも脳外科医として、精神のリラクゼーションから洞察を得た経験がある。

たとえば、手術の最中に問題が起こり、患者の命を救うために、限られた時間のなかで完全に手探りの状態で手術を進めなければならないことがある。そのような瞬間、まわりは全員がパニックを起こしていても、わたしは基本的なプラクティスを実行する。精神を落ち着かせ、身体をリラックスさせ、心を開く。

患者の命を救うために必要な処置を詳細に視覚化し、あとは自然に手が動くのにまかせる。理屈を超えた力、わたし自身のスキルを超えた力の導きに従うのだ。「状況をコントロールしなければ」と躍起になる顕在意識を手放せば、状況は秩序をとり戻し、予測可能になる。そして潜在意識がもつ驚くほど高度なスキルに身をまかせれば、生命の力がわたしのなかを流れていく。

マニフェステーションも、ほかのすべてのものと同じように、生命、物理、現実の法則に支配されている。どんなにある結果を望んでも、それが生まれるべきものでないなら、現実化することはできない。ときには、意図のためにあらゆることをしたのに、結局は自分の手を離れてしまうことがある。

そのようなとき、わたしたちにできるのは、ただ呼吸して、精神を落ち着かせ、心を開き、そして次の章のステップ6に進むことだけだ。

Chapter 8

Step6:
期待を手放し
「引き寄せ」に心を開く

大切なものが一夜にして出現することは決してない。ブドウやイチジクでさえ熟すまでに時間がかかる。いますぐイチジクが欲しいとあなたが言うなら、わたしは待ちなさいと答えるだろう。まず木が花を咲かせ、花が実を結び、その実が熟さなければならないからだ。

——エピクテトス

ビジョンを追求する過程で、完全に行きづまったり、混乱してしまったりすることがある。しかし、心を開いて耳を傾ければ、その「失敗」こそが、想像もしていなかった新しいチャンスに導いてくれることに気づくかもしれない。

ソウル・オブ・マネー・インスティテュート創設者のリン・トゥイストは、アマゾンの水源を保護するためにパチャママ・アライアンスをつくるというビジョンを受けとったとき、まだハンガープロジェクトの理事として働いていた。

彼女は世界中を飛び回り、サブサハラ・アフリカ（アフリカ大陸のサハラ砂漠より南の地帯）、インド亜大陸、バングラデシュ、スリランカにおける飢餓と貧困の問題にとり組んでいた。53か国の事業を統括し、さらに3人の子どもを育てている。

彼女がこの仕事を選んだのは、子どものころから、マザー・テレサに会い、その活動に参加したいというビジョンをもっていたからだ。子どものリンは、それこそが世界でもっとも尊い仕事だと信じていた。

彼女はとても忙しく、スケジュールはすでにいっぱいだったが、それでもなんとか時間を見つけ、寄付金集めの一環としてグアテマラに飛び、寄付者たちとの旅行をほかの人と一緒に引率することになった。これは友人である開発ディレクターからの依頼だった。

その旅行で、リンは山に暮らすあるシャーマンに導かれ、驚くべき体験をした。顔にオレンジ色の幾何学《きかがく》模様のペイントを施し、鳥の羽根を頭に飾った人々のビジョンがひっきりなしに現れるのだ。彼らはアマゾンに暮らす先住民族だ。その後、彼女は、人生の道を大きく変え、アマゾンの熱帯雨林の源流を守る仕事にエネルギーを捧げることになる。

アマゾンの熱帯雨林と、そこに暮らす先住民族のイメージが最初に現れたとき、リンはすっかり混乱してしまった。南米には行ったことがなく、現地の環境についてなんの知識もなく、それにスペイン語も話せない。それでも、彼女にはだんだんと、「わたしの人生はそこに向かっている」とわかってきた。

とはいえ、ハンガープロジェクトのことを考えると、そう簡単には決められない。そこで重責を担っているのはもちろん、かなりの思い入れもあったからだ。どうすればハンガープロジェクトから手を引き、方向転換できるのかわからなかった。それでも、彼女をアマゾンへと呼ぶ人々の顔が、昼夜を問わずビジョンとして浮かんでくる。そのとき彼女は贈りものを受けとった。

「ひどい話だと思うかもしれないけれど」と彼女は言った。

「わたしが受けとった宇宙からの贈りものはマラリアだったの」

実際、インドとエチオピアで2種類のマラリアをもらっていたのだ。

「つまり、同時に2種類のマラリアに感染したの」と彼女は言う。

「完全にダウンしてしまった。仕事なんてできる状況じゃない。電話会議にも出られないし、何も考えられない。起き上がることさえできなかった」

はじめのうちは、ただのインフルエンザだと思っていた。医者に何度か診てもらったが、そのたびに誤って診断され、適切な治療が受けられなかった。7回目の検査で、やっとマラリアだということがわかった。病状は8か月ほど続き、その間ハンガープロジェクトは彼女なしでやっていかなければならなかった。数十万人ものボランティアと、大量のスタッフを統括していた人物が、突然いなくなってしまったのだ。

「あれはむしろ好運だった」と彼女は当時をふり返る。

「なぜかというと、当然仕事はできないし、本を読むことも、テレビを見ることもできない。本当に何もできなかったので、考える時間だけはたくさんあった。ハンガープロジェクトのほうは大変だったようだけれど、なんとか組織を再編したようね。そして8か月か9か月後に『治ったから仕事に戻らないと』と思ったんだけれど、じつは戻る必要なんてまったくなかった」

リンが語っていたように、熱帯雨林の神秘的な力と、先住民の声の力が、彼女をアマゾンに引き寄せた。そして彼女にとっても、アマゾンの大自然が抗いがたい魅力をもつようになった。病気で療養していた間、彼女は熱帯雨林のなかにいる自分を想像した。先住民たちのなかに入り、石油会社や鉱山会社を森から追い出し、地球上でもっとも原始的で、生物多様性の高い熱帯雨林を永遠に保護する。

そのときまで、彼女が目指していたのは人々を餓死から救うことだった。しかしいま、彼女は再び熱帯雨林のビジョンを見ている。自分がその森で何かすばらしいことを行い、南米がアフリカやインドのようになるのを防いでいる。アフリカやインドも、かつては熱帯雨林に覆われていた土地だ。

「それまでとり組んでいた貧困や飢餓の問題も、じつは200年にわたる大規模な森林破壊の結果だと気づいたの。でも、アマゾンはまだ残っている。ある意味でこれは、治療から予防へと方向転換したと言えるかもしれない。すぐに正しく診断されなくて本当によかったと思っている。もしすぐにマラリアだとわかっていたら、もっと早く快復してしまったでしょうね。病気で何か月も寝込んだことが、あそこまで大きな変化を起こす準備期間になってくれた。以前は忙しすぎてそんな時間はなかったけれど、病気のおかげで自分をじっくりふり返ることができた。だから新しいミッションを受け入れることができたのね」

直感的に変だと思うかもしれないが、マニフェステーションのプロセスの一部は、期待を手放すことだ。何かを現実化するとき、わたしたちはよく、行動の結果に必要以上に執着してしまう。これはよくある落とし穴の1つだ。

結果への執着と、執着による苦しみは、さまざまな形で現れる。たとえば、ある時間軸に執着してしまうこともあるだろう。ある特定の方法や、特定の目標に執着することもある。そしてしばらくしてから、人生はわたしたちが想像もしていなかったようなものを用意していたと気づくのだ。

そんなとき、自分が考えた「あるべき姿」に執着し、目の前の変化や進化に対応せずにいると、実際に経験することを通して道を見つけるのではなく、可能性の扉を閉じてしまうことになる。ある1つの結果ばかりにこだわるのは、引っぱられるロープを素手で必死ににぎっているようなものだ。いずれ手のひらを火傷《やけど》して、痛い思いをすることになるだろう。わたしたちは「手放す」ことを学ばなければならない。

これは実際のところ、微妙な綱渡りのような作業だ。マニフェステーションを成功に導く力の一部は、意図を明確に視覚化し、それを感情と結びつけることにある。しかし、ここで忘れてはならないのは、意図をきわめて詳細に視覚化する目的は何かということだ。それは、意図が大切であると潜在意識に教え込むことであり、外側の世界に実際に力を及ぼすことではない。

言い換えると、力強く視覚化され、感情と結びついた意図をもつことで、潜在意識の導きで行動できるようになるということであり、その行動の結果はまわりの世界と、世界が必要としているもので決まるということだ。

わたしたちはしばしば、はるか先までは見通すことができず、旅の途中で曲がり角や分かれ道が現れることを予測できない。しかし、まわりの環境や、まわりの人々から送られるフィードバックに注意していれば、内なるコンパスがすでに次のステップを用意していることに気づく。そのステップが、計画通りかどうかは関係ない。むしろ実際のところ、意図が現実化する方法や、目的地に到達する方法を、具体的に知っておかなければならないということはめったにない。わたしたちはただ、次の正しいステップを見つければいいだけだ。

欲求をさらに明確にする：内なる柔術

大切なことなのでもう一度言おう。マニフェステーションは1回では終わらない。これはむしろ、自分の意図に磨きをかけ、さらに具体的に、さらに明確にするプロセスだ。意図の視覚化を行い、自分の言葉と行動を通して意図を世界に届け、何が送り返されるかを確認する。そしてこれをくり返すことで、内なるコンパスとさらに深くつながっていく。

自分の行動がポジティブな結果を生み、そのときにポジティブな感情が生まれたら、顕著性ネットワークは意図の重要性をさらに理解し、意図の実現に向けてさらに努力するようになる。

その一方で、行動の結果が失望、混乱、あるいは自分自身や他者を傷つけるようなことにまでなってしまったら、そこで立ち止まり、意図が本当に自分のためになっているか、もう一度考えなければならない。このままあきらめず、情熱をもってその意図を追い求めるのか。あるいは、わたしたちが築こうとしている人生や、わたしたちがなんらかの貢献をしたいと思っている文脈を考慮し、それに合った意図に方向転換するべきなのか。

自分自身との関係、他者との関係において、興味深い逆説がある。自分を批判するネガティブな心の声に従っているとき、わたしたちは自分のことばかり考えている。その状態から抜け出す方法は、他者のために働き、他者を助けることだ。その過程でわたしたちはこんな発見をする。

「そうか、苦しんでいるのは自分だけではないんだ。わたしの苦しみは、もっと大きな全体の一部なんだ。そしてわたしは、その苦しみを和らげるために貢献することができる」

精神がその境地に到達することができれば、その結果、よりポジティブで、かたよりのない目で、自分と自分の可能性を見ることができる。

これはたとえるなら、精神のなかでくり広げられる柔術だ。世界を違う角度から眺め、他者の助けになるという役割に気づくには、まず自分自身から離れなければならない。そして、わたしたちの助けによって他者が変化し、その結果としてわたしたちも変化し、内なる批判者のせいで自分の可能性が制限されていたことに気づくのだ。

このプロセスにはダイナミックなリズムがある。息を吸い、息を吐いて、パラドックスの迷路を正しく進む感覚だ。これは直線的な道ではない。進んでは戻り、入っては出てのくり返しだ。

わたしは子どものころ、父親から野球のグローブをもらった。父親から何かをもらうことなどめったになかった。このグローブはいまでももっている。もらったときのこともよく覚えている。グローブは硬く、わたしの手にはなじまなかった。意図もこれと同じで、最初は自分になじまない。自分の精神や、外側の何かからむりやり押しつけられたように感じる。

しかし、グローブをはめてキャッチボールをくり返していると、グローブはだんだんと柔らかくなり、手の形になじんでくる。わたしはこうやって、意図も自分の手になじませてきた。意図はやがて、第二の皮膚のようになる。わたしは人生の外側の出来事も、こうやって内面になじませていきたいと思っている。

流れの一部になる

目標が大きいほど、目標に到達するまでの過程は流動的になり、よりたくさんの門を通過しなければならない。この事実を知れば、さらに身の引き締まる思いがするだろう。自分の体温を下げるという目標なら、あるいは自分の病気を治すという目標さえも、通過する門は自分の体内にしかない。しかし、他者の助けがどうしても必要になる目標もあり、そこには多種多様な要素がからんでくるので、わたしたちにコントロールできることはほとんどない。

過去の成功をふり返れば、どれだけ多くのピースが正しい場所にはまる必要があったかがわかるはずだ。ジム・キャリーでさえそうだった。あのキャリーにしかできない、ハチャメチャだが愛すべきキャラクターを磨いていく過程でも、自分の外側にある数え切れないほどの要素に頼る必要があった。

キャリーがテレビ番組『イン・リビング・カラー』で人気者になった90年代初め、映画製作会社のモーガン・クリークでスタジオ責任者を務めるジェームズ・G・ロビンソンが、たまたま新しいテイストのコメディをつくろうとしていた。権威に抵抗する若者らしさと、ハチャメチャなおふざけの融合だ。ロビンソンの言葉を借りると、「わたしと同年代の大人にはまったく理解されない」映画ということになる。

映画『ミクロキッズ』に主演したリック・モラニスに断られたことで、映画『エース・ベンチュラ』に主演する話がキャリーのところに回ってきた。当時、多くの人は、無名のキャリーを主役にするのはリスクが大きすぎると考えた(xiv)。

当時のハリウッドは、コメディ映画に新潮流を巻き起こし、そして新しいスターにその流れを引っぱってもらいたいと思っていたのだが、『エース・ベンチュラ』の関係者はそのことにまったく気づいていなかった。キャリーはたしかにきわめて勤勉で、才能あふれるコメディアンだが、そんな彼でもエンターテインメント業界の大きな流れの一部でしかない。彼はその流れにうまくはまり、そしてその流れに貢献した。

キャリーはのちにこう語っている。

「あなたの仕事は、それをどう起こすかを考えることではない。ただ頭のなかのドアを開ければいいだけだ。そして、現実の世界でもドアが開いたら、そのドアを通って向こう側へ行けばいい。チャンスを見逃しても心配はいらない。いつでもどこかでドアが開いているからだ」(xlvi)

チャンスを多様化する

ある特定の結果に執着するのをやめるには、いくつかの戦略がある。1つは、卵を1つのカゴに盛らないこと。そしてもう1つは、自分を超えたより大きなものと意図を合致させることだ。

わたしは現在、友人や同僚と共同でたくさんのプロジェクトにとり組んでいる。どのプロジェクトでも、スタンフォード大学の「コンパッションと利他主義のための研究と教育センター(CCARE)」や、そのほかのわたしが開発したプログラムで、わたし自身がコンパッションの科学について研究している内容を、反映している。映画や子ども向けアニメシリーズを製作し、世界のために貢献しているキャラクターを登場させたりもしている。

それに加えて、2012年にはじめて構想した「世界コンパッション・フェスティバル」や、2013年からとり組んでいる「国際コンパッション指数」などのプロジェクトもある。さらに2018年から、「国際コンパッション部隊」の構想も練っている。これは、アメリカ人が発展途上国でボランティア活動をする「平和部隊」に似ているが、国籍を問わず誰でも参加でき、どんな国でも活動できるという特徴がある。世界各地の思想家、リーダー、教育者、活動家、起業家、組織など、多くの人々がこのビジョンに協力し、全世界にコンパッションの実践を広げるために尽力してくれている。

たしかにわたしのプロジェクトの多くは実現してきたが、実際のところ、ほかのプロジェクトもはたして実現するのか、するとしたらいつになるのかということはまったくわからない。実現しなかったプロジェクトもたくさんある。部分的に実現したものもあれば、実現はしたがかなり時間がかかってしまったものもある。すべてがたった1つの結果にかかっていたら、巨大なプレッシャーを感じることは避けられず、それに理想通りの結果に執着してしまうだろう。

ここで忘れてはいけないのは、**結果への執着も恐怖の一形態である**ということだ。そして本書でも見てきたように、恐怖はわたしたちのエージェンシー感をもっとも阻害する感情だ。

ある結果にあまりにも固執していることに気づいたら、リラクゼーションのプラクティスを行ってバランスをとり戻すといいだろう。自分のなかに恐怖があることを認め、きちんと対策を行えば、自分に本来備わっている辛抱強さと心の静けさにアクセスし、正しい道を進むことができる。

執着を手放すには受容の心が必要であり、そして受容の心にはこの辛抱強さが欠かせない。あまりにも多くの人が、執着が原因で苦しみを味わっている。

わたしがマニフェステーションのプロセスで大切にしているのは、流動的な部分を反映しながら意図のプラクティスを行い、意図の実現を視覚化し、チャンスを探し、最善を尽くし、そしてたとえ思い通りに進まなくても大丈夫だと納得することだ。1つのドアが閉じたなら、別の開いているドアを探す。

実現する「方法」は、わたしが決めることではない。わたしにできるのは、自分の内なる力を活用し、最善を願うことだけだ。もし道に迷ったら、内なるコンパスとのつながりをとり戻し、次のステップを教えてもらう。わたしにとっては、このプロセスそのものに大きな癒やしの効果がある。恐怖と不安が消えていくのがわかる。

あなたもおわかりだと思うが、わたしのアイデアや意図の多くは、実現までに長い年月がかかった。大切なのは辛抱強さだ。時間がかかるのが自然だということを受け入れなければならない。わたしがこれまで手に入れることができたチャンスの多くは、世界にポジティブな貢献をしたいというより大きな欲求と、意図が合致した結果、わたしのもとを訪れたのだ。

現在のわたしは、本当の意味での「コンパッション」を広めることが自分の使命だと信じている。コンパッションとケアの心は、現代の世界がもっとも必要としている要素だ。それで恩恵を受けるのはわたしだけではない。わたしの家族や、近しい人たちだけでもない。わたしは幸運にも、この旅にすすんで同行してくれるたくさんの人に出会うことができた。

とはいえ、旅の同行者が多くなると、それだけ流動的な部分も増えてくる。そしてプロジェクトが大きくなり、勢いよく前進するほど、結果はますます不確実になる。わたしもご多分に漏れず、エゴの影響を受けやすい。そしてエゴが大きくなりすぎると、正しい道を外れてしまう。

ときには、結果が出ない焦りと、先行きの見えない不安に、押しつぶされそうになることもある。そして、Xをしていない、YもZもしていないと、自分を責めるのだ。あるいは、物事が期待通りに進まず、腹が立つこともある。失望したとき、失敗したとき、あるいはほかの人から批判されているように感じたときは、心を開いて自分を許すプラクティスを行う。あなたと同じように、わたしはただの人間だ。それでも、バランスのとれた状態でこのプロセスにとり組めば、前に進むエネルギーと、執着を手放す広い視野を手に入れることができる。

何年か前、テュレーン大学メディカルスクールの新入生を迎える式典でスピーチを行うことになった。その式典は「白衣のセレモニー」と呼ばれている。わたしは学生たちに、彼らがずっと覚えていられるようなメッセージを届けたかった。つねに学生たちのそばにいて、心を開く助けになるようなメッセージだ。

いろいろ考えた結果、わたしはルースとの会話を思い出し、そこから10個の単語をリストにすることを思いついた。単語の頭文字は、ちょうどアルファベットのCからLまで順番に並んでいるので、学生たちも覚えやすいはずだ。

心を開く10の単語のリストをあげよう。

Compassion（思いやり）

Dignity（尊厳）

Equanimity（心の平静）

Forgiveness（許し）
Gratitude（感謝）
Humility（謙虚な心）
Integrity（高潔さ）
Justice（正義）
Kindness（優しさ）
Love（愛）

わたしにとって、これらの単語は、人生でもっとも大切な価値を思い出させてくれる存在だ。拙著『スタンフォードの脳外科医が教わった人生の扉を開く最強のマジック』のなかでも書いたように、わたしはこれを「心のアルファベット」と呼んでいる。

わたしは毎朝、ベッドに腰かけ、ゆっくりした呼吸をくり返しながら、このすばらしい世界に自分が存在する奇跡と喜びについて考える。そして考えながら座り、数分たったら、今度は「心のアルファベット」を順番に思い出す。これがわたしの1日のトーンを決める。

イライラしたり、余計な思考で頭がパンクしそうになったりしたら、そこで止まり、ゆっくり呼吸して、今度は1つのアルファベットだけに集中し、それがどんな意味をもつ

もっとも効果のあるアルファベットは、Gの感謝と、Eの心の平静の2つだ。現時点のわたしにとって、のかを考える。すると心が落ち着き、意図がリセットされる。

感謝することがくれる贈りもの

ある特定の結果にあまりにも執着していると、すぐ目の前にあるチャンスを見逃してしまうことがある。意図のうちの大切な部分がすでに現実化していても、自分の期待通りではないという理由で、あるいはまだ現実化していないほかの部分にばかりこだわっているという理由で、気づかないこともあるだろう。

感謝の気持ちを育てれば、足りないものばかりにこだわるのではなく、すでにもっているものに目を向けることができる。このシンプルな方法で、効果的に態度を変えることができる。それに感謝の心は、ポジティブシンキングの信奉者がよく宣伝しているような、単なる表面的な「いい感じ」というものではない。**感謝することで、脳のさまざまな部位で実際に物理的な変化が起き、心身のウェルビーイングが向上する**のだ。

意識的に感謝の心をもつようにしている人は幸福度が高く、より健康で、立ち直りの力も強いことは、多くの研究で証明されている。精神的につらい経験をした人たちの間でも同じ結果が出ている。

たとえば、自分が通う大学のメンタルヘルス・カウンセリングを利用した300人近くの学生を対象に、感謝のプラクティスの効果を調べた研究がある（xlvii）。学生たちは最初のカウンセリングを受ける前に選ばれる。彼らの多くは抑うつと不安に苦しみ、精神状態は病気と診断できるほど低下していた。

研究では、まず学生を無作為に3つのグループに分けた。すべてのグループがカウンセリングを受けるが、1つ目と2つ目のグループは追加の課題を与えられる。1つ目のグループは、なんらかの形で自分の助けになってくれた人を1人選び、その人宛てに感謝の手紙を書くという課題を与えられた。2つ目のグループは、日々感じるイライラや、記憶に残るネガティブな出来事に対する深い思考や感情を記録する。そして3つ目のグループは何も書かず、ただカウンセリングだけ受ける。

4週間後に学生たちの状態を調査したところ、感謝の手紙を書いたグループは、ほかの2つのグループに比べ、精神的なウェルビーイングが格段に向上していた。そして12週間後になると、その差はさらに大きくなっていた。

このように時間の経過とともに効果が大きくなるのは、じつは珍しいことだ。ほかの多くの研究によると、楽しい趣味などが与えるポジティブな効果は、時間の経過とともに減少することがわかっている。しかし、感謝の手紙はその正反対の結果になったのだ。

感謝の手紙を書くのは、時間にするとたったの数分間で、長さも数行でしかない。それでも効果はきちんと確認できる。感謝を表現するというこのシンプルなプラクティスには、心理セラピーの効果を増幅し、さらに長続きさせる力があるのだ。

カウンセリングがはじまって3か月後、参加者の大学生から何人か選び、脳の情報処理の方法になんらかの変化があるかどうか調べた。研究者は彼らに、「ペイ・イット・フォワード・タスク」を与えた。「ペイ・イット・フォワード」とは、「ほかの誰かのために何かをする」という意味で、たとえばカフェなどで、あとから来るお客さんのためにお金を多めに払ったりすることだ。

この研究では、「寄付者」と呼ばれる親切な人から学生たちに、定期的に少額のお金が贈られる。そして寄付者は、お金を贈った学生に、そのお金をほかの人に与えるように言う。ただし、自分がお金をもらったときに感謝を感じた場合に限るという条件つきだ。そして学生のほうは、もしお金をあげることにしたのなら、あげる金額を自分で決め、価値があると思う活動に寄付する。

学生たちはまた、寄付の動機についても尋ねられる。それは感謝の気持ちなのか、それとも罪悪感や義務感なのか？　全般的に、感謝の気持ちの強さはどの程度か？　そして学生たちがこの実験を受ける間、ｆＭＲＩを使って彼らの脳の活動を記録する。

その結果わかったのは、前の実験で感謝の手紙を書いた学生は、感謝の気持ちを表現するときに、脳の内側前頭前皮質の活動がより大きくなるということだ。脳のこの部位は、道徳的・社会的認知、報酬、共感、価値判断とかかわりがある。この結果からわかるのは、感謝を感じている人は「自分は支えられている」と感じ、それが「自分も他者を支えよう」というモチベーションにつながるということ、そして感謝の気持ちがあるとストレスから解放されるということだ。

この発見は、いくつかの点でとても画期的だ。1つは、手紙を書きはじめてから3か月後に脳の活動を計測したという点。それはつまり、このシンプルな活動には、脳に永続的な影響を与える力があるということを示唆している。

そしてさらに重要なのは、**感謝を実践すると、脳が感謝に対して敏感になり、その後も感謝できるような状況に遭遇すると、より感謝を感じやすくなる**ということだ。これを脳の働きから考えると、**恨みや嫉妬といった苦痛の感情から注意をそらし、うまくいかないことをくよくよ悩まなくなるように、脳が訓練される**ということでもある。

感謝が与えてくれる永続的な影響には、広範囲にわたる利点があり、そのなかには「心を守る」という働きも含まれる。思春期の子どもを対象にしたまた別の研究でも、感謝の気持ちは、いじめを受けたときの「自分は犠牲者だ」という感情と、それにともなう自殺リスクの間に負の相関があることがわかった。(xlviii)。**感謝の気持ちには、逆境にあるときはわたしたちを支え、そして誰かから助けられたときはその喜びをより強く感じさせる力**がある。

ときにわたしたちは、人生のいい出来事にただ気づくためだけに、感受性を磨かなければならないことがある。前に詳しく見たように、ネガティビティ・バイアスはわたしたちの目を曇らせ、その結果、人生で何かポジティブなことが起こってもそれに気づかなかったり、あるいは当然のことだと思って感謝しなかったりすることがある。

この現象がとくによく見られるのが親密な人間関係だ。目標や夢を一心に追い求めていると、その過程で静かに支えてくれている人たちの存在に気づかないことがある。マニフェステーションという魔法に対して心を開くとは、慣れ親しんだものに新しい光を当てるという意味でもあるかもしれない。ここで感謝がとても大きな力を発揮する。なぜなら、感謝するには、自分が他者から支えられていること、助けてもらっていることを認める必要があるからだ。

ある研究者は、感謝の社会的側面はとくに重要であると考え、それに「人間関係強化感情」という名前をつけた。さらに研究者のなかには、感謝の起源は人類の祖先である霊長類にまでさかのぼると主張する人たちもいる。同じ種の仲間同士の絆を深め、何かを与えられたらお返しをするという助け合いの関係を築くために、感謝が生まれたというわけだ。

感謝の気持ちがあると、人生のよいことは自分以外のところからもたらされるということが理解できる。その結果、社会性が高まり、自分と同じように夢を追い求めている人たちと協力しようという意欲が高まるのだ。目標達成への進捗状況は人それぞれだが、他者からの贈りものに気づき、感謝することで、お返しをしよう、あるいは自分もほかの人の助けになろうという動機につながり、そしてあなたから贈りものを受けとった他者のほうも、自分の人生で魔法に対して心を開くことができる。

心の平静を保つと自由になれる

人生でもっとも大きな困難の1つは、状況の浮き沈みと正面から向き合うこと――または最低でもそこから逃げないことだ。瞑想などのスキルがどんなに高くても、人間は本能的に、苦しみを最小化し、喜びを最大化しようとする傾向がある。わたし自身も、この本能を完全には克服できず、まだもがいている最中だ。

多くの人にとって、何かで表彰されたり、認められたり、目標を達成したりすることはこのうえない喜びだ。実際、この人間の傾向を表現する「完了バイアス」という言葉まで存在する。タスクを完了させると、脳の報酬系が刺激されてドーパミンが分泌され、それがさらにタスクを完了させようという強い動機につながるのだ。

しかし、完了バイアスには負の側面もある。タスクを完了できないと、内なる批判者の声が大きくなり、くよくよ悩む、心配、苦痛といったことにつながるからだ。それらのネガティブ感情のせいで、意図に注意を集中することが妨げられ、その結果マニフェステーションも難しくなる。

心の平静とは、人生の浮き沈みに直面しても安定したメンタルを保つ能力のことだ。欲しいものを手に入れたときも、手に入れられなかったときも、あるいは欲しくないものが手に入ったときも、有頂天にもならず、ひどく落ち込むこともない。心の平静があれば、あらゆる経験や対象に対してフラットに対応することができる。それがいいものでも、悪いものでも、ニュートラルなものでも同じだ。

これを神経科学的に説明すると、心の平静によって脳の構造が変化し、自分の経験をどう受けとり、どう解釈するかということも変化するということだ。心の平静があれば、もう物事に動じなくなる。ただ自然な流れにまかせ、期待通りか、そうでないかということにこだわることがない。

心の平静の核にあるのは、「物事は移り変わる」という事実を理解することだ。目標を達成し、その喜びに浸るのはすばらしいことだ。脳の報酬系からドーパミンが分泌されれば、もちろんいい気分になる。しかし、そのいい気分も永遠には続かない。そして多くの人にとっては、いずれ失望につながるだろう。

ポジティブな結果に執着すると、目標を達成してまたいい気分になりたいと思うあまり、いまこの瞬間がおろそかになってしまう。実際のところ、人生に失望はつきものだ。そこで失望を乗り越えられずにいると、やる気がそがれ、気分が落ち込み、さらに苦しみを味わうことになる。

大切なのは、成功を喜びながらも、その喜びは一時的なものだと理解することだ。そして失望もこれと同じで、永遠に続くことはない。それはつまり、浮き沈みの少ない安定したメンタルがとても重要だということでもある。

成功しても、挫折を経験しても、いつでも心の平静を選ばなければならない。**心の平静とは、バランスであり、何事にも動じない態度のことだ。心の平静があるからこそ、わたしたちは自由になれる。**そして執着から自由になることで、わたしたちのなかにある魔法が解き放たれるのだ。

一般的に、ある出来事を脳が「ネガティブだ」と判断すると、わたしたちの精神のなかではドミノ現象が発生する。ネガティブなものを押しのけるか、あるいはよりポジティブなものにしがみつく。ここでの問題は、この種の二次的な反応が、さらに似たような反応を引き起こすということだ。そしてもうおわかりのように、ネガティブのドミノ現象はさらに大きな苦しみを生む。しかし、ここで意識的にこのドミノ現象を押しとどめると、苦しみの連鎖反応を根源から断ち切ることができる。

ある研究チームが、長年にわたって瞑想を行っている人と瞑想の初心者を対象に、不快な体験で感じる苦痛の強度を比較した（xlix）。脳画像を分析したところ、瞑想中に不快な経験による苦痛が減少するのは、脳の感覚野（後部島皮質と二次体性感覚野）の活動が増加し、実行制御（外側前頭前皮質）の活動が低下することと関連があるとわかった。

これが示唆するのは、ベテランの瞑想者は脳の認知能力を使って痛みを軽減させているのであり、そもそも痛みを感じていないわけではないということだ。言い換えると、ベテランの瞑想者は、瞑想初心者ほど必死になって不快な感情と闘おうとせず、その結果として、不快な感情の強度も大きく下がるということだ。

ほかの研究でも同じような結果が出ている。たとえばある研究では、ベテラン瞑想者を対象に、瞑想をしていない状態で熱による刺激を与え、そのまま痛みを感じてもらった。

すると、脳内では痛みを感じる部位の活動が増加していたのだが、実際に感じる痛みは少ないという結果になった。この結果が意味するのは、知覚のレベルでは痛みを深く感じているが、精神のほうは痛みに対して強く抵抗していないということだ。

心の平静は、バランスを整える作業だと考えることもできる。ストレスをもたらすような出来事に対して、精神も感情もバランスのとれた反応ができるということだ。不快な経験にもフラットな態度で向き合えば、立ち直りが早く、すぐに恒常性を回復できる。

心の平静は、難しい目標に向かっていくときに欠かせないスキルだ。心の平静があるおかげで、タスクに意識を集中し、それと同時に結果への執着を手放すことができる。人生に対してこのようなフラットな態度でいれば、すべての経験に対してオープンでいながら、うまくいかないことも静かに受け入れることができる。

そしてさらに重要なのは、自分に対して寛容になること、そしていわゆる「失敗」の意味を再定義することだ。それは避けられないつまずきであり、失敗があるからこそ、次は違うふうにやろうと気づくことができるのだ。

ひび割れを金で彩る

15世紀の日本に、足利義政という名の将軍がいた。義政は中国でつくられた茶器の一式を所有していた。そのうちの茶碗の1つが割れると、彼は修理のために中国に送り返した。修理が終わって送られてきた茶碗は、割れ目が金属でつながれ、なんとも醜い見た目になっていた。まるで不器用な外科医が縫合《ほうごう》した手術創のようだ。

失望した義政は、地元の職人を呼び、この貴重な茶碗をもっと美しく修理するように命じた。伝説によると、この職人は、漆《うるし》で割れ目をつなぐという昔からある技術を使ったのだが、漆に金粉《きんぷん》を混ぜることで継ぎ目を美しく飾ったという。これが「金継《きんつ》ぎ」と呼ばれる技術の起源だ。

割れ目を隠すのではなく、むしろ金色にすることで割れ目を目立たせている。そしてわたしたちも、金継ぎを見ることでその器の歴史を知り、傷も美の一部だということが理解できる。ゴミとして捨てられていたかもしれないものが、独特な芸術作品として生まれ変わったのだ。

この伝説が本当かどうかはともかく、金継ぎの技術は、いわゆる「失敗」についてとても多くのことを教えてくれる。陶器がいつかは割れるように、わたしたちの人生にも失敗がつきものだ。金継ぎは、「わび・さび」といった日本の伝統文化を体現する技術だ。古さや傷、不完全さのなかに美を見いだそうとしている。

わびさびの核心は、われわれ自身もまた不完全であり、いつかは滅びる存在であり、時間の制約を受けているという事実を受け入れる謙虚な心だ。そういった人間の本質を否定していると、さらに苦しみを招くことになる。この現実を受け入れれば、恐怖を感じることなく前に進むことができる。

金継ぎがわたしたちに教えてくれるのは、ときには割れてしまうのが人生の本質であり、そのときにどのように割れて、どのように修復されるかが、わたしたちという人間を決めるということだ。これらの傷はわたしたちそのものだ。人間は弱く、傷つきやすい。誰もが苦しみ、そしてこんなに苦しんでいるのは自分だけだと感じている。

しかし、わたしたちは自分の傷に誇りをもつことができる。自分は不完全だと恥じる必要はなく、傷を隠す必要もない。この傷は、わたしたちに立ち直る力があることの証明だ。あなたが自分の不完全さを受け入れると、まわりの人も安心して彼ら自身の不完全さを受け入れることができる。そして隠れていた場所から出てきて、お互いにつながることができる。これが「受け入れること」と「手放すこと」の力だ。

わたしたちの誰もが、このスーパーパワーを自分のなかにもっている。ある意味で、傷のおかげで自分の本当の能力に気づくことができたとも言えるだろう。だから傷には感謝しなければならない。これらの傷が、わたしたちのなかにある黄金を引き出してくれたのだ。わたし自身、欲しかったものをすべて手に入れ、のちにすべてを失った。この経験はわたしにとっての金継ぎだ。わたしの人生を彩る黄金の筋だ。これがあるおかげで、現在の状況に心から感謝することができる。

器が割れ、もう捨てるしかないと思っても、そこで発想を変えて、割れた器を受け入れることができる。そもそも傷ひとつない完璧な人間など、非現実的であり、それに他者に対する思いやりもないだろう。受け入れるとは、片足をもう一方の足より前に出し、未知の世界に向かってゆっくりと進んでいくことだ。コントロールできないことがあっても自分を許し、失敗しても自分を許す。恐怖と怒りの呪縛から自由になり、再び内なるコンパスの導きに従って歩きだす。そうすれば、自分が行かなければならない場所にいつかたどり着けるとわたしは信じている。

Practice

執着を手放し、魔法（マジック）に心を開く

1. 準備をする

a. じゃまの入らない時間を確保する。

b. 楽な姿勢になる。

2. 身体をスキャンする

a. 目を閉じるか、あるいは前方下部をぼんやりと見る。

b. 鼻からゆっくり息を吸い、口からゆっくり息を吐く。これを5回から6回くり返す。力んだり、呼吸に集中しすぎたりせず、あくまで自然に呼吸する。

c. つま先から頭のてっぺんまで、数分かけて順番に全身をリラックスさせていく。

3. 目標を追い求めた経験を思い出す

a. ぜひとも達成したいと思っていた目標について考える。人生がその目標中心になっ

てしまっていなかったか？　目標達成までのプロセスをおろそかにしていなかったか？　目標を追い求めることで、家族や同僚たちのことをないがしろにしていなかったか？　目の前の瞬間から自分を遠ざけていなかったか？

b．結果に執着すると身体はどう感じたかを考える。身体のどの部分でそれを感じたか？　のどが詰まったように感じたか？　それとも強くにぎった拳にそれを感じたか？　執着が原因の身体的な不快感に注目する。

c．目標を達成したときの感情を思い出す。どれだけ気分が高揚したか？　どれほどの幸福を感じたか？　そして、それらの感情は一時的であり、また普段の生活が戻ってくるということを認識する。あなたはあの高揚や幸福を、どの程度の頻度で感じたいと思うだろうか？

d．静かに座り、目標達成の高揚感や「フロー」の状態を永続させるのは不可能だということを受け入れる。そしてもっとも大切なのは、それでもかまわないと気づくことだ。何があろうと、あなたは大丈夫だ。

4．困難を思い出す

a．今度は逆に、目標を追い求めたが、なんらかの理由により達成できないことがわかったときのことを思い出す。ここでもまた、身体がどう感じたかを考える。あまりにも多くの人が、目標を達成できないと、ひどく落ち込む。自分を批判する言葉が頭のなかで飛び交い、そのすべてが正当な批判であるように感じられる。その結果、自分は偽者だ、自分は価値がないと感じる。人生で経験したほかの失敗や挫折も思い出し、さらにくよくよ悩むことになる。この苦しみが永遠に続くように感じ、自己肯定感がますます低下する。

b. しかし、ここで2つのことに気づく。1つは、目標は自分で思い込んでいたほど重要ではないということ。そしてもう1つは、目標が達成できなくても世界の終わりではないということだ。実際、あとからふり返れば、この状況は貴重な贈りものであり、挫折を経験したおかげでいまの自分があると気づくことができる。

c. しかし、もっとも大切なのは、ほぼすべてのケースで、挫折や失望は一時的な経験だということだ。ここでも同じように、たとえ目標を達成できなくてもあなたは大丈夫だ。あなたの本質は変わらない。それはつまり、あなたに愛される価値があり、受け入れられる価値があるということだ。これが、フラットなメンタルがもつ力であり、心の平静がもつ力だ。

5. 大きな視野で考える

a. 再びゆっくり呼吸することに集中しながら、目標に執着しなくても大丈夫だということを確認する。人生とは、目的地を目指すことではなく、いまこの瞬間を生きることだ。何かに執着してはいけない。たいていの苦しみは執着から生まれる。この事実を理解することが、苦しみから解放される道だ。これは現実を否定するのとは違う。むしろ視野を広げ、自分の経験を遠くから客観的に眺める姿勢だ。そして心の平静を実践することが、バランスと受容につながる。

6. セルフコンパッション

a. 次に、自分に向かって優しく心を開く。ここであなたは、自分に無条件の愛を与えてくれた人のことを思い出し、自分は完全に受け入れられていると感じるかもしれない。あるいは、温かな心とケアの精神を向けられたときの身体的な感覚を思い出すかもしれない。その感覚を抱いたまま座り、ゆっくりと呼吸を続ける。

b. その愛とケアの感覚を、ある特定の結果にこだわることによって生まれる緊張のほうに優しく向ける。欲しいものを欲しがるのも、安心のために物事をコントロールしたい、完成させたいという欲求をもつのも、完全に自然なことだということを思い出す。

c．大切にされている、守られている、愛されているという感覚を思い出しながら、物事が計画通りに進んでいるかどうかということが、これらの感情とどう関係するかということを考える。これらの感情は、あなたの内側に存在するあなたに向かって語りかける。その不完全さ、複雑さ、人間らしさも含めて、それがありのままのあなただ。

d．静かに座り、成功や失敗に関係なく、自分はありのままで愛される価値があり、問題ないという感覚に浸る。弱くて傷つきやすいが、それでも最善を尽くしている。それがあなたという人間だ。そして、あなたに近しい人々は、ありのままのあなたを愛しているということも忘れないように。あなたが誰であるかは、起こった出来事によって決まるわけではない。

7．執着を手放す

a．大切にされているという感覚に身をまかせながら、ある特定の結果に対する執着を手放し、自分の重荷を軽くすることは可能か考える。外側の状況がある決まった形にならなければ、自分は大丈夫ではない、価値がない、安心できないという思い込みから、自分を切り離すことはできるだろうか？　結果に関係なく、自分は大丈夫だと深い部分で信じることは可能だろうか？

b．成功も失敗も一時的なものだと理解できれば、もうどちらにもとらわれずにすむ。

c．さらに数回ゆっくり呼吸し、心の平静と、「いまここ」にあることの力がもつすばらしい感覚に浸る。

8．ポジティブ感情をインストールする

a．数分間、このポジティブ感情に浸る。執着心や、コントロールしなければという欲求が戻ってくるかもしれないが、それでもかまわない。ただ、自分はありのままで大切にされる、無条件に守られるという感覚に、何度も何度も戻ってくるだけでいい。

b．プラクティスが終わり、ゆっくりと普段の生活に戻ったら、執着心になんらかの変化が起こったか感じとる。もしかしたら、かつては気づいていなかったような創造的な可能性にアクセスできるようになったかもしれない。あるいは、失敗のコストは、前に考えていたほど大きくないと気づいたかもしれない。以前よりも少し安心して物事をなりゆきにまかせ、平静な心で魔法の贈りものを受けとれるようになったかもしれない。

おわりに　家路

ある金曜のことだ。仕事が終わり、わたしはカリフォルニア州ロスアルトスヒルズにある自宅に車で向かっていた。ただ自宅に近づくだけで、わたしはすでに温かさ、安心、平和の感覚に満たされるのを感じていた。慣れ親しんだ景色を眺め、妻と息子たちに迎えられると、わたしの心は、長年にわたって胸のなかに抱いていたイメージと共鳴する。ここがわたしの居場所だ。

以前に所有していた邸宅の庭は荒れ放題になっていたが、いまのわたしは生き生きとした植物に囲まれている。桜の木、3種類のリンゴの木、桃の木、オリーブと洋梨の木、レモンの木、そしてオレンジの木。すべてが美しい花を咲かせ、豊かな実りを届けてくれる。

・家の正面の横には、パルロティア、あるいはペルシャテツボクとも呼ばれる木が3本植わっている。その独特な形と色が気に入り、わたしが外国からとり寄せたものだ。それに庭の前には、サンディエゴからとり寄せたオークがそびえている。植えたときはまだ高さが3メートルほどだったが、いまでは8メートル近くにまで生長した。オークはパルロティアと同じように、その枝でわが家を抱擁している。

玄関に向かって歩いていくと、太古の大岩の上を通り、家の横にある池に注いでいく流れの水音に迎えられる。その音は、もうリラックスできるという合図だ。わたしは安全だ。ほぼ毎日そうしているように、わたしはまず鶏舎の横を通り、そして蜂の巣箱を越えて、息子たちのためにわたしがつくったツリーハウスの下を通る。ツリーハウスは高床式のようになっていて、屋根から裏庭の上に張られたジップラインで本物の木とつながっている。

わたしは、家族が暮らすこの美しいわが家を眺めた。家の様式はコンテンポラリーアジアン。わたしが旅行や本からインスピレーションを得て選んだものだ。心が安まる静けさを与えられるような設計になっている。この家もまた、わたしが心のなかでデザインし、細部にわたって何度も何度も思い描いたものだ。

最初にこの家の姿を思い描いたとき、まず考えたのは、玄関から裏庭のプールまで、どこにいても目を惹くようなセンターピースが必要だということだ。そしていま、わたしが見ているのは、裏庭で静かに座っている銅の鋳物《いもの》でできた仏像だ。仏像は頭がなく、柿の実を手にもっている。わたしがダライ・ラマ基金のオークションで購入したものだ。

正直に告白すると、道を外れずに日々を生きるのはとても難しい。自分の内なるコンパスに従い、正しい道を歩き続けるには、きっとたくさんの助けが必要になるということはわかっていた。そのためわが家には、わたしのためのたくさんのガイドが置かれている。頭のない仏像は、頭のなかの声に惑わされず、心の声を聞かなければならないという教えだ。

そしてブッダがもつ柿の実にも力強い象徴的な意味がある。若い柿の実は渋くて硬いが、辛抱強く待っていれば、やがて熟し、柔らかくてとても甘い実になる。わたしはこの柿を見ると、自分のなかには頑固に抵抗する部分もあるが、十分に時間を与えれば、その部分もやがて熟して柔らかくなり、優しさが見えてくるということを思い出す。

もちろん、いまでも正しい道から外れることはある。心の声を聞くのを忘れ、自分勝手に行動してしまう。しかしいまのわたしは、戻るべき場所を知っている。自分が愛され、許される場所、そしてわたしが自分自身を許せる場所だ。

わたしは家の基礎を飾る美しい石を眺めた。世界各地からとり寄せた5種類の花崗岩《かこうがん》だ。熟練の石工《せっこう》が正方形や長方形に切り出し、色の違いを活用して美しい模様を描くように組み合わされている。

子どものころに兄の部屋で宝の山のなかから見つけて以来、わたしはずっと欠かさず『アーキテクチュラル・ダイジェスト』を読んでいる。色違いの花崗岩で模様を描くというアイデアはそこから思いついた。家の建設がはじまるずっと前から、わたしはそのイメージを思い描き、それを現実化する方法を探すように潜在意識に教え込んだ。

かつての邸宅は冷たく、光も喜びも存在しなかった。しかしいまのわが家は、まさに「わが家」と呼ぶにふさわしい。ロシアからの移民である妻の両親も、家の敷地内にあるゲストハウスで暮らしている（たしかに家は別だが、彼らはよく事前の連絡なしにわたしたちの家を訪ねてくる。わたしが下着姿でもおかまいなしだ）。

わたしは自分の祖父母には一度も会うことができなかったが、わたしの子どもたちはずっと祖父母の近くで暮らしている。現在のジョージアという国で電力システムを管理していた元エンジニアの義父は、上の息子に物理を教え、そして義母も同じく上の息子に数学を教えてくれている。子ども時代のわたしは、どちらの科目でも大いに苦労した。家に勉強を教えてくれる人が誰もいなかったからだ。

たぶん今夜は、家族そろって庭の東屋で食事をすることになるだろう。そこにはバーベキューのグリルとピザ窯がある。そして食事を楽しみながら、一緒にすごす時間に感謝する。もしかしたら息子たちが、ピザを焼く係に立候補するかもしれない。そして夕食のあとは、家族みんなが大好きなテレストレーションというボードゲームをするかもしれない。これは絵画版の伝言ゲームのようなもので、最初の絵が最後には予想外の絵になり、みんなで大笑いする。

娘も夫と一緒にわが家を頻繁に訪ね、食事をしていく。そんな家族の集まりで、わたしたちはともに笑い、お互いに一緒にいることを楽しみ、そしてまわりにあるものを楽しむ。そしてわたしは、夢見ていた理想の家族に囲まれ、温かな愛に包まれている自分を発見し、喜びをかみしめるのだ。

わたしの書斎には、額に入ったわたしの家族の写真が飾ってある。わたし、兄、姉、両親が集まり、同じカウチに座った写真だ。子ども時代の写真は2枚しかなく、これはそのうちの1枚だ。写真のなかの人たちは、わたしをのぞいて全員が亡くなった。それでもなお、わたしたち家族が心から望んでいた「わが家」をついに手に入れたという思いがぬぐえない。

ジム・キャリーが、あの1000万ドルの小切手を父親と一緒に埋葬したのと同じことだ。この写真を見ると、自分のルーツを思い出し、そして家族の愛を思い出す。みんな家族への愛を表現しようとしていたが、状況がそれを難しくしていた。

寝室の外には、兄が茶色い絵の具で描いた絵が飾ってある。ひとりの男が湖畔の木に寄りかかり、湖を眺めながらフルートを吹いている絵だ。わたしが何度直しても、その絵はいつも同じ角度で傾いている。わたしはもっとも迷信を信じないタイプの人間ではあるが、それは兄のしわざではないかと感じている。いつでもわたしと一緒にいるという、兄からのメッセージだ。もちろん、そんなはずはないということはわかっていたが、それでもそう考えることで心が温かくなり、愛する人たちは思い出のなかでいつまでも生きていると思い出すことができる。

あの空っぽの邸宅で、自分の人生の「残骸」に囲まれて座っていたわたしは、成功を手にしたはずだった。しかし、わたしが現実化した成功はただの空虚だった。当時のわたしは、まだ子ども時代のトラウマを抱え、羞恥心にまみれていた。そのため、自分に価値があることを証明しなければならないと躍起になっていた。わたしのやることは、自分にとっても、まわりの人たちにとっても、まだまだ不十分だった。

いまのわたしは、人生への感謝であふれている。ありがたいことに、わたしは幸せになるチャンスをもう一度与えてもらった。失敗から学んだことを糧《かて》に、新しい人生を築くことができた。わたしはこれからも、自分の人生から教わった逆説を忘れないだろう。ありのままの自分で十分だと気づかなければ、世界に貢献することはできず、そして世界に貢献しなければ、ありのままの自分で十分だと気づくことができない。

あのマジック・ショップで、ルースが幼いわたしに教えようとしたのも、きっとこのことだったのだろう。とても長い時間がかかったが、わたしもついに理解できた。

わたしはこれまでの人生で、自分でも説明できないような形でマニフェステーションの力を経験してきた。マニフェステーションのプラクティスをはじめたばかりのころ、わたしが全身全霊を傾けて願っていたのは、家賃をきちんと払えて、家族が家から追い出されないことだ。

すると、ある日突然、父から仕事を紹介してもらったという男性が訪ねてきて、お金のたくさん入った封筒をわたしに渡した。家賃を払っても、まだ食べものをたくさん買えるほどの額だ。わたしは大興奮で自転車に乗り、目に涙を浮かべながらルースのもとへ急いだ。早くこのニュースを知らせたかったからだ。あれはわたしがマニフェステーションの真の力に触れた最初の経験だった。

あの出来事を脳神経科学の観点で考えると、自分がどの程度まで状況に影響を与えたのかはわからないが、しかしあのときに感じた驚きと興奮が、マニフェステーションを信じる基盤になったということになるだろう。あれ以来、数え切れないほど同じような経験をした。科学の法則には反しているかもしれないが、それでも意図を自分の心と頭に埋め込むことの力を証明している。

わたしたちはそろそろ、自分を縛る思い込みから自由になり、自分のなかにある可能性を信じなければならない。個人としてのわたしたちはもちろん、集団としてのわたしたちにも、驚くほどの強さがある。何か外側の力が自分の人生を変えてくれるのを待っていては、ただ注意を集中させる力がそがれ、エネルギーが奪われ、魂の勇気がくじかれるだけだ。

多くの人にとって、マニフェステーションの道は困難に満ちている。それに、欲しいものと必要なものの区別がつくようになるまでに、数十年とは言わないまでも、数年はかかるだろう。わたしはこの本で紹介したテクニックを使って答えを見つけることができた。窓の外に頭のない仏像と、その手がもった柿を見るたびに、自分の心に従うことの大切さを思い出し、そしていまは苦しくても、この経験がいつか知恵と洞察を授けてくれるということを理解する。

横になり、自分の人生に存在する美しさ、豊かさ、つながりを味わいながら、わたしはあるいいニュースを思い出す。宇宙があなたから切り離されているのではなく、あなた自身が宇宙であり、あなたの人生を決められるのはあなただけだ。あなたの内なる力を使えるのもあなたしかいない。それが本当の魔法だ。

謝辞

最初の著作『スタンフォードの脳外科医が教わった人生の扉を開く最強のマジック』を書きながら、1つ気づいたことがある。それは、この本の重要なテーマは、誰でも意図を現実化する能力をもっているということだ。この考え方は多くの読者にもとても響いたようで、たくさんのコメントをもらったり、マニフェステーションについてもっと知りたいという声が届いたりしている。

それでも、マニフェステーションの定義についてはまだ混乱があるようだ。多くの人は、宇宙など、何か外側にある力が贈りものを届けてくれることがマニフェステーションだと思っている。そして贈りものの中身は、お金持ちになることや、力のある地位を手に入れることなどが多く、幸せになるにはそれらが必要だということになっている。

この考え方を広めるうえで大きな役割を果たしたのが、いわゆる「引き寄せの法則」を唱える人たちだ。そしてその背景には、「たくさんのものを手に入れるほど幸せになれる」という考え方がある。しかし、これは真実からあまりにもかけ離れている。そして悲しいことに、このような間違った思い込みのせいで、わたしたちは意義深い人生、そして究極的には幸せな人生から遠ざかり、空虚で不幸な人生を送ってしまうのだ。

わたしは科学者として、マニフェステーションの別の側面を指摘したいと考えた。それは脳神経科学の視点から見た側面だ。脳に意図を埋め込めば、マニフェステーションは実現する。しかし、それをきちんと解説するには、脳神経科学だけでなく、歴史、哲学、心理学なども、長い時間をかけてひもとく必要があった。

しかも、最終的にはそれらをすべて超え、セルフエージェンシーという考え方と、わたしたちは誰でも自分の脳を変える力をもっているという事実を深く説明することになった。これは最初の本のテーマでもある。つまりわたしは、1周回ってまたここに戻ってきたということだ。

この本のアイデアを最初に思いついたとき、わたしはまず、出版エージェンシーのアイデア・アーキテクツに所属する文芸エージェントのダグ・エイブラムズに相談した。彼は熱烈に支持してくれた。そして2人でプロポーザルをつくり、才能あふれるキャロライン・サットンに見てもらった。キャロラインは、わたしの最初の本の出版社であるペンギン・ランダムハウス傘下のエイブリーで編集主幹を務めている。彼女はすぐに出版に賛成してくれた。彼女の支え、励まし、導きに心から感謝する。

もちろん、1つのコンセプトを1冊の本にまとめるのは一筋縄ではいかない作業だ。わたしが最初に行ったことの1つは、主題の根拠となる科学を深く掘り下げることだ。そのためには、たくさんの本を読み、そしてたくさんの記事や論文を読まなければならない。

大切な友人のモニカ・ブッチ医師が、親切にもそれらを読み、内容をまとめてわたしに教える役を買って出てくれた。このプロジェクトで、何度も彼女のインプットやアドバイスが助けになった。次に、アイデア・アーキテクツにも、共同執筆者としてアレクサンダー・ネムサーを紹介してくれたことに感謝の意を表したい。彼のおかげで、ただ自分の思考をきちんとまとめられただけでなく、無味乾燥になりがちな主題を、実話を盛り込んだ説得力のある物語にすることができた。また執筆の過程で、アレクサンダーとは親しい友人にもなった。

すばらしい妻であり、人生のパートナーであるマーシャにも感謝したい。彼女のサポートを当たり前だと思わないようにわたしは努力している。人生を変えるコンパッションの力を広めたいというわたしの挑戦を、妻はいつも支えてくれた。妻に永遠の感謝を。

著者 ジェームズ・ドゥティ（James R. Doty, MD）

スタンフォード大学脳神経外科学部臨床教授。ダライ・ラマが創設の援助をした「コンパッションと利他主義のための研究と教育センター（CCARE）」でディレクターを務める。同センターで、コンパッションと利他主義、そして両者と脳の関係について最先端の研究を多数行ってきた。発明家、起業家、慈善家でもある。ダライ・ラマ基金元理事長、チャーター・フォー・コンパッション副理事長。アルコール依存症の父親と病気がちの母親の間に末っ子として生まれる。貧困家庭に育ちながら、マインドフルネスとマニフェステーションを通して大きな夢を実現した人たちの１人。
著書の『スタンフォードの脳外科医が教わった人生の扉を開く最強のマジック』（プレジデント社）はニューヨーク・タイムズ・ベストセラーに選出され、40の言語に翻訳されて世界的なベストセラーになった。K-POPスターのBTSのアルバム『LOVE YOURSELF 轉 'Tear'』は、この本に触発されて生まれている。

訳者 桜田直美（さくらだ・なおみ）

翻訳家。早稲田大学第一文学部卒。訳書は『ポリティカル・スキル 人と組織を思い通りに動かす技術』『アメリカの高校生が学んでいる投資の教科書』（いずれも、SBクリエイティブ）、『言語の力』（KADOKAWA）、『THE CULTURE CODE 最強チームをつくる方法』『THE CATALYST 一瞬で人の心が変わる伝え方の技術』（いずれも、かんき出版）、『まっすぐ考える 考えた瞬間、最良の答えだけに向かう頭づくり』（サンマーク出版）、『「自信がない」という価値』（河出書房新社）など多数。

スタンフォードの脳神経科学者《のうしんけいかがくしゃ》が証明《しょうめい》！

科学《かがく》がつきとめた「引《ひ》き寄《よ》せの法則《ほうそく》」

2024年6月30日　初版第1刷発行
2024年8月８日　初版第2刷発行

著　　者　ジェームズ・ドゥティ
訳　　者　桜田直美
発 行 者　出井貴完
発 行 所　SBクリエイティブ株式会社
〒105-0001 東京都港区虎ノ門2-2-1
装　　丁　井上新八
本文デザイン　松好那名
D　T　P　株式会社RUHIA
編集担当　杉本かの子（SBクリエイティブ）
印刷·製本　三松堂株式会社

本書をお読みになったご意見・ご感想を
下記URL、または左記QRコードよりお寄せください。

https://isbn2.sbcr.jp/24972/

落丁本、乱丁本は小社営業部にてお取り替えいたします。定価はカバーに記載されております。本書の内容に関するご質問等は、小社学芸書籍編集部まで必ず書面にてご連絡いただきますようお願いいたします。

ISBN978-4-8156-2497-2

（xlvii）**感謝のプラクティスの効果**

Jesse Owen, Nicole T. Gabana, Joshua W. Brown, Sydney McInnis, Paul Toth, and Lynn Gilman (2016). "Does gratitude writing improve the mental health of psychotherapy clients? Evidence from a randomized controlled trial," *Psychotherapy Research* 28(2): 192-202, doi: https://doi.org/10.1080/10503307.2016.1169332.

（xlviii）**感謝の気持ちは負の相関を示す**

Lourdes Rey, Cirenia Quintana-Orts, Sergio Mérida-López, and Natalio Extremera (2019). "Being Bullied at School: Gratitude as Potential Protective Factor for Suicide Risk in Adolescents," *Frontiers in Psychology* 10:662, doi: 10.3389/fpsyg.2019.00662.

（xlix）**長年にわたって瞑想を行っている人**

Gaëlle Desbordes, Tim Gard, Elizabeth A. Hoge, Britta K. Hölzel, Catherine Kerr, Sara W. Lazar, Andrew Olendzki, and David R. Vago (2015). "Moving beyond Mindfulness: Defining Equanimity as an Outcome Measure in Meditation and Contemplative Research," *Mindfulness* (N Y) 6(2): 356-372.

3237 も参照。

(xxxix) **催眠術にかかった患者の脳**
Heidi Jiang, Matthew P. White, Michael D. Greicius, Lynn C. Waelde, and David Spiegel (2016). "Brain Activity and Functional Connectivity Associated with Hypnosis," *Cerebral Cortex* 27(8): 4083-4093, doi: https://doi.org/10.1093/cercor/bhw220.

(xl) **プラセボ効果**
Joe Dispenza, *You Are the Placebo* (New York: Hay House, 2014).
(『あなたはプラシーボ：思考を物質に変える』めるくまーる、2021年)

(xli) **ドルドラムズ**
"Hawaiian Voyaging Traditions," accessed February 10, 2023, https://archive.hokulea.com/index/founder_and_teachers/nainoa_thompson.html.

(xlii) **ニューロセプション**
Stephen W. Porges (2022). "Polyvagal Theory: A Science of Safety," *Frontiers in Integrative Neuroscience* 16:871227, doi: 10.3389/fnint.2022.871227.

(xliii) **誰かの声が特別なものに聞こえる**
Porges (2022).

(xliv) **エックハルト・トールとのカンファレンス**
Eckhart Tolle, "Jim Carrey's Full Introduction For Eckhart Tolle," Vimeo Video, 2:43, January 20, 2010, https://vimeo.com/8860684.

(xlv) **キャリーが人気者になった**
Alan Siegel, "Comedy in the '90s, Part 2: The Year Jim Carrey Arrived," *The Ringer*, August 28, 2019, https://www.theringer.com/movies/2019/8/28/20835101/jim-carrey-comedies-1994-ace-ventura-mask-dumb-and-dumber.

(xlvi) **「あなたの仕事は……」**
Maharishi International University, "Jim Carrey at MIU: Commencement Address at the 2014 Graduation," YouTube Video, 23:32, May 30, 2014, https://www.youtube.com/watch?v=V80-gPkpH6M.

なかで、意識を「人間自身の精神のなかを通りすぎるものに対する知覚」と定義した。とはいえ、同じようなことに言及した文章は、すでに紀元前4世紀のアリストテレスや、そのさらに以前からも存在する。「無意識（unconscious mind）」という言葉を最初につくったのは18世紀ドイツの哲学者フリードリヒ・シェリングであり、彼はこの言葉を「顕在意識という表面の下に存在するそれらのプロセス」と定義した。パラケルススは、1567年に発表した「Von den Krankheiten」という文章のなかで、認知の無意識的な側面についてはじめて言及したとされている。しかし、それよりはるか昔の紀元前2500年には、インドのヴェーダやその他のテキストに無意識に関する記述が存在した。心理学の世界では、「意識」と「無意識」という言葉はジークムント・フロイトとの関連で語られることが多いが、それよりも早くウィリアム・ジェームズが著書『The Principle of Psychology』のなかでこの言葉を使っている。実際、心理学の歴史を研究するマーク・アルトシューレは、「19世紀の心理学者や精神科医のなかで、無意識という脳の作用が実際に存在するというだけでなく、もっとも重要な機能であるということを認識していない人物を見つけるのは困難――あるいはもしかしたら不可能――であろう」と書いている。

現在、「顕在意識」の定義には、あらゆる感情、体験、認知あるいは知覚が含まれることが多い。しかしだからといって、潜在意識や無意識が意識的な行動に与える影響を否定しているわけではない。この考え方は、しばしば人間の自由意志に関する議論につながる。顕在意識には現れない影響が意思決定にかかわっているというレベルだけでなく、すべての行動は、分子、原子、素粒子の相互作用で決まるのであり、それゆえにすべての出来事はすでに決まっているという、より深いレベルの議論だ。この分野に関してはすでに多くの論文や書籍が出版されており、本書で扱える範囲をはるかに超えている。

（xxxvi）Nease, *Fifty Bits*.

（xxxvii）Mihaly Csikszentmihalyi, *Flow: The Psychology of Optimal Experience* (New York: Harper Collins, 1990).

（xxxviii）**フロー状態をニューロンの活動から解明する**
Dimitri van der Linden, Mattie Tops, and Arnold B. Bakker (2021). "The Neuroscience of the Flow State: Involvement of the Locus Coeruleus Norepinephrine System," Frontiers in Psychology 12:645498, doi: 10.3389/fpsyg.2021.645498.
Martin Ulrich, Johannes Niemann, Markus Boland, Thomas Kammer, Filip Niemann, and Georg Grön (2018). "The neural correlates of flow experience explored with transcranial direct current stimulation," *Experimental Brain Research* 236(12): 3223-

（xxviii）**安全地帯を自分に与える**
Stephen W. Porges (1998). "Love: An Emergent Property of the Mammalian Autonomic Nervous System," *Psychoneuroendocrinology* 23(8): 837-861, doi: 10.1016/S0306-4530(98)00057-2.

（xxix）**ジム・キャリーの子ども時代**
Marc Maron, interview with Jim Carrey, WTF, podcast audio, July 16, 2020, http://www.wtfpod.com/podcast/episode-1140-jim-carrey.

（xxx）Stephen Rebello, *Movieline Magazine*, July 1994 (Volume V Number 10).

（xxxi）**脳はつねに刺激をブロックする**
Marcus E. Raichle and Debra A. Gusnard (2002). "Appraising the brain's energy budget," *Proceedings of the National Academy of Sciences* 99(16): 10237-10239, doi: 10.1073/pnas.172399499.

（xxxii）**脳のエネルギー予算の３分の２**
Fei Du, Xiao-Hong Zhu, Yi Zhang, Michael Friedman, Nanyin Zhang, Kâmil Uğurbil, and Wei Chen (2008). "Tightly coupled brain activity and cerebral ATP metabolic rate," *Proceedings of the National Academy of Sciences* 105(17): 6409-6414, doi: https://doi.org/10.1073/pnas.07107661.

（xxxiii）**料理の発明**
Suzana Herculano-Houzel (2012). "The remarkable, yet not extraordinary, human brain as a scaled-up primate brain and its associated cost," *Proceedings of the National Academy of Sciences* 109(supplement_1): 10661-10668, doi: https://doi.org/10.1073/pnas.1201895109.

（xxxiv）**認知容易性**
Richard Thaler, *Nudge: Improving Decisions About Health, Wealth, and Happiness*. (New York, Penguin Books, 2009).
（『NUDGE 実践 行動経済学 完全版：ノーベル経済学賞を受賞した賢い選択をうながす「しかけ」』日経BP、2022年）

（xxxv）「意識的である」という状態の近代的なコンセプトは、ジョン・ロックが起源であるとされることが多い。ロックは1690年に出版された『人間知性論』（岩波文庫）の

MIND MAGIC

マインド・マジック

「引き寄せ」をマスターする
6週間プログラム

「はじめに」でも予告したように、本書の最後にこれまでのプラクティスを集めた６週間プログラムを紹介しよう。マニフェステーションのプロセスをステップごとに進んでいく構成になっている。

このプラクティス専用のノートを用意し、気づいたこと、考えたこと、うまくできなかったこと、進歩したこと、疑問点などを記録しておくことをおすすめする。もし状況が許すなら、プラクティス専用の部屋か場所を確保できればなおいいだろう。誰にもじゃまされず、集中して行うことができる。

やる気が出る言葉や、目標を思い出させてくれる画像をどこかに貼ったり、あるいはそれらを集めた祭壇のような場所をつくったりしてもいい。あるいは、プラクティスのための時間（たとえば朝起きてすぐ、など）を決めるという方法もある。これが習慣になれば、時間が来ると脳がプラクティスモードに入るようになる。

すでに瞑想をしているという人は、この本で紹介したテクニックをいまの瞑想に組み込むこともできる。瞑想と視覚化のプラクティスを同時に行ったり、書くプラクティスの前にいつもの瞑想を行ったりしてもいい。瞑想をしたことがないという人は、インターネットなどで検索すれば、瞑想を無料で教える動画やサイトをたくさん見つけることができるだろう。

瞑想や内省のプラクティスは、マニフェステーションに欠かせないというわけではない。とはいえこの２つは、リラクゼーションを深め、精神を明晰にし、自己肯定感を高め、困難に直面した心を和らげる。そして何が起ころうともすべては大丈夫だという感覚を深めてくれる。

まずプログラムを通して読んで、全体像をつかみたいという人もいるだろう。あるいは、最初は自分がとり組んでいるステップだけ

に集中し、先のことは考えたくないという人もいるかもしれない。

いずれにせよ、このプログラムは順番通りに進めることをおすすめする。ステップごとに段階を踏んで理解を深め、スキルを上げていく構成になっているからだ。どこかのステップでつまずいてしまったら、1つ前のステップに戻り、まずはそれを完全にマスターすることを目指そう。1つ前のステップが完全に自然に行えるようになったら、次のステップに進む。

プラクティスの最中に、ある程度気が散ってしまうのはよくあることだ。躊躇したり、恐怖を感じたりすることさえあるだろう。ここでいちばん大切なのは、ビジョンを現実化するという意図をもち、どんなに短くてもいいので、プラクティスの実施を習慣にすることだ。前にも述べたように、小さな習慣からはじめることが大きな結果につながる。

最初の1か月は、決められた時間と長さを守ってプラクティスを行う。そうすればプラクティスが習慣化するからだ。しかしプラクティスに熟達してきたら、自分にいちばん合ったやり方が自然と見つかるようになるだろう。

Week One ／ 第１週

意図を現実化するプロセスをはじめる前に、まず現状の人生をふり返ることをおすすめする。たとえ不完全でも、ありのままに認識する。もしかしたら大成功している部分もあるかもしれない。そうすれば、自分はすでになんらかの形で、意図をある程度まで現実化しているということに気づくだろう（たとえ完全な形ではなくても）。

そしていま、あなたはマニフェステーションの成功確率を上げるツールと知識を手に入れた。これで自分の人生を向上させ、まわりの人たちの人生も向上させることができる。それに加えて、自分は人生の状況に影響を与える力をもっていることを受け入れる。ごく細部まであなたの思い通りの人生をデザインすることができるのだ。

自分の人生の現状を正しく認識すると、自信を失ったり、やる気をなくしたりする人もいるかもしれない。しかし、いまここで集めた情報が、この先必ず大いに役に立ってくれる。いまいる地点からはじめても大丈夫だと自信をもとう。

Practice すでに現実化しているものは何か？

このプラクティスでは、冷静に、かつ思いやりをもって、自分の現状を評価してもらいたい。ここで目指すのは、善悪の判断はせずに、自分の人生で起こっていることをできるかぎり客観的に眺めることだ。人生ですでに現実化している側面が明らかになるにつれて、自分の内なる力が発揮されていない部分も発見できるだろう。

いまの段階では何かを変える必要はない。必要なのは、現状を正確に把握することだけだ。

1．準備をする

a．じゃまが入らない場所と時間を見つける。

b．ストレスを感じている、何か気がかりなことがある、過去24時間以内にアルコールやドラッグを摂取した、または疲れている状態でこのプラクティスを行わない。

c．ノートとペンを用意する。

2．リラックスする

a．楽な姿勢で座り、目を閉じる。思考が落ち着くまでそのまましばらく待つ。

b．目を閉じたまま背筋を伸ばし、鼻からゆっくり息を吸い、口からゆっくり息を吐く。この呼吸を３回くり返す。この呼吸が自然に感じられ、集中のじゃまにならなくなるまで続ける。

c．つま先から頭のてっぺんまで、全身の筋肉を順番にリラックスさせていく。身体をリラックスさせることに集中すればするほど、心身が落ち着いていく。自分が穏やかさに包まれ、安心するのを感じる。呼吸を続けていると、自分を批判する人、夢や目標を否定する人のことが、もう気にならなくなってくる。

d．ゆっくりと呼吸し、心身が落ち着いてリラックスしている。

3．人生を視覚化する

a．現在の人生を大まかに思い描く。主な人間関係は？　仕事は何をしている？　人生をどんな場所ですごしている？　それらの質問について考えるときにわきあがる感情に注目する。具体的な１

つのイメージや思考に限定しないこと。数分の間、現在の人生を構成している主要な要素を大まかに考える。

b．感情が自然にわきあがるのにまかせる。喜び、満足、悲しみ、不満、退屈、怒りなど、さまざまな感情に気づくかもしれない。ただ人生をふり返り、感情を自然にまかせる。

4．もう少し詳しく視覚化する

a．これまでの人生を視覚化する作業を続ける。次のような質問が出るかもしれない。自分にとって大切な人は誰か？　彼らと真の意味でつながっていると感じるか？　自分の仕事は何か？　その仕事は、生きるために必要なものを提供しているか？　自分が養わなければならない人がいるなら、いまの仕事は彼らに必要なものも提供してくれているか？　現状の時間の使い方に満足しているか？　意味のある時間の使い方をしているか？　あなたの人生の舞台になっているのはどんな場所か？　その場所で人生をすごすことをどう感じているか？

b．現状の人生のなかでの自分を思い描き、そのイメージからわきあがってくるものに気づく。心の目でいまの人生を見る。ゆっくり呼吸しながら、すべての細部を思い描く。そのままゆっくり呼吸を続ける。

c．すべての細部を思い描いたら、ゆっくりと目を開ける。呼吸はそのままのペースで続ける。あなたはリラックスし、心は穏やかだ。

5．視覚化したことを記録する

a．用意していたノートとペンをとり、頭に浮かんだイメージと、そのときに感じたことを自分の言葉で書く。最低でも５分間か

け、できるだけ詳細に描写する。２つか３つの文でも、あるいは長い文章でもかまわない。ここで大切なのは、自分の人生と、それに対する自分の感情を、自分の言葉で書くことだ。

b．目を閉じて座り、鼻からゆっくり息を吸い、口からゆっくり息を吐く。これを３回から５回くり返す。それが終わったら目を開ける。

6．書いたものを見直す

a．まず、自分が書いたものを黙読する。

b．次に、自分に聞かせるように音読する。

c．目を閉じ、人生のイメージを思い浮かべたまましばらく座る。

7．人生をふり返る

a．自分の選択をふり返り、それがいまの人生とどうかかわっているかについて考える。どんなときに意識的な選択をしたか？　どんな状況で他人に選択をゆだねたか？　あるいはもっとも抵抗が少なそうな道を選んだか？

b．現状の人生がかつて夢見たような人生とは違うなら、人生がこうなる過程で自分はどのような役割を果たしたか？　ここで恐怖を感じたり、自分を責めたりする必要はまったくない。ただ単に事実を集めているだけだ。そうは感じないかもしれないが、これは内なる力をとり戻して自分の人生を形づくっていく最初のステップだ。

8．プラクティスを評価する

a．人生を正直にふり返ることで、自分の力が大きくなっていくのを感じる。あなたの人生はすでに変わりはじめている。

このプラクティスでどんなことに気づいただろう？　ふり返ったときに強い感情がわきあがった人生の分野はあるだろうか？　ある分野のことはつらすぎて考えたくないというのなら、それをマニフェステーションの中心にしたほうがいいかもしれない。ふり返ると温かさと喜びに包まれるような分野があるなら、折にふれてそのイメージを思い出し、感謝することをおすすめする。それらの感情は、いずれ強い味方になってくれるだろう。

このプラクティスで書いたノートは、プログラムの間ずっととっておく。よかれ悪しかれ、現状のあなたの人生は理想の人生に向かう旅の基盤になる。信頼できる友人やメンターに書いたものを読んで聞かせ、ここで発見したことについてどう感じているか、彼らに話してもいいだろう。人に話すことで責任感が生まれ、この先行きづまったり、恐怖や疑問を感じたりしたときに、彼らにサポートを頼むこともできる。プログラムが終わるころには、人生が驚くほど大きく変わっているはずだ。そのときにこのプラクティスで書いたことを見直せば、自分の進歩を確認することができる。

さあ、これでステップ１に進む準備は整った。

Step 1　精神の集中力をとり戻す

ステップ１で目指すのは、自分のなかにある力にアクセスすることだ。あなたのなかには、自分で思っているよりもはるかに大きな力が眠っている。多くの人は、何か外側にある力や存在が自分の人生をコントロールしていると思い込み、内なる力を自ら制限してしまっている。それに加えて、自分には簡単なことさえできないと思い込み、自分を責め続けている人もたくさんいる。

そこでステップ1では、この思い込みを否定する。どんなに小さな行動でも、行動さえすれば脳の配線が変わり、習慣が変わり、最終的に長期にわたる変化を起こすことができるのだ。

いまの時点で、ストレスを感じていたり、集中できなかったりするのなら、「闘うか、逃げるか、動かないか」のモードから、「休息と消化」のモードに切り替える必要がある。そのためのもっとも効果的な方法は、身体を意識的にリラックスさせることだ。

Practice　身体をリラックスさせる

1．準備をする

a．じゃまが入らずにこのプラクティスを行うことができる時間と場所を確保する。

2．姿勢を選ぶ

a．座る、立つ、横になるから1つの姿勢を選ぶ。自分にとって十分にリラックスでき、なおかつはっきりした意識を保つことができる姿勢を選んだら、はじまる前にその姿勢になる。

b．背筋を伸ばし、肩の力を抜く。穏やかな自信と優しい強さに満たされるような姿勢が理想だ。

3．落ち着く

a．優しく目を閉じるか、あるいは自分の前の数十センチほど離れたところにある場所を穏やかに見つめる。注意を自分の内側に向ける。

b．自分の肉体と、それを支える表面が接する点を意識する。重力に身をまかせ、表面が自分を上に向かって押す力を感じる。身体

のどこかに力が入っていたら、それを穏やかに意識する。

c．鼻からゆっくり息を吸い、口からゆっくり息を吐く。これを3回くり返す。息を吐くときに、大きくため息をつくように声を出してもいい。この呼吸が自然に感じられ、集中のじゃまにならなくなるまで続ける。

d．呼吸に慣れたら、自分の姿勢を意識する。自分はどのように座っているか、立っているか、または横になっているか。自分の姿を外から眺めていると想像する。

4．身体をスキャンする

a．自分のつま先を意識し、リラックスさせる。つま先から完全に力を抜く。次に足を意識し、足のすべての筋肉をリラックスさせる。呼吸をしながら、足の筋肉が溶けていくようすを想像する。この段階ではつま先と足だけを意識する。

b．最初のうちは、集中が途切れ、何か違うことを考えてしまうかもしれないが、心配はいらない。それはごく自然なことだ。考えごとをしていることに気づいたら、ただつま先と足に意識を戻し、つま先と足の筋肉をリラックスさせる。

5．身体のスキャンを続ける

a．つま先と足がリラックスし、力が抜けて軽くなり、楽になったら、意識を上に移動していく。ふくらはぎを意識し、そして太ももを意識する。呼吸をしながら、脚の大きな筋肉がリラックスし、力が抜けていくのを感じる。

b．腹部と胸部でも同じように行う。

c．次に背骨に意識を集中し、そして背骨に沿って腰から肩、首まで、すべての筋肉をリラックスさせる。ここで目指しているの

は、リラックスしながら意識は明晰な状態になることだ。どこか明らかに力が入っているところがあったら、その場所に呼吸を送ることを意識し、力が抜けていくのを感じる。

d．そして最後に、顔と頭に意識を集中し、力が抜けて軽くなるのを感じる。すべてのパーツから完全に力を抜く。

6．リラクゼーションを感じる

a．身体のすべての筋肉をリラックスさせながら、全身が穏やかな静寂に包まれるのを感じる。そして肉体の静寂が精神の静寂にもつながるのを感じる。心身ともに穏やかな状態の心地よさを感じる。

b．この時点で、眠気を感じているかもしれないし、本当に眠ってしまっているかもしれない。それでもかまわない。あるいは、この時点でもまだ身体の力が抜けず、精神の静寂が感じられないかもしれない。それでも大丈夫だ。

全身を完全にリラックスさせ、同時に明晰な意識を保つという状態になれるまでに、何回か挑戦する必要があるかもしれない。あまり焦らず、自分に厳しくならないように。挑戦するたびに脳内の神経系の配線が変わり、穏やかな静けさという状態を覚えていっているということを思い出そう。

c．自分にできる範囲で全身を完全にリラックスさせたら、今度は心臓に意識を集中する。呼吸をしながら、筋肉の力を抜くのと同じように、心臓の力を抜く。身体がリラックスし、呼吸がゆっくりになるにつれ、心臓の鼓動もゆっくりになることに気づくかもしれない。

7．リラクゼーションを深める

a．自分の身体が完全にリラックスした状態にあると想像する。ゆっくり呼吸しながら、ただ自分が「ある」という感覚になることを目指す。何もせず、どこへも行かず、何者にもならない状態だ。温かさ、静けさ、あるいは満足を感じるだろうか？　まるで自分の身体が浮かんでいるようで、穏やかな静けさに全身が包まれているように感じる人もいるかもしれない。

b．喜びと平穏の感覚を手に入れ、その感覚を神経系にインストールすることを意図する。インストールしておけば、あとからこの感覚を思い出すことができる。このようなリラクゼーションの状態は可能であり、望ましいものであり、必要になったらとり出せるものだということを神経系に教え込む。

c．息を吐きながら、ゆっくりと目を開ける。リラックスした状態を保ち、さらに数分間、そのままの姿勢でいる。完全に平穏な心の状態のなかで休息するイメージだ。

このプラクティスは、最初は自分ひとりで行う。１回につき５分だけでもいいので、最低でも１週間は試してみよう。慣れてきたら、時間を10分に延ばし、さらに20分、30分と延ばしていく。もっと長くてもいいと感じるようになるかもしれない。

内なる欲求に耳を傾けよう。このプラクティスは難しい、安心やリラクゼーションを感じることがどうしてもできないという人は、グループで行うといいかもしれない。地元のヨガスタジオの瞑想グループに参加する、瞑想に興味がある友人を集めて一緒にこのプラクティスを行うなどの方法がある。このプログラムを進めていけば、必要な助けを手に入れるのは、目標を達成するうえで欠かせないスキルだということがわかるだろう。

Practice 内なる力を育てる

前からやりたいと思っているけれど、なんらかの理由でまだやっていないシンプルな行動を１つ思い浮かべる。たとえば、早起きして15分のウォーキングをする、甘いジュースやアルコールを飲まない、といったことだ。

1．リラックスする

a．寝る前に楽な姿勢で椅子に座り、目を閉じて、全身の筋肉をリラックスさせることに意識を集中する。まずつま先からはじめ、頭のてっぺんに到達するまで順番に上に移動していく。その間、ゆっくりと呼吸を続ける。鼻からゆっくり息を吸い、口からゆっくり息を吐く。

b．全身がリラックスしたら、呼吸に意識を集中する。鼻からゆっくり息を吸い、５秒間息を止め、口からゆっくり息を吐く。

2．意図を視覚化する

a．**1.** を５分間行ったら、次に意図するシンプルな行動を実際に行っている自分を想像する。ただ「それをしている」と考えるだけでなく、それをしているようすを視覚化する。

3．意図を記録する

a．**2.** が終わったら、目を開け、目標や意図する行動を紙に書く。その紙を枕元やナイトスタンドに置く。

4．意図をインストールする

ａ．横になり、目を閉じる。そのまま数分間、意図を実行に移す自分を想像しながら、ゆっくりと呼吸する。そしてゆっくり呼吸しながら眠りに落ちる。

5．意図を見直す

ａ．翌朝、目を覚ましたら起き上がって、寝る前に書いた意図を読む。意図を思考のなかに植えつけたまま１日をすごす。

朝にウォーキングをする、あるいはそのほかの活動をすると決めたのなら、その決意を実行に移す。たとえば甘いジュースを飲まないと決めたのなら、飲むものを選ぶことになるたびに、甘いジュース以外のものを選ぶようにする。やると決めたことをやる、あるいはやらないと決めたことをやらなかったたびに、自分をほめ、「わたしは◯◯をした（しなかった）自分をほめる」と紙に書く。

これを毎日続けると、自分には自分で選んだタスクを完成させる力があるということを、自分に向かって示すことができる。たしかにタスク自体はシンプルかもしれないが、それを実行するという行為には、脳に意図を埋め込むことと関連がある脳の働きを活性化させる力がある。このタスクが習慣になり、何も考えなくても行えるようになるまで、このタスクを続ける。

これが「小さな習慣の力」だ。

１週間、プラクティスを続ける。そして７日目の終わりに１週間をふり返る。

何か気づいたことはあるか？　自分にとって簡単だったステップは？　いちばん難しかったステップは？　このプラクティスで学んだことを日々の生活にとり入れたらどうなるだろう？

自分にこう尋ねる――この活動を前よりも自動的に行えるようになっただろうか？　まだ意思の力が必要だったら、このプラクティスをあと１週間延長し、１週間の終わりにまた同じような質問をする。準備が整い、内なる力とつながることが自然に感じられるようになったら、次のステップに進む。

Week Two ／ 第２週

Step2 本当に欲しいものをはっきりさせる

身体がリラックスし、内なる力を使って意図を現実化できると信じられるようになったら、今度は「内なるコンパス」にアクセスすることに意識を集中する。いちばん現実化したい意図について考えると、頭のなかでは「欲しい！　欲しい！」の大合唱が起こるかもしれない。なかでもいちばん声が大きいのは、もしかしたら家族や友人から見てもっとも価値のあるものや、あるいはメディアに植えつけられたイメージかもしれない。

しかし、そのノイズの下に、もっと別の静かな声がある。それこそが、あなたが心から求めているものを教えてくれる声だ。数え切れないほどの欲求や衝動に阻まれて、その声はなかなか聞こえないかもしれない。自分が本当に必要としているもの、実現するともっとも心が豊かになるものを見つけるには時間がかかる。

こんがらがってしまった欲求や希望や夢を解きほぐし、本当に欲しいものを見つける１つの方法は、自分にとっての成功を視覚化してみることだ。あなたにとって成功とはなんだろう？　成功が本当に意味するものは？　それはどんな姿をして、どんな感じがするだろう？

次に紹介するのは、あなたにとっての成功をもっと深く探るためのプラクティスだ。

Practice 自分にとっての成功を定義する

1．準備をする

a．このプラクティスのためにじゃまが入らない時間と場所を確保する。

b．ストレスを感じている、ほかに気になることがある、過去24時間以内にアルコールやドラッグを摂取した、または疲れている状態なら、このエクササイズを行わない。

c．ノートとペンを用意する。

2．落ち着く

a．楽な姿勢で座り、目を閉じる。大きく３回呼吸する。

3．成功を視覚化する

a．自分にとっての成功の姿を思い描く。ここで１つのイメージや思考にこだわらないように。精神を自由に遊ばせ、成功した自分を想像し、それが自分にとって何を意味するかということを考える。

4．身体をスキャンする

a．目を閉じて座ったまま、背筋を伸ばし、鼻からゆっくり息を吸い、口からゆっくり息を吐く。この呼吸を３回くり返す。この呼吸が自然に感じられ、集中のじゃまにならなくなるまで続ける。

b．次に、つま先から頭のてっぺんまで、順番に全身の筋肉をリラックスさせていく。身体をリラックスさせることに意識を集中する。リラックスが深まり、精神が静かに落ち着くのを感じる。

この段階で、静けさが全身を包み、安心感を覚える。ゆっくり呼吸を続けていると、他人の意見や、自分の夢や目標に対する批判が気にならなくなる。

c．ゆっくり呼吸しながら、心身がリラックスする。

5．成功をさらに詳しく視覚化する

a．ここでもう一度、自分にとっての成功とは何かを考える。前よりもさらに具体的に想像しよう。その地位に就いた自分を視覚化する。目指す成功を達成した自分を心の目で見る。ゆっくり呼吸しながら、すべての細部を鮮明に思い描く。五感を駆使する。成功はどう見えるか、どう感じるか、どんな音がするか、どんなにおいがするか、どんな味がするか。ゆっくり息を吸い、ゆっくり息を吐く。

b．成功をすべての細部まで想像したら、ゆっくりと目を開け、そのまま呼吸を続ける。ゆっくり息を吸い、ゆっくり息を吐く。

c．あなたはリラックスし、心は穏やかだ。

6．成功のイメージを記録する

a．用意してあるノートとペンをとり、最低でも５分間、心の目で見た成功を自分の言葉で描写する。できるかぎり詳細に書く。２つか３つの文でも、長い文章でもいい。大切なのは、自分にとっての成功をきちんと定義することだ。

b．目を閉じてただ座る。鼻からゆっくり息を吸い、口からゆっくり息を吐く。この呼吸を３回から５回くり返す。目を開ける。

7．書いたものを読み直す

a．まず書いたものを黙読する。

b．次に自分に聞かせるように音読する。
c．数分間、目を閉じて座り、読んだ内容を反芻《はんすう》する。

8．成功をじっくりと味わう
a．成功を実現し、心が満ち足りた状態になった自分を感じる。

ここで書いた「自分にとっての成功の姿」をいつも身近に置き、頻繁に読み返すことをおすすめする。冷蔵庫の扉や、机の上に貼ってもいいし、折りたたんで財布に入れておき、列に並んでいるときなどにとり出して読んでもいい。自分で音読した声を録音し、朝起きたときや、夜寝る前に再生するという方法もある。

あるいは、雑誌の切り抜きや、自分で描いた絵などを使って、成功のイメージを集めたコラージュをつくってもいいだろう。それを友だちにも見せておき、定期的に「あなたの夢はこれでしょう」と思い出させてもらう。

このプラクティスは何回くり返してもかまわない。その過程で、何が変わり、何が変わらないかに注目する。そして忘れてはならないのは、ここで描いたことはただの出発点にすぎないかもしれないということ。この先の人生で、状況に合わせて姿を変え、より洗練されていくだろう。

Practice ポジティブな感情を呼び起こす

内なるコンパスの精度を上げるために、これまでの人生でいい気分になったとき、充足感を覚えたとき、大切にされていると感じたとき、あるいは本物の成功を手に入れたと感じたときを思い出す。自分は正しい道を進んでいると心の底から確信できたときを思い出

すといいかもしれない。

自分に次の質問をする。長く続く「心のなかが温かくなる感覚」を与えてくれる物事、活動、思考は何か？　深い充足感を抱き、自分は完全で正しい状態にあると感じたのはいつか？　これらの質問について考えることで、内なるコンパスと波長を合わせる助けになる。多くの人にとって、これらの感情が自然に訪れるのは、他者のために何かをしたときだ。

ここで大切なのは、強いポジティブ感情とは、何が重要か、何が追い求める価値があるか、何が注意を向ける価値があるかを判断する脳のプロセスの一部であるということだ。肉体で五感を通して経験する強い感情を、心の目で見たイメージと結びつけるほど、脳がそれを「顕著である」と判断し、それが出現したときに気づくためにより多くのリソースを配分するようになる。

次のプラクティスを毎日、最低でも１週間続けよう。

１．準備をする

ａ．このプラクティスのためにじゃまが入らない時間と場所を確保する。

ｂ．ストレスを感じている、ほかに気になることがある、過去24時間以内にアルコールやドラッグを摂取した、または疲れている状態なら、このプラクティスを行わない。

ｃ．ノートとペンを用意する。

２．いい気分を思い出す

ａ．はじめる前に、楽な姿勢で座って目を閉じ、過去に自分が幸せで満ち足りた気分になったときのことを思い出す。

b．１つのイメージや思考だけにこだわらない。精神を自由にさまよわせ、安全だ、守られていると感じ、その結果、リラックスし、心が穏やかで、満ち足りた幸福感に包まれたような、さまざまな経験を思い出す。

c．数分間、その感覚のまま座っている。そんな経験はないという人は、想像してみるだけでいい。

3．身体をスキャンする

a．目を閉じ、背筋を伸ばして座る。鼻からゆっくり息を吸い、口からゆっくり息を吐く。この呼吸を３回くり返す。この呼吸が自然に感じられ、集中のじゃまにならなくなるまで続ける。

b．つま先から頭のてっぺんまで、全身の筋肉を順番にリラックスさせていく。身体をリラックスさせることに集中するほど、心身ともに落ち着いていく。

c．これを続けていくと、全身が静けさに包まれ、安心感を覚える。心が温かくなり、自分は受け入れられていると感じる。ゆっくりと呼吸を続けていると、他人の言葉や、夢や希望を批判されることが気にならなくなる。

d．ゆっくり呼吸を続け、全身がリラックスして落ち着いた気分になる。ネガティブな思考が浮かんできたら、思考に執着せずにただ存在を認識し、このプラクティスの目標に意識を戻す。

4．安全だと感じたときのことを思い出す

a．安全だという感覚を再び思い出す。おそらく多くの人は、ここで母親や愛する人に抱きしめられたときのことを思い出すだろう。守られているという感覚だ。温かさを感じ、心配事から自由になったと感じる。

b．このような感覚を記憶のなかに見つけられないという人も、心配はいらない。想像力を駆使して、温かさ、安全、無条件の愛がもたらすイメージを頭のなかにつくり出す。スピリチュアルな存在や動物に癒やされる自分を視覚化してもいいし、あるいはただ生命そのものの鼓動を想像してもいい。

5．いい気分を呼び起こす

a．いまの状態のまま、今度はより具体的にイメージする。自分に対するポジティブな思考、自分の性格や特徴で好きなところ、自分から愛を提供し、他者を気にかけ、慈しんだ出来事に意識を集中する。

b．ゆっくり呼吸しながら、深い充足感を覚え、ポジティブな感情に満たされる。あなたはいま、それらの感情に包まれている。満ち足りた幸福感は、自分が大切にされたときだけでなく、自分が誰かを大切にしたときにも感じるということを理解する。

c．幸せ、充足感、温かさ、愛を感じる自分を心の目で観察する。自分自身への愛。惜しみなく与える他者への愛。ゆっくり呼吸しながら、すべての細部を視覚化する。

6．いい気分を深める

a．ゆっくりと息を吸い、ゆっくりと息を吐く。愛される自分、愛を与える自分を想像する。満ち足りた幸せの感覚が、自分の身体にどう影響するかを感じとる。心拍数が下がり、呼吸が自然になるのを感じる。ネガティブな感情が去っていき、その代わりに自分に対するポジティブな思考と感情がやってくるのを感じる。この世界で自分がいるべき場所、自分が他者に与えるものをイメージする。

b．思い描いたイメージをしばらく保持する。その感情に全身を浸す。ゆっくりと息を吸い、ゆっくりと息を解放する。

c．あなたはリラックスし、心は穏やかだ。

7．体験したことを記録する

a．用意したノートとペンをとり、少なくとも５分間、瞑想で体験したことを自分の言葉で描写する。自分自身、自分の能力に対して、どんなポジティブな感情を抱いたか？　それらの能力はどのように他者に対してポジティブな影響を与えたか？

b．それらの感情について考えるとき、あなたは安全と温かさを感じ、自分はなんでもできると深く信じることができる。

c．できるだけ詳細に描写する。２つか３つの文でも、長い文章でもかまわない。大切なのは、ケアと慈しみの力を自分なりに定義し、自分がケアと慈しみの感情をもつときに、自分の身体がどのような影響を受けるのか考えることだ。

d．目を閉じてただ座る。鼻からゆっくり息を吸い、口からゆっくり息を吐く。この呼吸を３回から５回くり返す。

8．体験したことをふり返る

a．目を開け、まず書いたものを黙読する。

b．次に、自分に聞かせるように音読する。目を閉じ、しばらくの間、そのケアと慈しみの力に対する思考とともに座っている。

c．そのようなケアと慈しみが自分をどのように安心させるか考える。

9．体験したことをインストールする

a．自分は愛されている。そしてその愛を、自分自身だけでなく他

者にも与えられ、そうすることによって、自分自身に対する深いポジティブな感情をもつことができるということを理解すると、自分が深くリラックスし、心が落ち着くのを感じる。その感情を、意識的に自分の内なるコンパスとつなげる。

b．この平穏な状態にある内なるコンパスが、何が大切なのかということをあなたの潜在意識に教え、もっとも大きな欲求や希望を実現するのに必要な内面の環境を整えてくれる。

1週間後、次の質問について考える。気づいたことは何か？　精神や心のなかに現れたものに対して驚きを感じたか？

日々の生活で、同じようなポジティブな感情がわきあがる瞬間、人間関係、状況に気づく。反対に、自分を意気消沈させるもの、自分は価値がないと感じさせるものにも気づく。それを1週間にわたってノートに記録し、そこになんらかのパターンがあるか考える。

気が散る、ストレスを感じる、やる気が低下するといった状態になったら、ポジティブな感情を生んだ経験を思い出し、内なるコンパスと再びつながる。ここで行きづまったら、プラクティスをさらに1週間、あるいはこのプラクティスが自然に感じられるようになるまで行う。または、1つ前のステップに戻り、身体をリラックスさせて内なる力をとり戻すことに集中してもいい。内なるコンパスが指し示す方向がある程度まで信用できるようになったら、次のステップに進もう。

Week Three ／ 第3週

Step3 脳内の障害物をとり除く

セルフエージェンシーをとり戻し、自分の欲求を明確にできたら、今度は脳に招かれざる客がやってくるかもしれない。それは、恐怖、自分は偽者だという感情、自信喪失、恨みなどだ。

わたしのような人間はそれを手に入れられない
お前は何様のつもりだ？
彼らは正しい
もう遅すぎる
うまくいくわけがない

などなど。これは、未知のものに遭遇したときの脳の自然な反応だ。ここで、脳の役割を思い出してもらいたい。それはあなたを生かすことであり、あなたを幸せにすることではない。そのため、あなたが新しい方向に進むと、それがどんなに刺激と活気にあふれ、可能性に満ちた環境でも、あなたの脳は必ず抵抗する。

ここであなたの仕事は、この抵抗と闘うことではなく、抵抗をなだめ、抵抗と共存し、さらには抵抗と協力することだ。ここでは、自分に対して思いやりの心をもつことが、もっとも効果的な対応になる。

苦しみを優しさと関連づける能力は、どんな人にも生まれながらに備わっている。そうは言っても、どこかに深く埋まっているので

アクセスできないと感じるかもしれないが、存在することはたしかだ。訓練を重ねれば、たとえどんな経験でも、自分自身の経験に対して心を開くことができるようになる。すると、抵抗はやがて消え、情熱が大きくなっていく。

Practice ネガティブな思い込みを ポジティブな思い込みに変換する

自分に対するネガティブな思い込みはマッシュルームのようなものだ。それは暗闇のなかで成長する。だからこそ、ときには思い込みを自分の頭のなかという暗い場所から外に出し、明るい光のなかで本当の姿をきちんと見ることが大切になる。ここで紹介するプラクティスを行えば、自分の足かせになっている思い込みを見つけ、もっと自分のためになる思い込みに変えていくことができる。

1．準備をする

a．ひとりになれる時間を確保し、ペンと紙を用意する。

b．紙の真ん中に線を引き、それぞれの欄の上に「思い込み」「正反対」と書く。

2．リラックスする

a．楽な姿勢になる。座ってもいいし、横になってもいい。

b．目を閉じて、鼻からゆっくり息を吸い、口からゆっくり息を吐く。この呼吸を３回くり返す。この呼吸が自然に感じられ、集中のじゃまにならなくなるまで続ける。

c．つま先から頭のてっぺんまで、全身の筋肉を順番にリラックスさせていく。緊張を手放すことに集中し、リラックスを深めていく。全身が穏やかさに包まれ、心から安心できる状態になる。

3．いい気分を思い出す

a．大切にされた、無条件に価値を認められたと感じることができた記憶やイメージを思い出す。その経験をポジティブな感情で満たし、心臓からほかの臓器、四肢へと流れていくようすを想像する。

4．ネガティブな思い込みについて考える

a．自分自身や、自分の人生に対する思い込みで、自分にとって害になっているものをいくつかあげる。

b．自分は安全が確保された状態で、木のてっぺんか高い崖の上、あるいはバルコニーにいて、眼下にそれらのネガティブな思い込みが集まっているようすを想像する。

c．それらのなかからおなじみの思い込みをいくつかあげる。たとえば、「わたしにはできない」、「わたしは損ばかりする」、「わたしは傷つきすぎた」など。

d．善悪の判断や批判は加えず、ただそれらの思い込みを客観的に眺める。思い込みのせいでつらい気持ちになっても、その気持ちを否定しない。

5．観察したことを記録する

a．準備ができたら、ゆっくりと目を開け、さきほどの紙をとり出し、「思い込み」の欄に思い込みを書く。自分を点検せず、自由に書く。誤字脱字や、表現の間違いなどは気にしない。本当に自分の思い込みかどうかということも気にしない。

6．書いたものを見直す

a．紙に書いた思い込みを音読する。読みながら、自分の感情と、

肉体的な感覚に注目する。

b．心臓が収縮するように感じるか？　のどがつまるように感じるか？　失望感、怒りの波は？

7．いい気分に戻る

a．ポジティブな感情のイメージに支えてもらいたいと感じたら、いい気分を思い出す。

8．「正反対」を記録する

a．準備ができたら、さきほどの紙をとり出し、「正反対」の欄にとりかかる。「思い込み」の欄を見て、その正反対の内容を書いていく。たとえば、「わたしにはできない」に対して「わたしはできる」、「わたしは損ばかりする」に対して「わたしのなかには状況を変える力がある」、「わたしは傷つきすぎた」に対して「わたしには目標を追い求めるのに必要なすべての時間、愛、サポートがある」というように。

b．自分にとってもっともしっくりくる言葉、正確で生きた表現を探す。最初からすべて正しく書こうとする必要はない。

9．プラクティスをふり返る

a．書き込んだ紙をしばらく眺める。２つの欄がどう響き合っているか考える。

b．ただ思い込みには正反対の考え方もあると気づくだけで思い込みを変えることができると理解し、自分がその道を歩きはじめたことを認める。

Practice セルフコンパッションの力を高める

多くの人にとって、もっとも辛辣《しんらつ》な批判をしてくるのは自分自身だ。これがやる気に火をつけることもたしかにあるが、自尊心という観点で考えるとコストはかなり高くつく。自分には価値がないというネガティブな思い込みがつねにつきまとい、さらにダメージが大きくなる。なぜなら、自分は何もやってもダメだ、自分は愛されない、自分は偽者だとつねに自分に言い聞かせ、自分の可能性を狭めてしまうからだ。わたしたちは誰でも、自分のなかに並外れた力をもっている。それが真実だ。しかしネガティブなセルフトークによって、その力を放棄してしまっている。

このプラクティスでは、「自分には価値がない」という思い込みを根本からとり除くことを目指す。

1．準備をする

a．じゃまが入らずにこのプラクティスを行うことができる場所と時間を確保する。

b．ストレスを感じている、何か気がかりなことがある、過去24時間以内にアルコールやドラッグを摂取した、または疲れている状態なら、このプラクティスを行わない。

c．ノートとペンを用意する。

2．落ち着く

a．はじめる前に、目を閉じて楽な姿勢で座る。少しの間、頭のなかのネガティブな声に好きなようにしゃべらせる。ある特定のイメージや思考にこだわらない。ただ精神をリラックスさせ、ネガ

ティブな声が自分のなかでどのように存在しているかを感じとる。

b．その声を感じる身体の部位を特定できるだろうか？　その声はどんな感覚となって現れるだろう？

3．2で経験したことをふり返る

a．このネガティブな言葉が、自分をどのように貶《おとし》め、制限しているかを感じとる。ネガティブな言葉と現実を混同してしまっていることに気づく。

b．数分間、この感覚を抱いたまま座る。この思考は自分をどんな気分にさせるか？　悲しみ、怒り、無関心、焦りを感じるか？

4．身体をスキャンする

a．目を閉じたまま、背筋を伸ばして座り、鼻からゆっくり息を吸い、口からゆっくり息を吐く。この呼吸を３回くり返す。この呼吸が自然に感じられ、集中のじゃまにならなくなるまで続ける。

b．つま先から頭のてっぺんまで、全身の筋肉を順番にリラックスさせていく。身体をリラックスさせることに意識を集中し、心身ともにリラックスが深まるのを感じる。静けさと穏やかさに全身が包まれていくのを感じる。

c．心が温かくなり、自分が受け入れられていると感じる。ゆっくりと呼吸を続けていると、自分の夢や目標を批判される心配が消えていくのを感じる。

d．ゆっくり呼吸を続ける。心は穏やかで、全身がリラックスしている。もし頭のなかにネガティブな声が聞こえても、穏やかな気持ちで声の存在を認める。そして声に執着せず、また呼吸に意識を集中する。

5.「安心」の感覚を思い出す

a.「安心」という感覚を思い出す。多くの人にとっての「安心」は、母親や愛する人から抱きしめられることかもしれない。また、とても安全な場所にいる自分を想像してもいい。たとえば、昔よく訪れた田舎の小川、家族の夕食の席などだ。自分が守られていると感じる状況ならなんでもいい。

b．あなたにとっての「安心」が、誰かと一緒にいることでも、あるいはひとりでいることでも、効果は同じだ。しかし、ここで大切なのは、ひとりでいることと、ひとりでいて寂しさを感じている状態とは違うということだ。ただ「安心」という感覚だけをもち、それ以外の感情のことは考えない。

6．いい気分を深める

a．この状態のままで、自分についてのポジティブな思考に意識を集中する。自分の性格で好きなところ、自分が愛を与えた出来事、他者に対する思いやりや慈しみなど、具体的に思い浮かべる。心が深く満たされ、ポジティブな感情がわきあがるのを感じながら、ゆっくり呼吸を続ける。

b．心が満たされたと感じるのは、自分が思いやりや慈しみを与えられたときだけでなく、他者に対して自分が同じものを与えたときも含まれるということに気づく。自分が本来もっている善性とのつながりを感じる。

7．いい気分に浸る

a．幸せ、充足感、温かさ、愛を感じている自分を心の目で観察する。自分自身への愛。他者に惜しみなく与える愛。ゆっくり呼吸しながら、すべての細部を想像する。

b．ゆっくりと息を吸い、ゆっくりと息を吐く。愛される自分、愛を与える自分を感じる。幸せや満ち足りた気持ちが自分の身体に与える影響を感じとる。心拍数が下がり、呼吸が自然に行えるようになるのを感じる。ネガティブな感情が消え、代わりに自分自身、世界のなかでの自分の居場所、そして自分が他者に与えられるものに対してポジティブな思考と感情が生まれるのを感じる。

c．静かに座り、自分に対するポジティブな感情を詳細に思い浮かべる。ゆっくりと息を吸いながらそれらの感情を自分のなかにとり込み、そしてゆっくり息を吐く。

d．頭のなかのネガティブな声は自分自身ではないということに気づく。数千年にわたる進化の過程で、人類はネガティブな思考や出来事を強く意識するようになった。それが自分の身を守ることにつながるからだ。しかしこの現代社会では、それはむしろわたしたちの力を制限し、苦痛を与える働きをしている。

8．自分が人間であることを認める

a．自分についてのポジティブ思考を具体的に思い浮かべる。これまでに乗り越えたことや達成したことを思い浮かべ、そして人生にはいいときと悪いときがあり、そのどちらも自分という人間を決めるわけではないということを理解する。人間とはそういうものだと理解する。自分は愛される価値がある、自分はなんでも達成できる、自分には成功する力がある、自分は偽者ではないと、自分にくり返し言い聞かせる。

b．これらの言葉を信じられないという人もいるかもしれない。それは自然な反応だ。いまのところは、信じているふりをするだけで十分だ。粘り強く続ければ、やがてそれらの言葉を自然に信じられるようになる。ゆっくりと呼吸を続けながらそれらの言葉を

かみしめ、心が穏やかに満たされていくのを感じる。

c．穏やかで満ち足りた気持ちになると、自分が愛に包まれるのを感じる。愛の慈しみの効果を理解し、愛には自分の力と能力に気づかせてくれる力があることを理解する。この感覚に満たされながら、ゆっくりと呼吸を続ける。ゆっくりと息を吸い、ゆっくりと息を吐く。

d．あなたはリラックスし、心は穏やかだ。

9．経験したことを記録する

a．用意したノートとペンをとり、少なくとも５分間かけて、心の目で見たことを自分の言葉で描写する。自分という人間、自分の能力、そしてその能力が他者にどのようなポジティブな影響を与えているかに関して、具体的にどんなことが思い浮かんだだろうか？　それらの感情について考えると、あなたは安心し、心が温まり、自分はなんでもできると心の底から感じられる。そのときの自分の感情をよく観察する。

b．できるだけ詳細に描写する。２つか３つの文でも、あるいは長い文章でもかまわない。大切なのは、自分のなかにあるケアと慈愛の力をはっきりと認識し、そのときに自分の身体がどう影響を受けるかを感じることだ。自分に対する思い込みを変えれば、自分で勝手に決めた限界を超えることができる。

c．ただ目を閉じて座る。鼻からゆっくり息を吸い、口からゆっくり息を吐く。この呼吸を３回から５回くり返し、目を開ける。

10．経験したことをふり返る

a．まず、自分で書いたものを黙読する。次に自分に聞かせるように音読する。

ｂ．座りながら自分のなかにある力を感じる。自分自身にケアと慈愛を与えると、自分の心と身体はどんな影響を受けるだろうか？　しばらく目を閉じたまま、そのときの心身の状態を思い浮かべる。

ｃ．そのケアと慈愛のおかげで自分が安心することを認識する。その安心感のおかげで、自分が力をとり戻すのを感じる。その力がマニフェステーションの原動力になる。

11. 経験したことを理解する

ａ．自分は愛されていることを理解し、自分はその愛を自分だけでなく他者にも与えることができ、そしてそうすることで自分に対するポジティブ感情が深まることを理解すると、満ち足りた気持ちになり、心身ともにリラックスするのを感じる。

ｂ．大きな願いや希望を現実化する環境がもっとも整うのは、心身ともにこのような状態になったときだ。

最低でも１週間、このプラクティスを毎日続ける。そして１回終わるごとに、用意したノートに内容を記録する。そして７日目の終わりに、次の質問について考える。このプラクティスをしながらどんな感情がわきあがったか？　セルフコンパッションを感じるのは難しかったか？　それとも自然に感じることができたか？　この無条件のケアの感覚を日常生活にもとり入れたらどうなるか？

このプラクティスはさらに深く追求することができる。そのため、このステップにしばらくとどまることを選ぶ人もいるかもしれない。セルフコンパッションそれ自体が、自分を受け入れ、自分自身と協力関係を築いていくプラクティスであり、このプラクティスは生涯にわたって続いていく。この先ネガティブな思考、思い込

み、感情に悩まされることがあったら、いつでもこのプラクティスに戻ってくることができる。

時がたつにつれ、同じイヤな感情でも、本当に行動を起こす必要がある警告と、神経系があなたの成長にびっくりして出してしまっただけの警告を、区別できるようになるだろう。これは強力なスキルであり、あなたがより大きく成長し、さらに大きなビジョンを追い求めていくうえで大きな助けになってくれる。

１週間では終わらず、２週間かそれ以上必要だという人もいるかもしれない。それでも焦らず、人はみな違うということを受け入れよう。自分自身と他者に対するコンパッションを自然に抱けるようになったら、次は潜在意識に直接働きかけるステップに進む。

Week Four ／ 第４週

Step4 意図を潜在意識に埋め込む

ここまで来たあなたは、すでに内なる力をとり戻し、自分が本当に欲しいものを理解し、自分の足かせとなっているネガティブな思い込みをとり除こうとしている。この積み重ねの結果、次のステップに進む道が拓かれた。それは、潜在意識に意図を意識的に埋め込むというステップだ。

脳はつねに大量の情報を受けとっているので、そのなかからとくに重要なものを選ぶ必要がある。そんな脳に、自分の意図が重要だと教える方法は、意図を視覚化すること、そして意図を強いポジティブ感情と結びつけることだ。

脳は、現実に起こったことと、想像したことの区別ができない。そこで、より鮮明に、より詳細に想像するほど、脳はそれがあたかも現実であるかのように反応する。意図を実現したときのポジティブな感情を想像のなかで経験すれば、意図が顕著な存在として脳に認識され、意図を現実にするために潜在意識がリソースを配分するようになる。

Practice 意図を視覚化する

1．準備をする

a．じゃまが入らずにこの瞑想を行うための時間と場所を確保する。

b．ストレスを感じている、何か気がかりなことがある、24時間以内にアルコールやドラッグを摂取した、あるいは疲れた状態なら、このプラクティスを行わない。

c．ノートとペンを用意する。

2．意図の視覚化をはじめる

a．リラックスした姿勢で座り、目を閉じる。達成したい目標について考えながら、思考を自由に遊ばせる。ネガティブな思考や想像がたくさん浮かんでくるだろうが、そのたびに現実化したい願望のほうに注意を戻す。

b．これを数分間にわたって続ける。ほかのことを考えだしたら（おそらくそうなる）、すぐに現実化したい思考のほうに意識を戻す。

c．目標を達成した自分をより具体的に想像する。自分はどんな姿をしているか、肉体にはどんな感触があるか、心は何を感じているか。

3．さらにもう少しリラックスする

a．次に、目を閉じたまま背筋を伸ばし、鼻からゆっくり息を吸い、口からゆっくり息を吐く。この呼吸を3回くり返す。

b．この呼吸が自然に感じられ、集中のじゃまにならなくなるまで続ける。

c．つま先から頭のてっぺんまで、全身の筋肉を順番にリラックスさせていく。肉体をリラックスさせることに精神を集中し、さらに深いリラックスと心の平安を感じる。

d．リラックスを続けていると、自分が静けさと平穏に包まれ、安心するのを感じる。心が温まり、自分が受け入れられていると感

じる。ゆっくり呼吸を続けていると、自分を批判する人、自分の夢や目標を批判する人のことはもう気にならなくなる。この段階で、自分が現実化したいものがより具体的に見えてくるかもしれない。

e．ゆっくり呼吸を続け、心が楽になり、全身がリラックスする。雑念が減り、精神がより集中する。

4．意図の視覚化に戻る

a．次に、もう一度、意図を視覚化することを考える。現実化したかった目標を達成した自分のイメージに集中する。

b．そのときの達成感、満足感をしばらく胸にとどめ、ゆっくりと呼吸しながら座る。すると、可能性がより現実に近づくのを感じる。意図を現実化した自分のビジョンがより鮮明になる。

c．リラックスし、心は平安で、自分はやりたいことはなんでもできると感じる。自分のなかにある無限の可能性とのつながりを感じる。

d．その感覚とともにしばらく座り、ゆっくりと呼吸する。ゆっくりと息を吸い、ゆっくりと息を吐く。ゆっくりと目を開ける。あなたの心は落ち着いている。あなたは恐怖を感じていない。

5．意図を記録する

a．ノートとペンをとり、少なくとも5分間、視覚化したことを自分の言葉で描写する。できるだけ具体的に書くこと。

b．仕事の目標にかかわる内容なら、日時、場所、そのときに自分が着ているもの、自分の感情など、あらゆる細部を文章に盛り込む。物質的なものにかかわる内容なら、欲しいもののすべての特徴と、それを手に入れたときの自分の気持ちを書く。それを実際

に所有している自分を想像する。すべての細部を想像する。

6．意図を見直す

a．書いたものを黙読し、目を閉じる。数分かけて、再びすでに意図を実現した自分を思い浮かべ、そのときの気持ちを想像する。

b．目を開けて、今度は書いたものを自分に聞かせるように音読する。

c．目を閉じ、数分かけてここでもすでに意図を実現した自分を思い浮かべ、そのときの気持ちを想像する。

7．このプラクティスをくり返す

a．１日１回、20分かけてこの瞑想を行うだけで十分だという人もいれば、１日に２回以上は必要だという人もいるだろう。実際、この視覚化の瞑想は、たくさん行うほどマニフェステーションの実現性は高くなる。

b．ここで覚えておいてもらいたいのは、自分の利益だけを考えてマニフェステーションを行うのもたしかに可能だが、自分を超えたもっと大きなもののためのマニフェステーションは、さらに強力で、実現性も高くなるということだ。もちろん、完全に無私の心で行わなければならないというわけではないが、他者にとっても利益になる目標を目指したほうが、マニフェステーションは大きな力を発揮する。

Practice　細部を加える

視覚化に何回か挑戦したら、今度は自分の意図にさらに肉づけしていくことをおすすめする。心の目にとってさらに本物らしく見え

るように、できるだけ詳細に想像する。

1．準備をする

a．じゃまが入らない静かな場所を確保する。

2．落ち着く

a．目を閉じて背筋を伸ばす。鼻からゆっくり息を吸い、口からゆっくり息を吐く。この呼吸を３回くり返す。

b．この呼吸が自然に感じられ、集中のじゃまにならなくなるまで続ける。

c．心の目をカメラのファインダーだと考え、そのファインダーをきれいに拭いていると想像する。いまのところファインダーから見えるのはただの何もない空間だ。

3．意図を思い出す

a．意図を思い出す。最初はただ頭に思い浮かぶのにまかせる。こちらからは何も介入しない。この時点ですでにかなり鮮明になっているかもれないし、あるいはぼんやりしてよくわからないかもしれない。ここはただ自然にまかせる。ほんの少し見えるだけでも、ごくわずかな感覚だけでもかまわない。ここでさまざまな感情がわきあがるかもしれないが、それも自然にまかせる。

b．自然にまかせて意図を十分に思い描いたら、次は全体像をとらえる。何かとくに目立つものは？　どこかに空白や曖昧な箇所はあるか？

4．細部を加える

a．ここから先は、意図をさらに詳細に肉づけしていく。まずは五

感からはじめる。わたしたちはよく、意図の見た目ばかり気にするあまり、そのほかの感覚のことは忘れてしまう。あなたの意図はどんな音がする？　肌に触れたときの感触は？　肉体的な感覚は？　においは？　味は？

b．たとえばわたしの場合、医者になるという意図を視覚化したとき、ただ白衣を着た自分の姿を心の目で見ただけではない。その白衣が腕や肩に触れるのも感じた。クリーニングしたばかりの布のにおいを嗅ぎ、消毒液で磨いたばかりの病院の床のにおいも嗅いだ。口のなかに残っている朝のコーヒーの味も感じた。あなたも同じようにやってみよう。五感のすべてを使って意図に命を吹き込むのだ。

5．細部を記録する

a．それぞれの五感で感じたことをノートに記録する。箇条書きでも、思いつくままに文章にしてもかまわない。仕事の目標なら、日時、場所、そのときの服装、自分がどう感じたかといった細部を記録する。物質的なものであれば、それをできるかぎり詳細に描写し、それを手に入れたときの感情も描写する。それを手に入れた自分を心の目で見る。すべての細部を想像しよう。

6．感情をふり返る

a．次は、意図の感情面に注目する。わたしの場合、医者になった自分を視覚化するときは、仕事の初日にどんな気持ちになるかということに注目した。誇らしい気持ち、興奮、仕事への熱意。ついにここまで来られたこと、そしてその過程で助けてくれた人たちへの感謝の気持ち。病院内の喧騒と、まわりでテキパキと指示を出す同僚たち。そういったことをすべて頭のなかでリハーサル

していた。最初の患者を思い描き、その人のためになりたいという思いが胸にあふれるのを想像する。患者たちの病状に共感を示す自分、彼らの快復を助けるために行動を起こそうとする自分を想像する。

b．自分にこう尋ねる。意図を思い浮かべたとき、自分のなかにどんなポジティブ感情がわきあがってほしいか？　主なものを２つか３つ考える。感情に名前をつけると、必要なときに呼び起こす助けになるかもしれない。これらの感情も、ノートに書いた五感の描写に加える。プラクティスを進めながら、細部の描写と感情を結びつけていくと、とてもパワフルで鮮明な記憶になり、脳、心、身体の結びつきが強化される。

7．プラクティスをふり返る

a．意図をつねに新鮮に保っておくために、ノートに書いた五感と感情の描写を定期的に読み返す。自分が音読したものを録音し、頻繁に聞くようにしてもいいかもしれない。あるいは、信頼できる友人にも意図を読んでもらい、意図に関する質問をしてもらうという方法もある。新しい細部が思い浮かんだら、それも書き込む。

このプラクティスを最低でも１週間続ける。意図を視覚化し、細部を加えていくと、どんな気分になるだろう？　細部はすぐに思い浮かぶだろうか？　それとも真剣に考える必要があるだろうか？プラクティスを続けていると、意図に命が吹き込まれるのを感じるだろうか？

この時点で、再びネガティブな心の声が聞こえてくるのは自然なことだ。その声は、あなたに意図の現実化はできないと言うかもし

れないし、あなたにその資格はないと言うかもしれない。声のせいでどんなにつらい思いをしても、その声はあなたが前進している証拠だ。

ネガティブな声が聞こえたときは、前のステップに戻ることが助けになる。「正反対」のリストを読み直し、セルフコンパッションを実践する。視覚化の前後にセルフコンパッションを行うと、意図にとって強力なサポートになる。あなたは安心し、自信をもった状態で視覚化を行えるので、さらに深くビジョンのなかに入っていくことができる。このセルフコンパッションは、あなたが必要だと思うだけ続けてかまわない。

前に進む準備ができたら（それは1週間後かもしれないし、それ以上かかるかもしれない）、すでにはじめたことを情熱をもって追い求めよう。

Week Five ／ 第５週

Step5 情熱をもって目標を追い求める

マニフェステーションは１日で終わるプロセスではない。ときには一夜にして成功することもあるが、たいていの場合、地道な積み重ねが必要だ。このステップでは、あなたの情熱と粘り強さを動員することになる。それに加えて、他者との協力と、環境との調和も必要だ。

意図のマニフェステーションにとり組んでいる知り合いがいるなら、グループになったり、２人で組んだりしてプラクティスを行ってみよう。SNSのチャットグループに参加し、自分の発見を書き込んでもいい。自分では思いつかなかったようなヒントをほかの人から教えてもらえるかもしれないし、あなたの考えがほかの人たちの助けになることもあるだろう。

Practice あなたの意図は世界にどのように貢献できるか？

自分の内なる力を大きくするもっとも強力な方法の１つは、注意と、自分のまわりに存在する命を合致させることだ。このプラクティスは、自分のビジョンがより大きな何かの一部であると自覚することを目指している。

１．準備をする

ａ．内省にふさわしい静かな場所を見つけ、時間を確保する。

b．深呼吸を何度かして心を落ち着かせる。自分の体内に意識を向け、いまこの瞬間に集中する。

2．自分の意図をふり返る

a．視覚化してきた意図を思い出す。五感をフルに使ってその意図を感じる。意図を詳細に描写し、意図が実現したときのポジティブな感情を経験する。

b．ここで少し視野を広げる。このビジョンはどのような文脈のなかで起こっているか？　その出来事や目標に、ほかには誰がかかわっているか？　あなたの意図は、彼らにとってどんな意味があるか？

3．自分の意図をもっと大きな何かとつなげる

a．自分の意図が実現したらどんな影響があるか考える。あなたと同じような人たちを刺激し、彼らが夢を追い求めるあと押しになるかもしれない。家族や地元コミュニティが喜ぶかもしれないし、彼らが注目されたり、リソースを手に入れたりするかもしれない。多くの人に影響を与える社会問題や環境問題の解決につながるかもしれない。

4．ステートメントを書く

a．自分の意図がまわりの命にどう影響を与えるかについてステートメントを書く。自分への手紙という形でも、愛する人や世界への手紙という形でもいいし、あるいは履歴書に書くような個人のステートメント、自分が守るべき原則の箇条書きでもいい。

b．自信をなくしたり、抵抗にあったり、怠け心が出てきたりしたら、このステートメントを読み返して勇気をもらう。自分が現実

化しようとしていることは、自分を超えたより大きな世界に貢献するということを思い出す。マニフェステーションのプロセスで助けになってもらいたい人に出会ったら、このステートメントを読んで聞かせたり、読んでもらったりしてもいいかもしれない。

Practice シンクロニシティを探す

シンクロニシティを最大限に活用する能力は、訓練で身につけることができる。潜在意識の感度が上がり、まわりの環境のなかから意図を現実化するチャンスを見つけるのがうまくなるほど、意外なつながりが生まれることが多くなる。興味、欲求、出来事が奇妙な形でからみ合うこの現象は、意図が潜在意識に埋め込まれ、より広い世界とつながるとよく発生するようになる。世界が与えてくれるヒントにもっと敏感になるために、次のプラクティスを行ってみよう。

1．準備をする

a．内省にふさわしい静かな場所と時間を確保する。
b．数回深く呼吸して、精神を落ち着かせる。体内で「いま、ここ」を意識する。
c．ノートとペンを用意する。

2．落ち着く

a．楽な姿勢で座り、目を閉じる。精神が落ち着くまで数分間そのままでいる。

b．目を閉じたまま背筋を伸ばし、鼻からゆっくり息を吸い、口からゆっくり息を吐く。この呼吸を３回くり返す。この呼吸が自然

に感じられ、集中のじゃまにならなくなるまで続ける。

3．身体をスキャンする

a．全身をゆっくりとスキャンしていく。身体のそれぞれの部分に優しく意識を向け、筋肉をリラックスさせていく。

b．筋肉を１つずつリラックスさせ、精神の緊張を解き、精神を開く。

4．シンクロニシティを探す

a．これまでの人生で起こったこと、経験した状況を静かに思い出す。細部まで鮮明に思い描き、善悪の判断はしない。どんな感情も、どんな手がかりも、ささいなものではない。神秘的な言語で語る賢人の言葉に耳を傾けるように、ただ人生の声を聞く。

b．自分に「何か一定のパターン、あるいは驚くような偶然に気づいたか？」と尋ねる。最近の会話、読んだ記事やネットの書き込み、印象深い夢、ふと浮かんだ直感などを思い出す。３人の違う人から同じ本のタイトルを聞いたかもしれない。または、ある場所のことが頭から離れないのかもしれないし、とくに印象深い出来事だが、長い間忘れていた記憶が何度もよみがえるのかもしれない。

5．思い出したことを記録する

a．用意したノートとペンをとり、少なくとも５分間、視覚化で心に浮かんだことを自分の言葉で描写する。

b．できるだけ詳細に描写する。２つか３つの文でも、長い文章でもいい。大切なのは、人生があなたに教えようとしていることを、あなたがこうやって書いているということだ。

6. 書いたものを読み直す

a. 次に、目を閉じて座り、鼻からゆっくり息を吸い、口からゆっくり息を吐く。この呼吸を3回から5回くり返す。そして目を開ける。

b. 自分で書いたものを黙読する。

c. 今度は書いたものを自分に聞かせるように音読する。目を閉じ、書いたもののイメージをしばらく思い浮かべる。

7. 次のステップを考える

a. このプラクティスで気づいたパターンや洞察をどんな行動につなげるかを考える。自分の内なる力をどこで使えば、この偶然のつながりの網を広げることができるだろうか？

b. 気づいたことを考えながら、しばらく静かに座っている。どんなに小さなつながりでも、目的とビジョンとの一体感をさらに深めるチャンスになるかもしれないということを理解する。

ここで書いたものをいつも身近に置いて頻繁に読み直し、意外なつながりを探すのを忘れないようにする。シンクロニシティは、わたしたちが注意を向け、尊重するほど、起こる回数が増えるという性質がある。このプラクティスを定期的にくり返し、ビジョンをさらに洗練させ、目標を実現するために人生が与えてくれるチャンスを最大限に生かせるようになろう。

この週で大切なのはくり返しだ。必要ならまた最初に戻り、さらに7日間かけて意図を詳細に視覚化する。はじめれば勢いがつく。その勢いを利用しよう。意図を視覚化し、潜在意識のファイリングキャビネットに保存するほど、あなたの内なる警察犬がもっと働いてくれるようになる。意図が現実化しはじめたら、もちろん喜んで

かまわない。しかし、そこでプラクティスをやめてしまわないように。大切なのは、最後までやりとげるという意志と責任感だ。

もしこのステップで行きづまったら、前のステップと同じように、セルフコンパッションのプラクティスに戻ることをおすすめする。あるいは最初まで戻って、身体をリラックスさせることと、欲求を明確にするところからまたはじめたいという人もいるかもしれない。意図を現実化する確率を最大限に上げたいのなら、基礎を固めるのがいちばんの方法だ。

このステップは最低でも１週間は続けること。日々の活動のなかに意図への情熱を感じ、意図が潜在意識にしっかりと根づいてきたのを感じたら、最後のステップである次のステップに進む準備が整った。

Week Six ／ 第６週

Step6 期待を手放し、魔法に心を開く

もう終わりは目前だ。まずはここまでがんばってきた自分をほめよう。自分の進歩をふり返ってみよう。最初と比べて簡単になったと感じるものは？　まだ難しいと感じるものは？

プラクティス用のノートを最初から読み直し、何が変わったか考える。成功の定義は以前と変わらないだろうか？　障害についてはどうだろう？　いまから10分間、ここまでの道のりが、自分の考え方、希望、人生にどんな影響を与えたか考える。

この最後のステップでは、ある矛盾に直面することになる。これまでは情熱的に意図を視覚化し、その細部まで具体的に思い描いてきたが、今度は意図への執着を手放し、サプライズを待つのだ。期待から自由になると、魔法がわたしたちのところにやってくる。

Practice 感謝の手紙

ゴールが近づいたと感じている人も、まだまだ遠いと感じている人も、手を伸ばせばすぐ届くという人も、あるいはとても達成できそうにないと感じている人も、いままでの道のりをふり返り、すでにもっているものの棚卸しをすることをおすすめする。

感謝は心を明るくする。感謝の気持ちがあると、人生のよい部分に敏感になり、不満や失望が和らぐ。他者に対して寛容になり、他者からの助けに感謝する気持ちが大きくなる。そしてその結果、こ

れまで築いてきた人間関係をますます強化することができる。

すでにもっている温かさ、美しさ、優しさ、豊かさを思い出せば、ある特定の結果が特定のタイミングで起こらなければならないという執着を手放すのが簡単になるだろう。ただゆったりと座り、自分を苦しませることなく人生を経験することができる。

1. 紙とペンを用意し内省のための時間と静かな場所を確保する。
2. 3回深く呼吸して身体をリラックスさせる。息を吐きながら、「いま、ここ」に深く意識を集中していく。
3. ここまでの道のりで助けになってくれた存在を思い出す。親、ほかの家族、学校の先生かメンター、親しい友人、道で会った見知らぬ人、実際に会ったことはないスピリチュアルな存在などだ。動物でもいいし、自然のなかの場所でもいい。
4. 意図の視覚化のプラクティスと同じように、その存在を心の目で見る。彼らの資質でとくに際立っているものはなんだろう？ 笑顔？ 目にあふれる優しさ？ 触れた手の温かさ？ 笑い声？ 一心不乱に突き進む姿？
5. 彼らに助けられたときのことを思い出し、それを頭のなかで完全に再現する。彼らに助けてもらってどんなことを感じたか？ 大切にされている、サポートされていると感じたか？ その感謝の気持ちは、身体のなかでどのように感じるか？ 数分間、そのイメージと感情を抱き続ける。
6. 次に、10分間かけてその存在に宛てて感謝の手紙を書く。彼らの親切にお返しをする気持ちで、できるかぎり具体的に書く。そして感謝を伝える自分に対しても優しさを向ける。心が温かさで満たされるのを感じる。
7. 手紙を読み返し、感謝の気持ちをさらに深める。

実際に手紙をわたしてもいいし、わたさなくてもいい。それは完全にあなたの自由だ。感謝の気持ちを相手と共有したいと思うかもしれないし、自分のなかにとどめておきたいと思うかもしれない。いずれにせよ、このプラクティスで大切なのは手紙を書くことだ。マニフェステーションのプロセスで、道に迷った、孤独だ、希望がないと感じたときは、その手紙をとり出して読んでみよう。２週間ごとに新しい感謝の手紙を書けば、ポジティブな感情の鮮度を保ち、いつでも身近に感じられるだろう。

Practice 執着を手放し、魔法(マジック)に心を開く

人生でもっとも難しいことの１つは、状況の浮き沈みのすべてをありのままに受け入れること。あるいは、できるかぎりそうするように努力することだ。瞑想などのテクニックをどんなに磨いても、苦しみを避けて快楽を求める人間の本能は、どうしてもある程度までは残ってしまう。

心の平静とは、人生のいいときも悪いときもつねに平常心を保つ能力のことだ。欲しいものを手に入れたときも、手に入らなかったときも、あるいは欲しくないものが手に入ったときも、状況をありのままに受け入れる。目標を達成したときも、失望に終わったときも、どちらも心の平静が必要だ。心の平静とはすなわちバランスであり、無意識のうちに反応しないことだ。そうやって執着から自由になると、わたしたちのなかにある魔法を解き放つことができる。

１．準備をする

ａ．じゃまの入らない時間を確保する。

ｂ．楽な姿勢になる。

2．身体をスキャンする

a．目を閉じるか、あるいは前方下部をぼんやりと見る。

b．鼻からゆっくり息を吸い、口からゆっくり息を吐く。これを５回から６回くり返す。力んだり、呼吸に集中しすぎたりせず、あくまで自然に呼吸する。

c．つま先から頭のてっぺんまで、数分かけて順番に全身をリラックスさせていく。

3．目標を追い求めた経験を思い出す

a．ぜひとも達成したいと思っていた目標について考える。人生がその目標中心になってしまっていなかったか？　目標達成までのプロセスをおろそかにしていなかったか？　目標を追い求めることで、家族や同僚たちのことをないがしろにしていなかったか？目の前の瞬間から自分を遠ざけていなかったか？

b．結果に執着すると身体はどう感じたかを考える。身体のどの部分でそれを感じたか？　のどが詰まったように感じたか？　それとも強くにぎった拳にそれを感じたか？　執着が原因の身体的な不快感に注目する。

c．目標を達成したときの感情を思い出す。どれだけ気分が高揚したか？　どれほどの幸福を感じたか？　そして、それらの感情は一時的であり、また普段の生活が戻ってくるということを認識する。あなたはあの高揚や幸福を、どの程度の頻度で感じたいと思うだろうか？

d．静かに座り、目標達成の高揚感や「フロー」の状態を永続させるのは不可能だということを受け入れる。そしてもっとも大切なのは、それでもかまわないと気づくことだ。何があろうと、あなたは大丈夫だ。

4．困難を思い出す

a．今度は逆に、目標を追い求めたが、なんらかの理由により達成できないことがわかったときのことを思い出す。ここでもまた、身体がどう感じたかを考える。あまりにも多くの人が、目標を達成できないとひどく落ち込む。自分を批判する言葉が頭のなかで飛び交い、そのすべてが正当な批判であるように感じられる。その結果、自分は偽者で価値がないと感じる。人生で経験したほかの失敗や挫折も思い出し、さらにくよくよ悩むことになる。この苦しみが永遠に続くように感じ、自己肯定感がますます低下する。

b．しかし、ここで２つのことに気づく。１つは、目標は自分で思い込んでいたほど重要ではないということ。そしてもう１つは、目標が達成できなくても世界の終わりではないということだ。実際、あとからふり返れば、この状況は貴重な贈りものであり、挫折を経験したおかげでいまの自分があると気づくことができる。

c．しかし、もっとも大切なのは、ほぼすべてのケースで、挫折や失望は一時的な経験だということだ。ここでも同じように、たとえ目標を達成できなくてもあなたは大丈夫だ。あなたの本質は変わらない。それはつまり、あなたに愛される価値があり、受け入れられる価値があるということだ。これが、フラットなメンタルがもつ力であり、心の平静がもつ力だ。

5．大きな視野で考える

a．再びゆっくり呼吸することに集中しながら、目標に執着しなくても大丈夫だということを確認する。人生とは、目的地を目指すことではなく、いまこの瞬間を生きることだ。何かに執着してはいけない。たいていの苦しみは執着から生まれる。この事実を理

解することが、苦しみから解放される道だ。これは現実を否定するのとは違う。むしろ視野を広げ、自分の経験を遠くから客観的に眺める姿勢だ。そして心の平静を実践することが、バランスと受容につながる。

6．セルフコンパッション

a．次に、自分に向かって優しく心を開く。ここであなたは、自分に無条件の愛を与えてくれた人のことを思い出し、自分は完全に受け入れられていると感じるかもしれない。あるいは、温かな心とケアの精神を向けられたときの身体的な感覚を思い出すかもしれない。その感覚を抱いたまま座り、ゆっくりと呼吸を続ける。

b．その愛とケアの感覚を、ある特定の結果にこだわることによって生まれる緊張のほうに優しく向ける。欲しいものを欲しがるのも、安心のために物事をコントロールしたい、完成させたいという欲求をもつのも、完全に自然なことだということを思い出す。

c．大切にされている、守られている、愛されているという感覚を思い出しながら、物事が計画通りに進んでいるかどうかということが、これらの感情とどう関係するかということを考える。これらの感情は、あなたの内側に存在するあなたに向かって語りかける。その不完全さ、複雑さ、人間らしさも含めて、それがありのままのあなただ。

d．静かに座り、成功や失敗に関係なく、自分はありのままで愛される価値があり、問題ないという感覚に浸る。弱くて傷つきやすいが、それでも最善を尽くしている。それがあなたという人間だ。そして、あなたに近しい人々は、ありのままのあなたを愛しているということも忘れないように。あなたが誰であるかは、起こった出来事によって決まるわけではない。

7．執着を手放す

a．大切にされているという感覚に身をまかせながら、ある特定の結果に対する執着を手放し、自分の重荷を軽くすることは可能かどうかを考える。外側の状況がある決まった形にならなければ、自分は大丈夫ではない、価値がない、安心できないという思い込みから、自分を切り離すことはできるだろうか？　結果に関係なく、自分は大丈夫だと深い部分で信じることはできるだろうか？

b．成功も失敗も一時的なものだと理解できれば、もうどちらにもとらわれずにすむ。

c．さらに数回ゆっくり呼吸し、心の平静と、「いま、ここ」にあることの力がもつすばらしい感覚に浸る。

8．ポジティブな感情をインストールする

a．数分間、このポジティブ感情に浸る。執着心や、コントロールしなければという欲求が戻ってくるかもしれないが、それでもかまわない。ただ、自分はありのままで大切にされる、無条件に守られるという感覚に、何度も何度も戻ってくるだけでいい。

b．プラクティスが終わり、ゆっくりと普段の生活に戻ったら、執着心に何らかの変化が起こったか感じとる。もしかしたら、かつては気づいていなかったような創造的な可能性にアクセスできるようになったかもしれない。あるいは、失敗のコストは、前に考えていたほど大きくないと気づいたかもしれない。以前よりも少し安心して物事をなりゆきにまかせ、平静な心で魔法の贈りものを受けとれるようになったかもしれない。

もっと魔法をあなたへ

これで6週間のプログラムは終了だ。

自分自身や人生に、何か変化は起こっただろうか？　欲しいものに意識を集中させるために内なる力を使うことに、前よりも自信がついただろうか？　障害があっても、前よりも怖くなくなっただろうか？　チャンスをつかむ能力を、前よりも自然に発揮できるようになっただろうか？　前よりも情熱を引き出しやすくなっただろうか？　物事はこうでなければならないという執着を手放す能力が向上しただろうか？

ノートを開き、少なくとも10分間、自分に起こった変化を記録してみよう。

前にも述べたように、マニフェステーションは進行中のプロセスだ。この6つのステップは、ただ一方向に進むのではなく、お互いに情報を与え合い、流れは行ったり来たりしている。これは直線というよりも、むしろ車輪だ。あなたには、自然にマニフェステーションを行える能力が備わっている。その魔法にもっと心を開けば、内なる力をとり戻すことができるだろう。

マニフェステーションとは本質的に、調和のとれた人生とウェルビーイングを実践することだ。このプロセスに終わりはない。息をしているかぎり、希望をもち、苦闘し、そして粘り強く前に進むかぎり、わたしたちはマニフェステーションを実現している。このプログラムを最初からやり直したいと思うこともあるかもしれない。とくに見返りが大きかったステップや、とくに難しかったステップだけをやり直したいということもあるだろう。あるいは、ここで一休みして、しばらくは人生を自然ななりゆきにまかせたいというこ

ともあるはずだ。

あなたがどんな道を選ぼうと、この本で紹介したテクニックの数々があなたの助けになることを願っている。わたしをこんなにも支えてくれたこれらのテクニックが、あなたにも安心、平和、つながりをもたらしてくれることを願っている。あなたが自分を大切にし、心を開けば、あなたの精神はマニフェステーションという魔法を起こすだろう。

注 釈

(i) 多くの人が「潜在意識 (subconscious)」と「無意識 (unconscious)」を同じ意味で使っている。本書では混乱を避けるために「潜在意識」という言葉だけを用いた。一般的に「潜在意識」という言葉は、世界や自分に対しての思い込み、記憶にあるトラウマ、長期記憶、恐怖、欲求、そして半自動的な生理プロセスを保存する脳の部位を意味している。顕在意識もあるレベルでは潜在意識のいくつかの側面にアクセスできる。一方で「無意識」は、顕在意識がアクセスできない場所であり、忘れられたトラウマ、本能的な反応、細胞記憶、幼少期の記憶や印象、自動的な生理的反応を保存する。潜在意識についてさらに詳しいことはステップ4を参照。

(ii) **エピジェネティクス**

Stanley Krippner and Deirdre Barrett (2019). "Transgenerational Trauma: The Role of Epigenetics," *The Journal of Mind and Behavior*, 40(1), 53-62: https://doi.org/10.1016/j.tics.2010.04.004.

(iii) **楽観主義的傾向**

Michael F. Scheier and Charles S. Carver (2018). "Dispositional Optimism and Physical Health; A Long Look Back, A Quick Look Forward," *American Psychologist*, 73(9): 1082-1094. doi: 10.1037/amp0000384

(iv) **脳の大規模ネットワーク**

Steven L. Bressler and Vinod Menon (2010). "Large-scale brain networks in cognition: emerging methods and principles," *Trends in Cognitive Sciences*, 14(6): 277-90, doi: 10.1016/j.tics.2010.04.004.

(v) **価値タギング**

Tara Swart, The Source: *The Secrets of the Universe, the Science of the Brain.* (New York: Harper One, 2019).

(vi) **誤解を招くということで使われなくなった**

R. Nathan Spreng (May 2012). "The fallacy of a 'task-negative' network." Frontiers in Psychology. 3(145). doi: 103389/fpsyg.2012.00145.

(vii) **脳の帯域の 99.9995 パーセント**

Bob Nease, *The Power of Fifty Bits: The New Science of Turning Good Intentions Into Positive Results*. (New York: Harper Business, 2016).

(viii) **そのため哺乳類は、人に近づき、人とつながることが可能になる生理学的な特徴を備えるように進化してきた**

James N. Kirby, James R. Doty, Nicola Petrocchi, & Paul Gilbert (February 2017). "The Current and Future Role of Heart Rate Variability for Assessing and Training Compassion." Frontiers in Public Health 5(3). doi: 10.3389/fpubh.2017.00040.

(ix) Steven H. Strogatz and Ian Stewart (1993). "Coupled Oscillators and Biological Synchronization," *Scientific American* 296(6), pp. 102-109

(x) **レーザーは同じ力と周波数をもつ光子が一緒に放出されたときに発生する**

Steven Strogatz, *Sync: Rhythms of Nature, Rhythms of Ourselves*. (New York: Hachette Books, 2003).
(『Sync：なぜ自然はシンクロしたがるのか』早川書房、2014 年)

(xi) **同調するパターン**

Pascal Fries (2005). "A mechanism for cognitive dynamics: neuronal communication through neuronal coherence," *Trends in Cognitive Sciences*, 9(10): 474-80, doi: 10.1016/j.tics.2005.08.011.

(xii) **「生命プロセスの制御が効果的になる」**

Antonio Damasio, *Descartes' Error: Emotion, Reason and the Human Brain*. (New York: Harper Perennial, 1995).
(『デカルトの誤り：情動、理性、人間の脳』筑摩書房、2010 年)

(xiii) **心拍変動**

Paul Lehrer, Karenjot Kaur, Agratta Sharma, Khushbu Shah, Robert Huseby, Jay Bhavsar, Phillip Sgobba, and Yingting Zhang (2020). "Heart Rate Variability Biofeedback Improves Emotional and Physical Health and Performance: A Systematic Review and Meta Analysis," *Applied Psychophysiology and Biofeedback*, 45(3): 109-129, doi: 10.1007/s10484-020-09466-z.

(xiv) **心拍数がコヒーレンスの状態になった**
Rollin McCraty and Maria A Zayas (2014). "Cardiac coherence, self-regulation, autonomic stability, and psychosocial well-being," *Frontiers in Psychology* 29(5) 1090, doi: 10.3389/fpsyg.2014.01090.

(xv) **無限ループでくり返される**
Luke Clark, Bruno Averbeck, Doris Payer, Guillaume Sescousse, Catharine A. Winstanley, and Gui Xue (November 2013). "Pathological Choice: The Neuroscience of Gambling and Gambling Addiction." Journal Of Neuroscience, 33 (45) 17617-17623. doi: https://doi.org/10.1523/JNEUROSCI.3231-13.2013.

(xvi) **脳が経験について語る言葉**
Elisabeth Pacherie, "Self-Agency," in *The Oxford Handbook of the Self*, ed. Shaun Gallagher (Oxford, UK: Oxford University Press, 2011), 442-465. (2011).

(xvii) **エージェンシー感**
James W. Moore (2016). "What Is the Sense of Agency and Why Does it Matter?" *Frontiers in Psychology*, 7, Article 1272, doi: 10.3389/fpsyg.2016.01272.

(xviii) **トリノ大学**
Anna Berti, Lucia Spinazzola, Lorenzo Pia and Marco Rabufetti, "Motor awareness and motor intention in anosognosia for hemiplegia," in *Sensorimotor Foundations of Higher Cognition*, ed. Patrick Haggard, Yves Rossetti, and Mituso Kawato (Oxford, UK: Oxford University Press, 2008), 163–181.

(xix) **ホフを研究した科学者たち**
Otto Muzik, Kaice T. Reilly, and Vaibhav A. Diwadkar (2018). "Brain over body"-A study on the willful regulation of autonomic function during cold exposure," *NeuroImage* 15(172): 632-641, doi: 10.1016/j.neuroimage.2018.01.067.

(xx) **ナイノア・トンプソン**
"Hawaiian Voyaging Traditions," accessed February 10, 2023, https://archive.hokulea.com/index/founder_and_teachers/nainoa_thompson.html.

(xxi) **筋トレをする自分を想像するだけで**
Vinoth K. Ranganathan, Vlodek Siemionowa, Jing Z. Liu, Vinod Sahgal, and Guang H.

Yue (2004). "From mental power to muscle power: gaining strength by using the mind," *Neuropsychologia* 42(7): 944-56, doi: 10.1016/j.neuropsychologia.2003.11.018.

（xxii）**ピアノを弾く自分を想像するだけで**

Alvaro Pascual-Leone, Nguyet Dang, Leonardo G. Cohen, Joaquim P. Brasil-Neto, Angel Cammarota, and Mark Hallet (1995). "Modulation of Muscle Responses Evoked by Transcranial Magnetic Stimulation During the Acquisition of New Fine Motor Skills," *Journal of Neurophysiology* 74(3): 1037-45, doi: 10.1152/jn.1995.74.3.1037.

（xxiii）**幸福度と人生の意義の相関関係**

Roy F. Baumeister, Kathleen D. Vohs, Jennifer Aaker, and Emily N. Garbinsky (2013). "Some Key Differences between a Happy Life and a Meaningful Life," *Journal of Positive Psychology*, 8(6): 505-516, doi: 10.2139/ssrn.2168436.

（xxiv）**細胞に書き込まれている**

Barbara L. Fredrickson, Karen M. Grewen, Kimberly A. Coffey, Sara B. Algoe, Ann M. Firestine, Jesusa M. G. Arevalo, Jeffrey Ma, and Steven W. Cole (2013). "A functional genomic perspective on human well-being," *Proceedings of the National Academy of Sciences*, 110(33): 13684-13689.

（xxv）"Analysis and Assessment of the Gateway Process," https://www.cia.gov/readingroom/docs/CIA-RDP96-00788R001700210016-5.pdf

（xxvi）**脳内で時間の感覚があるのは高いレベルの部位だけだ**

Rhailana Fontes, Jéssica Ribeiro, Daya S. Gupta, Dionis Machado, Fernando Lopes-Júnior, Francisco Magalhães, Victor Hugo Bastos, Kaline Rocha, Victor Marinho, Gildário Lima, Bruna Velasques, Pedro Ribeiro, Marco Orsini, Bruno Pessoa, Marco Antonio Araujo Leite, and Silmar Teixeira (2016). "Time Perception Mechanisms at Central Nervous System," *Neurology International* 8(1): 5939, doi: 10.4081/ni.2016.5939.

（xxvii）**哺乳類のケアギビングシステム**

James N. Kirby, James R. Doty, Nicola Petrocchi, and Paul Gilbert (2017). "The Current and Future Role of Heart Rate Variability for Assessing and Training Compassion," *Frontiers in Public Health* 5(3): 40, doi: 10.3389/fpubh.2017.00040.